考えぬくきみたちへ

相川忠亮

相川忠亮　Tadasuke Aikawa

社会評論社

まえがき

相川忠亮（一九三四〜二〇一二）さんと親しかった人は、誰しも自分の中に相川さんがいることを感じているに違いない。困難な事態に遭遇すると、その相川さんと対話しているはずである。日々の生活の中で、心ならずも相川さんが小さくなると悲しい思いを味わい、もっと自分の中の相川さんを大きくふくらませたいと願う。

しかし、未だ心の中に相川忠亮が存在していない人もいる。そういう人の手許にこそ本書は届いてほしい。相川忠亮は、考えぬく人であった。考えぬいて書かれた文章は、彼が打ち込んだ生の証である。打ち込まれた何本もの杭は、考えぬく若者の生の澪標となるだろう。

この本は死者にささげる追悼の文集ではない。相川忠亮から、考えぬくきみたちへ送られる相川忠亮の本である。

青柳　恵介

考えぬくきみたちへ　目次

II

III

追悼

I

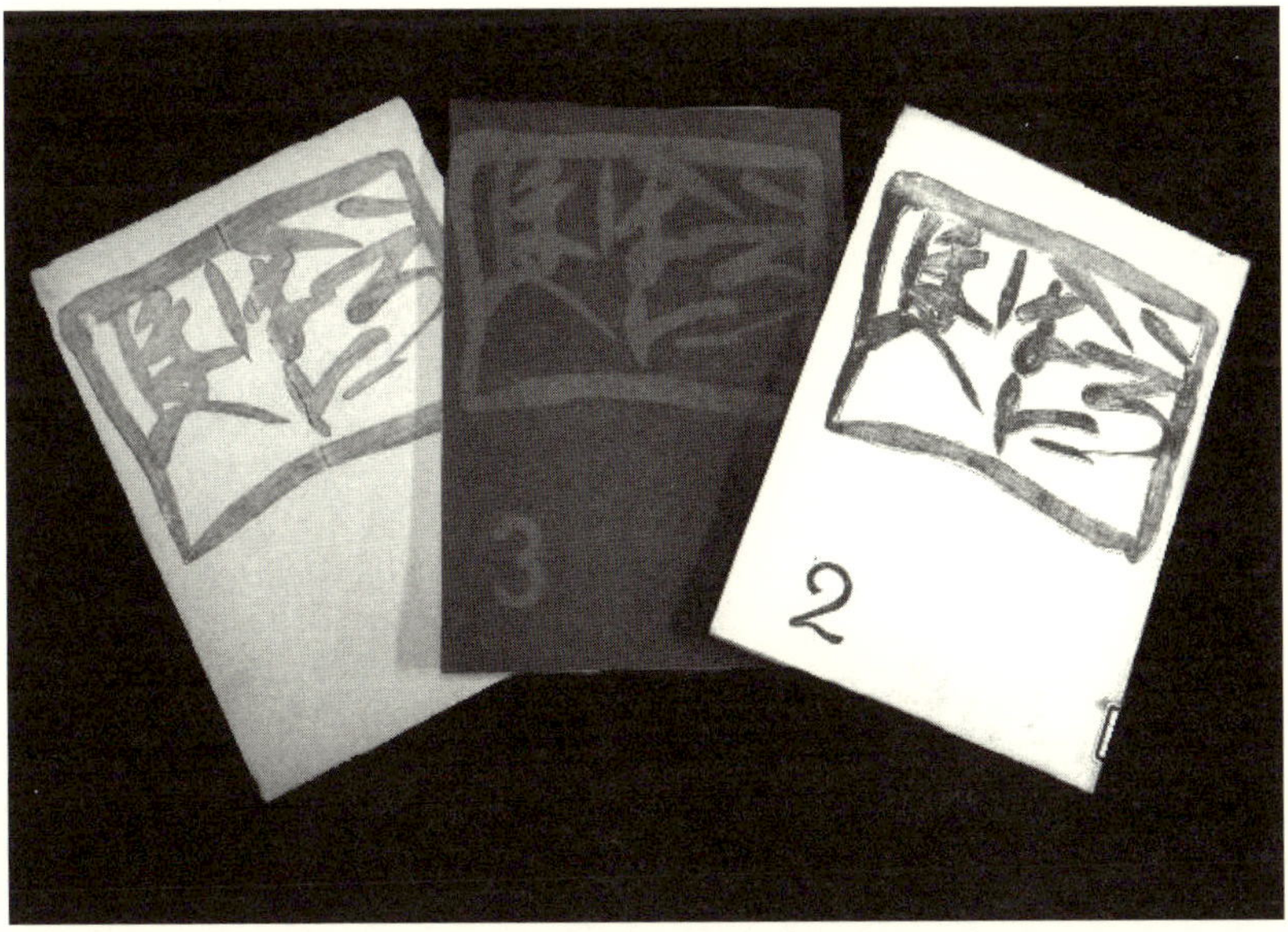

反ナショナリズム論ノート(1)
『最年少戦中派』のこだわり

1　共同体の排他性
――「イージーライダー」はなぜ殺されたか――

「イージーライダー」の殺されざまは一寸ショッキングだった。今盛んに評判になっているアメリカ映画の話である。

筋は他愛がない。今のアメリカからずっこけた男たちが麻薬の売買で旅費をかせいで、でっかいオートバイで謝肉祭に行くのだが、長髪だというだけで、いとも簡単に殺されちまうという話だ。でっかいオートバイ、広く美しい風景、ニューロックとかいうバック・ミュージック、マリファナ、LSDと、いわば「ヒッピー・ライク」な映画だが、日本でのロード・ショウも記録的につづいている。

美しいカメラワークで、おそらくはアリゾナあたりの砂漠だろうか、西部劇でもおなじみの、うすらでかく奇妙になつかしい風景はふんだんにでてくるのだけど、全編を貫いているムードはいいようもなく憂鬱なものだった。一言でいえば、「アメリカにはもはやアメリカはない」ということにでもなろうか。「彼らはアメリカを探し求めて旅をつづけた」というのは、しかしアメリカはどこにも見つからなかった」というのは、ポスタの文句である。

「アメリカ」とは何を意味するのか。「アメリカがない」というのはどういうことなのか。

このあたりのことをテーマにした映画評だか時評だかが最近かなり目につく。「真夜中のカウボーイ」とか「砂丘」とかと一緒にとりあげて、アメリカ・インテリの深い挫折感を論じるというやり方だ。

これはこれでぼくには興味がある。おそらくは、アメリカは建国以来最大の危機にぶつかっているのだろう、というのがぼくの意見だ。かつてアメリカは「アメリカン・デモクラシー」への挫折感を現在ほど広汎にもったことはなかった。第一次大戦、第二次大戦後、一定の厭戦的傾向をもった文学作品などがあらわれはしたが、そのような挫折感も、総体としての「アメリカン・デモクラシー」の「救世主」的自讃の波に巻き込まれてしまった。アメリカは、かつて、戦争を「悪」と見なす視点を宗教的忌避者を除いてはもっていなかった。深刻な敗戦を体験してなかったことがその理由の一つにあげられるかもしれない。

ベトナム戦争は、これらの点でも、アメリカが受けた最大の、かつてない深刻な体験を内包しているということができる。

部分的には、たとえば一八九八年だかの米西戦争＝アメリカが帝国主義化していく過程での略奪戦争に対して、晩年のマーク・トウェインが自国への深刻な痛罵を叩きつけたことはある。しかし、アメリカ社会の総体が「汚い《ダーティ》・戦争《ウォー》」という言葉を知り、「汚い戦争」を被う大義名分でしかない「アメリカン・デモクラシー」に深刻な反省をもち、同時にその虚飾性が、ブラック・パワーを軸とする内部からの力によっても痛打される、といったような分裂状況は、かつて体験しなかったことだろう。

アメリカ社会に進行する危機は大変なものなのだろう。現在、アメリカを一つの国、あるいは一つの社会ととらえることすらが不可能に近くなっているくらいに、その亀裂は広く深いものがある。

もともとアメリカには、日本のような「地縁的結合」の要素がうすい。多民族・多文化・多言語・歴史の浅さ、国土のとてつもない広さ・それを補完する州自治の錯綜――かくて、アメリカは、アメリカン・デモクラシーのシンボル化と、徹底した上からの国家統一意識の注入（幼稚園から大学まで、教室には星条旗の小旗があって、一時間目の最初にやることは全員が"I pledge allegence to the flag of the United States of America and to the Republic for which it stands, one nation under God, indivisible with liberty and justice for all."と、国旗と国家への忠誠をコーラスする光景は一寸したおどろきだった）、それに無尽蔵の資源開発、あるいは、外にむけての「アメリカン・デモクラシー」の発露とその内部へのハネ返り、というかたちで保たれていた「人工的統一性の極致」（丸山真男）だったわけだが、ここでは、亀裂そのものが直接的に暴力的対立の色彩を帯びやすくなる。

学生の反乱が対峙するのは単なる警察力ではなく、ライフルを構えた州兵だ。昨年六月のバークレーの大学闘争では、数週間にわたって戦車が街路を占拠していたという。ブラック・パンサーはライフルを携行して白人による黒人虐殺への自衛を表象した。ときとして殺人を含む暴力的リンチは必ずしも異常なことではない。

インドシナ情勢を中心とするアメリカの難局、内外から一枚一枚はぎとられて行く「アメリカン・デモクラシー」の擬制（勿論、擬制だなどと思わない人の方が圧倒的に多いだろう。そして、地域社会のわくの中では、デモクラシーが生命力をもっていることも確かなようだ）という情況の中で、アメリカがほぼファシズム前夜の相貌をもってきているというのは過言だろうか。（「アウシュヴィッツ」の話を聞いた黒人の老婆が、眉をぴくりとも動かさずに、「この国と同じじゃないか」といった話をボールドウィンが書いていたのは、もう四〜五年前のことだ）少なくともそのための前提がかなり出揃ってきているということと、部分的な兆候があらわれてきているということは否定できない。

ファシズムを下から構成する要因の一つに、マス・ヒステリー情況というものがある。それは、自己の所属する共同体の危機を感じつつ、共同体外のもの、あるいは共同体内部の「異端」をスケープ・ゴートとして、危機感をそのスケープ・ゴートへの狂的な怒りに集中し代償させるというものだろう。「魔女狩り」の系譜が、従来そのような現実的な根拠をもちつづけていたことはよく知られている。ファシズムにおいて、共同体の排他性は極限まで高まるのだろう。

ところで、「イージーライダー」だ。彼らは何故殺されねばならなかったのか。

現象的には極めて単純である。彼らが「マトモな男」にふさわしくなく、長髪だったからである。長髪だという理由だけで、あるいは野宿しているところを撲殺され、あるいは行きずりの自動車から射殺されてしまう。ただ、それだけだ。

だが、この「ただ、それだけ」ということのもつ怖しさがとてつもない。

たかが作りものの映画の話ではないか、というなかれ。一ヶ月ぐらい前の朝日新聞国際短信によると、カリフォルニアで「長髪撲滅愛国者連盟」とか名乗る男たちが、十六才の長髪の少年を道路上で拉致して、ナイフで髪の毛を切り、ついでに頭の皮までむいてしまったそうである。

この国では、長髪は明らかに一つの意味をもってしまった。「健全な」社会がそれに対し狂的な敵意をむき出しにし、しかもその「健全さ」が総体として否認の対象でしかなくなってしまったとき、長髪は、クルー・

カットまたはミリタリー・カットが代表するものへのアンチとしての意味をもってしまっている。

ところで、「イージーライダー」達が殺されたのは権力によってではなかった。彼らが直接的には何も害を与えなかったほんのゆきずりの人たち、恐らくは、その共同体内部では、善良なおやじ、よき夫、よき恋人たちでありうる男どもによって、簡単に「理由も分からず」殺されたということ、そのことが、共同体がもつ陰湿な排他性を暗示していて怖ろしいわけだ。

なぜなら、これは決して他人事ではないからだ。たとえば、遠くは関東大震災の折りの「不逞鮮人」に対する自警団の虐殺、近くは、国士舘の生徒を中心とした朝鮮人高校生への集団暴力、さらには、つい最近のライフル男射殺（＝「裁判なき死刑」）の瞬間の見物人たちの〝歓声〟の中に、ぼくは同じ症状を見出して慄然とするのである。

それは、ファシズムを成立させる心理的前提そのものではないか。共同体の内外からそれに脅威を与えるように思えるものに対する狂的な敵意なしにファシズムは成立しえない。

「イージーライダー」達はどんな脅威を与えたのか。彼らの主観の中には何の害意もなかった。彼らはアメリカの中で「アメリカ」を失い、「アメリカ」を求めてオートバイに乗ってただけだ。彼らと行をともにしたおかげで撲殺される弁護士はこんな風に彼らが与える「脅威」を説明する。

「この国では誰一人自分は自由でないなどとは思っていない。誰かにむかって、君は自由でないなどといおうものなら、彼は自分が自由であることを示すためには君を殺しもしよう。だが、自由を説くこと、自分が自由だと思っていることと、自由であることとは別のことだ。君らのような自由である人間をみるだけで彼らは不安になるのだ」

ほとんど無害とされているマリファナが所持しているだけで犯罪になるという根拠もこの辺にあるかもしれない。（もっとも、マリファナがほんとに無害かどうかは知らない。ただ、アメリカでマリファナを吸ったもの、吸っているものは想像以上に多い。彼らは一様にマリファナは（他の薬とちがって）無害だという）

さらに、ヒッピーが体現している自由が「ほんとの自由」か否かはここでは問うまい。勤労の成果が「人間不在の高度資本主義」だとすれば、それに背をむけるヒッピーの哲学は、おそらくは伝統的な自由とか民主主義とかの観念からさえ身を解き放とうとするもののように思える。彼らが自由を実現しえているか否かは別だ。ここでは〝自由の観念〟が自由を志向するものから背をむけられているということがとりあえず重要だ。

だが、少し脇道に外れすぎたようだ。ぼくが論じたいのはアメリカン・デモクラシー論ではない。「イージーライダー」達の全く偶然的な（この場合には「宿命的な」と置きかえてもよい）殺されざまから、「外的なもの」「異端のもの」への敵意に満ちた閉鎖的共同体がもたらす戦慄を思い起こし、さらにその戦慄が、ぼくの場合、「ナショナリズム」への戦慄に収斂して行くことを書きたいのだ。

2 「国賊」形成が「国民」を逆規定する

幼児が見なれないものに対して原始的な恐怖感をもつのと異なり、一つの共同体、あるいは擬似共同体が自己と異質のもの（あるいは異質と思えるもの）に対して、その肉体的抹殺をも含む敵意をむき出しにするとき、その共同体は内的にすでに硬直を示し、そのこととして危機を内包しているといえまいか。若々しい集団は異質なものをも呑みこみ、消化し、自己を対象との「公倍数」にまで高めうるのだろうが。

ところで、「イージーライダー」の殺されざまへの戦慄が、ぼくの場合「ナショナリズム」への戦慄に収斂すると書いた。正確には、ナショナリズムが裏面にもつ排外主義というべきかもしれない。しかし、ぼくらは、かつて排外的ならざるナショナリズムを知らない。ヨーロッパ列強の圧力に抗して燃え上がった明治初期のナショナリズムでさえ、たとえば朝鮮に対しては侵略主義としてしか現われなかったのは重大だ。

ナショナリズムの外面《そとづら》の裏側に排外主義があるとすれば、内面《うちづら》の裏側には「国賊」の形成（内部における国境の形成などとしゃれた表現をした友人もいる）があろう。さらにいえば、「国賊」を内部につくり出さないうちは、ナショナリズムは充分に排外主義的ではない、といってもいいかもしれない。つまり、ナショナリズムが、漠とした自国への愛とか郷愁とかを表象するだけでは、大して害もなければ益もないわけで、ナショナリズムが一つの有効な力を持ちうるのは（誰にとって、あるいは何にとって、ということが重要なのはいうまでもない）、外部との緊張を排外主義として実現し、内部における緊張を「国賊」の形成で実現し、かくて、ナショナリズムという漠とした観念をある目的に沿ったものと限定してきたときである。

このような規定がもし正しいとすると、日本のナショナリズムの現段階というのはどういうものだろうか。日本に「国賊」は形成されたか。

昨年の十月、十一月、首相の訪米阻止をかざして激しい街頭行動が展開され、両闘争で三千人を超える学生、労働者が逮捕されたが、その中に数十名の教師がいた。ぼくは、自身、昨秋の「佐藤・ニクソン会談」と共同声明には容易ならぬ危機を感じているので、細々と彼らの何人かの救援（といっても、保釈金のカンパやときどきの差し入れ）をやっているけど、その中の一人、大阪の長尾恒俊さんの手紙（「日本・朝鮮・中国」という雑誌の創刊号にのっている）はショックだった。

というのは、彼によると、彼が逮捕されて留置されていた品川署では、取り調べの刑事が、逮捕されたものたちにむかって、「おまえたちは国賊だ」とか「日本人でよかったな、朝鮮人だったらピストルでうち殺してやるんだが。」という暴言を吐いたそうである。さらに彼の手紙には、看守長がチンピラを教唆するかたちで房内でリンチをさせている等、ショッキングな報告がつづいている。

「イージーライダー」の場合には、権力によってではなく、いわば普通の人間によって殺されたことが恐怖感を増すといったが、この場合は逆だ。右翼的思想をもった市井の何某の罵言ではなく、末端であれ、国家権力の執行者が平然とこの種の言葉を吐いている、という点にぼくのショックは存在する。そしてこのショックは、十月、十一月、新宿、蒲田を中心につくられた「自警団」という名の暴力――みずからの私有財産を守るという口実のもとに、タオル一本が凶器準備集合罪現行犯逮捕の理由になっていたそのときに、木刀片手に、腕章を巻いて歩いていた姿、露路に逃げこんだデモ隊員をめった打ちにしては警察に引き渡す、ここではデモ隊の「政治目的」は最初から捨象され単純暴力事犯に矮小化されている――形成と結びつく。

国民という概念は、それ自体としては無色透明に思える。それは、価値概念であるよりも、むしろ存在概念といった方がいいだろう。日本で生まれ、日本で育ち、日本の国籍を有する。とりあえずは、ぼくが日本国民であるというのはこの程度の意味しかない。日本の学校で教育を受け、日本語をつかい、日本国に税金を納め、日本の学校に子供を入れ、法を大きく踏み破らぬ代償として、一定の法的権利と保護をうけている…と、いわば、国民としてのさまざまな属性を身につけてはいるし、それらが、ぼくの発想をさまざまなかたちで規定してはいるが、とりあえずは、ぼくにとって国民とは存在概念でしかない。

だが、「国賊」の反意語があるとすれば、それもまた「国民」ではないか。だとするなら、「国民」概念は「国賊」（「非国民」という言葉もあった）という反意語をもつことによって、その意味内容を逆規定されるのではないか。「国賊」という言葉が、実際には支配体制に抵触する、あるいは政府の重大な政策に反対するものに対して、支配の側からつくり出されるものである以上（ニクソンは、カンボジア侵攻に反対した学生たちを「非国民」とよんだ！）ひとたび「国賊」という反意語をもった「国民」は単純に存在概念とはいいきれなくなるだろう。つまり、それは、時の支配的政策に賛成するもの、あるいは反対しないものという一定の価値をあらわす概念になる。少なくとも「国賊ならざるもの」という意味でだ。そして、価値概念としての「ナショナリズム」が、価値概念としての「国民」の形成に照応して、その姿をあらわにするのもこのときだろう。さらにいえば、価値概念としての「ナショナリズム」が、自己の「価値」を主張し、自己に対立する「価値」への敵対を表明するのが排外主義といえよう。かくて、「ナショナリズム」が存在概念から価値概念に推転したとき、排外主義はほぼ宿命となるといいうる。

3　『こだわり』の核としての世代体験

渡辺清という人がいる。今、四十二、三才だろう。戦艦武蔵の最後の戦闘の生き残りだというこの人は、昭和十八年、十六才のときに海軍少年兵合格の通知をうけて、「この上はただ、天皇陛下のため、祖国日本のために滅私奉公、尽忠報国の誠を尽すのみ」と、「誰にも見せないで下さい」と上書きした「日記」（昭和四十一年になって、彼はその全文を「わだつみ」に発表した）に記したという。

昭和四十年代になって、ナショナリズムが急速に上げ汐になってきて、それに伴なった一連の「海軍もの」

ブーム、さらには、「海ゆかば」ではじまり、「天皇陛下バンザイ」で終ったという「戦中派の会」結成などといった時勢に、いかにも今までの沈黙をたまりかねて破ったという感じの文章がある。（「展望」一九六七年二月「円卓」欄「恥多き戦中派」、なお、六月号に安田武がそれを敷衍するかたちで「戦中派・その罪責と衿恃」という文章をかいた）

一寸長くなるが、一部を引用してみる。

なるほどわれわれ戦中派には、「自分の命より国家を民族を重くみた経験がある」ことは事実だ。しかしそれ故にこそ、われわれはしたたかなその体験を通して国家のなんたるかを思い知らされた。民族のなんたるかを見とどけた。天皇のなんたるかを見破った。つまり、国家の名のもとに、民族の名のもとに、また天皇の名のもとに、何がどのように行われたかを身をもみたてたくなるほどの屈辱の中で知ったのだ。

—（中略）—僕はこういう会や組織に半ば本能的な嫌忌を感ずる。生き残りの罪深い恥ずかしさが先に来てどうしても出席する気になれない。そういう僕をさして「敗戦痴呆症」といい。戦争の痛みなんか早く忘れろ、と説く人がいるが、なんといわれようと僕は僕なりの仕方でまだまだ当分、死者の氷のような沈黙に静かに耳をかたむけていたいと思う。戦後はまだ二十一年しかたっていないのである。

戦中派の会や同期の会をつくりたいものはいくらでもつくるがよい。そこで存分に「天下国家」を論ずるがいい。「泰平ムード」にひたりこむがいい。だが、僕は戦争からうけたもろもろの体験、天皇からうけたもろもろの屈辱を忘れない。僕はこの怨念を生涯貫徹する。この拠点を一センチも動かぬ。たとえそれが空しいものであろうとなかろうと、あの八月十五日の時点にひそかにおのれの墓標を立てねばならなかった僕に、ほかにどんなまっとうな「生き方」があるというのか。いってみれば、これも恥多き生き残りの宿業なのだ。

ぼくは氏よりも六、七才ばかり年下だけど、兄貴が予科練や海兵にいた故か、この戦中派の怨念というものが分る気がする。渡辺清が屈辱感とか怨念の対象とするものが、単に自己の外から自己を強権的に操縦した国家とか天皇制ではなく、自分の中にいつともなく居坐って、自分を操縦したものであろうことは充分に察しがつく。

　彼より年下のぼくらは、たとえば疎開児童として、たとえば戦災孤児、浮浪児として、たとえば栄養失調の少年少女として、いわば戦争の（ひいては天皇制国家の）一方的被害者として第二次大戦を経験しているわけだが、それでも、自己を全き被害者としてのみ把え、国家とか戦争とかを自分の生活の外の絶対悪として非難してすますような視点に立とうとは思わない。かつてある政治思想家が皮肉まじりに語ったように「いかなる専制も人民の同意なしには一日もありえない」ということが正しいとすれば、体制の被害者は、その被害のうけ方そのものにおいて、体制の共犯者としての側面を持ちうるのであろう。

　ぼくがぼく自身の世代体験に即して、国家への原像をさぐるとすれば、次のエピソードが最適だと思う。

　数年前、「みんなわが子」という映画の宣伝が職員室に舞い込んだことがあった。各方面から推薦がついた、「いい映画」の一つで、集団疎開の生徒達の生態を素材にしたものだった。確か何人かの職員が希望者をつれて見に行ったんだと記憶するけど、ぼくは敢えて行かなかった。今考えると一寸損したという感じがしないでもない。我をはらずに見に行っていれば、少くとも知識は増えたのに、と思わないわけではない。しかし、ぼくは行かなかった。時間がなかったとかそういうことでもない。自分自身の体験が不当に汚されるようなインチキにつき合いたくなかったのだ。（映画がほんとにインチキか否かは分らない。とにかく尻の穴が小さくて、見てないのだから。）

　こういうことだ。

　細かいことは忘れたけど、宣伝のチラシによると、映画は八月十五日の情景で終わることになっていた。「玉音放送」を疎開の全校生徒が直立して聞いているうちに、教師や村民たちがすすり泣きをはじめる。その中で疎開児童達だけが「家に帰れる喜び」をあらわにして喜々とはしゃぎまわる、というわけだ。

　集団疎開体験者は数十万人いるだろう。その中にはこのような事実があったかもしれない。しかし、ぼくは、このシーンはインチキだ、つくりものだと思い込んでいる。

　映画は、戦争などに毒されぬ子供たちの無邪気さを描き、あるいは、そこに未来の明るさを暗示させたかったのかもしれない。しかし、ぼくにいわせれば、戦争と無縁な子供の無邪気さなどというものは、あの時期ありえなかったということだ。

集団疎開に出かけたのは、昭和十九年の九月、ぼくが「国民学校」五年生のときだった。子供をあてもなく手放す親の不安をよそに、はじめのしばらくは物珍しさも手伝って、さながら泊りがけの旅行にでもきているような感さえあった。しかし、改めて考えてみるまでもなく、本来からして相当にむごいことだったのだ。小学生がいつ帰れるかの当てもなく親の手許から引きはなされて（そのまま永の訣れになってしまう可能性だって充分にあった。）集団生活に囲い込まれる。当時のこととて食料は絶対的に足りない。弱者同士のいたわりあいどころか、空腹感と心細さは、弱肉強食の小世界を純粋培養するエネルギーに転化する。

昭和二十年の四月、東京の空襲がいよいよ日常化してくるに至って、新入生（ぼくの弟もこの中にいた）を含む低学年も送りこまれてくる。そして、この小世界の空気が一層けわしいものになってくる。

考えてみれば無理もない。東京からの便りの中には、誰それの家が焼けたとか、誰それのとこの誰それが行方不明だなどというニュースがまじってくる。慢性飢餓状況は、幻想の東京にむかって、やれ何を送ってくれ、かにを送ってくれという手紙を乱発してつかの間の夢をむさぼる。（そのことによって東京のオフクロ達の苦労を倍加させたにちがいない）

しかし、こんな中で、ぼくらは大本営発表の「戦果」に歓声をあげ、血を湧かせていた。戦争が終れば帰れるだろうとは思っていたが、戦争が終るということは、日本が勝つということと全くの同義語であり、それ以外のことは可能性どころか想念としても問題になりえなかった。

純粋培養された弱肉強食の小世界では、強者だけが尊敬され、弱者は徹底的な侮蔑の対象でしかない。「家に帰りたい」などというホンネは、あったとしても、それは弱者たることの自己表明であり、タブーとして自己規制される。

子どもは大人ほど上手にはホンネとタテマエを二重化することはできない。しかも、このような、格子なき牢獄にも似た異常な状況の中でだ。もしも、当時の子どもにも無邪気さがあったとすれば、タテマエを自己のホンネとみずから見まがうほどに、すっぽりと「聖戦体制」にからめとられていたということをおいてはない。「戦争に負けたこと」を「家に帰れること」に直結して無邪気に喜ぶような心性はまことに口惜しいけれど、ぼくらにはなかったと思う。「敗戦の報」は少くとも当座は、大人にとってと同様、ぼくらにもショックだったのである。

しかも、そのショックのあとにすら「家に帰れる喜び」が来たとは考えられない。「敗戦」を「終戦」といいくるめようと、敗けたのは事実であり、それは、ぼくらにとっては全く予想外の、天地がひっくり返ったような事態が突如として起ったということであって、当時の考え方からすれば、そのうち赤鬼みたいなアメリカ兵(「鬼畜米兵」とか「洋鬼《ヤンキー》」とかいうのが常套語だったではないか)がやってきて、東京の大人たちはみなごろしか奴隷にされてしまう、と考える方がむしろ普通であって、「家に帰れる」なんていう喜び以前に、とてつもない不安感が先行するのではないか。

一つの体制の中で育てられるということは、こういうことをすべて含むのであって、ナチス・ドイツではヒットラー・ユーゲントの子供たちが、スターリンのロシアではコムソモールやピオニールの子供たちが、体制に批判的な親をゲシュタポやゲー・ペー・ウーに密告したという話があるが、戦時下のぼくら「小国民」は、それらの話を他人事とは聞けないほどにイカれていたのではないだろうか。

国家というのはそういったものではないのか。なかんずく、総力戦体制というのはそういったものではないのか。

国家とか総力戦体制とかのとてつもない大きな支配力に対して、それに「毒されぬ」子供の無邪気さなどというものを想定するのは、一寸したお涙頂戴映画の最後の救いの場面になりえても、現実には余りにムナシイ思いつきでしかない。せいぜい、国家とか戦争の怖しさを矮小化するという効果しか生まないものだろう。

自分の体験に引き寄せて興味をそそられる筈の映画を無料で見られるというチャンスを敢えて見送ったのはこのようなこだわりの故だった。自分のケツの穴の小ささを誇ってみても仕様がないが、このこだわりはぼくの「国家の原像」から出ている、あるいはぼくの「国家の原像」はこのこだわりから生まれている、という関係にあることを明らかにしたかったのだ。

「国家の原像」などと勿体ぶったいい方を悪いくせでやってしまったけど、大したことではない。次のようなことだ。

自己の日常的生活をその根元からすっぽりとからめとってしまい、しかも、その有機的構成体の一つに仕立ててしまうもの。強制を献身と思い込ませ、献身の累々たる屍の上にみずからの栄光を貪ぼりくらうもの、それが国家に関するぼくの原イメージだ。このイメージを語るとき、多少大げさにいうと、すんでのところで累々たる餌食の一部に化されようとした「少年ファシスト」の体験が、内部の痛みとしてうずくのだ。おそらくぼくは少し背伸びしているのかもしれない。しかし、このようなことが足がかりになって、たとえば渡辺清の「屈辱感」を理解できると僭越にも思っているわけだ。

もう少し、ぼく自身のエピソードをつづけよう。

戦後、圧倒的多数の日本人は、マッカーサーもおどろくほどの変り身のすばやさを示して、「民主主義」にむかって転進した。マーク・ゲインなどを読んでみると、占領軍は、根強い反抗か、人民的な反軍部反乱のどちらかを予想して、きわめて緊張して上陸したそうだが、どちらも現実には起らなかった。さながら四角い容器に入っていた液体が丸い容器に移されたように、日本国民の適応性は世界にも類いまれなものがあった。天皇制ナショナリズムのウルトラな高揚と、その瓦解の呆気なさとは、まこと世界に冠たるものがあろう。「小国民」「小ファシスト」たちの変り身もいうまでもなくすばやかった。

ところが、口惜しいことに、よほどマジメだったのか、ぼくにはさながら物理的慣性にも似た現象がしばらくつづいたのである。

小学校六年、つまり昭和二十年の秋、自由作文をかかされたとき、「あとにつづくものを信ず」とかいって北のどこかの島で玉砕した若林中隊長の言葉を引用して、変り身のすばやい世相を慨歎する文章を書いた。復員したばかりの軍服を着た教師が一言もいわずに、しかし共感をもった眼でその作文を返してくれたことを覚えている。

もう一つ「慣性」の例。戦争中は、とにもかくにも自分の将来は兵隊と決っていたのに、突然将来がなくなってしまった空白感は、おさな心にもどう処理していいか分らないほどのショックだったにちがいない。なけなしの小遣い五十銭で「少年航空兵読本」という本を古本屋から買ってきたときは、流石に家族からも笑われてしまった。

ぼくより一つか二つ年下の大江健三郎が、「あの日、ぼくは二度目の誕生を体験したような気になることとさえある。あの日からつづく戦後数年のデモクラシー・エイジは、ぼくの中等教育のすべての時期にあたって、あつく輝やかしい熱と光を充満させた」(「厳粛なる綱渡り」第一部のためのノート)などと書いて、戦後民主主義の申し子のような顔をしている。一つ二つ若い友人と語り明かしたときなどにも、農村部という地域性にもよるのか、むしろ戦後民主主義の尖兵のように「手書きの憲法」を地域に普及したなどというのも中にはいたから、大江が嘘をついているとは思わないが、ぼくの場合はまったくちがっていた。

どだい、民主主義にしてからが、新聞紙よりもっと粗末な感じの教科書ばかりの中で、「民主主義」という名の教科書だけがやたらに部厚く立派で、もうそれだけでぼくの感覚にあわず、中に書かれている「キレイゴト」がおおむね感覚的反撥の対象だったことをはっきり覚えている。(この点も大江と正反対だ。彼は立派な装丁の教科書にそのまま立派な内容を感じていたそうである。)

高校以降のぼくのチャチな転進については本章の主旨からはずれるのでやめる。「自伝」を書きたいわけではないのだ。要するに、十才そこそこの少年をかくも見事に深くとりこんでしまうものが国家であり、総力戦体制であることを少しでも明らかにしたかったのと、この奇妙なうすらでかさを矮小化する試みや、国家悪や戦争悪を、自分とは無関係の外的な悪としてだけ非難して済ます傾向に反対する一つの根拠として、敢えて、「恥」をさらしたまでだ。

4　体験は世代を超えうるか?

〝生まれたときが悪いのか
　それとも俺が悪いのか〟

「昭和ブルース」は、こんな工合に「時代」と「俺」を対立的に歌ってみせるけど、一人の人間の中に肉化してしまった「時代」、つまりは世代体験というのは、ある意味で彼そのものだろう。強烈な世代体験は、ときとして彼の一生を規定する。(同時に、体験がその後の生き方によって修正されることもあろう。自己の体験、いわば、事実としての体験にいかなる意味を見出すかは、その後の「生き方」にかかってくる。ぼく自身の「国家体験」の抽出の仕方にも、そのようなあとからの修正が不可避的にあるとしなければなるまい。)

ところで、世代論は不毛だ、という意見に接することがある。確かに、ある種の問題に関する意見の相違を、それとして徹底的に煮つめる努力をあらかじめ放棄して、世代感覚の差に解消すべく世代論が利用されるとしたら、それは、不毛以前に、精神の怠惰を示すものといわれてもしようがない。だが、流動めまぐるしい時代に精神形成を行なってきたせいか、ぼくは「若い」うちから世代というものを微妙に感じてきた。さきにも触れた大江健三郎との違いなどにも、ぼくはぼくなりに神経質である。そのようなぼく（又は、ぼくら）にとって、世代論は決して一概に「不毛」として斥けることはできないのだ。むしろ、重要な問題を考えていく際の橋頭堡のような意味すらもつことが多いのだ。

吉本隆明がナショナリズムに関する考察を始めたとき（「日本のナショナリズム」筑摩『現代日本思想体系――ナショナリズム』解説）、まずもって、ナショナリズム概念のあまりの多義性、日本国民の世代別による「ナショナリズム」への反応のあまりに多様な差異をあげ、「日本ではナショナリズムが論理的考察の対象になりにくい」ことをぼやいたものだった。彼のやや乱暴な分類によると、ぼくがその中の最年少として属する世代によってナショナリズムが語られるときは、「強烈な絶対否定と、それを無視して思想・政治史を語ることは、青春そのものの喪失であるという意識との絶対矛盾としてあらわれる」ということになる。乱暴なわりに的を射ているといわざるを得ない。そのようなぼくらにとって、世代体験を対象とする世代論は、不毛として済ますには、あまりに重大な予感をはらんでいるものに思えるのである。

しかし、ぼくは、世代体験がどこまで普遍性をもちうるのか、あるいは、世代体験の継承がありうるのかを同時に問わなければならないと思っている。

玉城素が、日本人の対朝鮮人体験（＝民族としての抑圧加害体験）を切り口にした「民族的責任の思想」（御茶の水書房、昭和四二年）というユニークな論集をだしたが、彼はその中の一節を「体験」と「経験」の概念規定にあてている。その中で、彼が、「経験」を「科学の実験概念に比較的近い、反復可能、比較衡量可能なもの」としながら、「体験」を「歴史的な一回性をもった、きわめて主体的な、伝達困難なもの」としているのは示唆的である。世にいう「世代間の断絶」というのは、世代体験がいかに伝達困難かの実証でさえあるのだから。

四・五年前の『世界』だったかに、大江健三郎が「沖縄の戦後世代」という興味深いルポを書いていたが、その中で、沖縄戦中派の教師が「戦争体験」を若い戦後世代に正当に伝えていくことの困難さを語っている部分があった。

「本土防衛の最後の砦」とされ、圧倒的物量を擁した米機動隊から潰滅的な打撃をうけ、二ヶ月ばかりのうちに県民の二割近くが戦死したという沖縄の戦争体験は、広島、長崎を除けば、本土のそれの比ではないほど深くまたトータルなものがあるだろう。しかも、本土においては「デモクラシー・エイジ」(大江)がとにもかくにも戦中と戦後を截然と区切った(ということは、それだけ異質の世代体験層が存在する、ということを意味する)のに対し、占領米軍がそのまま居坐って、「憲法の適用」もうけず、「基地の中に沖縄がある」といわれるほどの状況で、朝鮮戦争・ベトナム戦争の兵站基地、前進基地につながってしまった沖縄にしてなお、「戦争体験」が伝わりにくいということは、痛切なまでに世代体験の固有性を示していると思う。

ここまできて、改めてもう一歩基本的な地点で考えておかねばならぬことがあるのに気がついた。というのは、ぼくは無規定に世代体験の伝達とか継承とかいう言葉を使ったが、それはどういうことなのかということだ。可能か不可能かという以前に、継承という概念そのものがもう少し検討されなければならなかったはずだ。

体験の継承ということですぐに思い浮かべるのは体験談である。だが、それらの多くは、なかば自慢となかば愚痴のまじりあった、若い者にはどうにも手の届かぬことで唯一もっているようなものだ。たとえば、みずからも「昭和元禄」にトップリつかって、かつての緊張感を失なった老人が、「若いころはこんなに苦労した」と語ってみても、所詮は昔語りにしかすぎない。素直な若者が「へェー」といって聞いてくれるかもしれないが、現代と接点をもたないことで成り立っているような話は、若者の「知的」好奇心をそそるかもしれないが、それをも体験の継承といいうるだろうか。「知識は力なり」とはいっても、大学闘争であばかれたことの一つは「知識ばか」「専門ばか」ということではなかったろうか。

人間の〝類としての連続性〟と〝モータルな個〟としての矛盾、といった風な言葉がチラと浮んでくるが、それはともかく、たとえばぼくが自己の世代体験としてできることなら伝えたいと思うものは、前にのべたような、国家とか戦争のうすらでかい支配力についての自覚であり、よほど心しないといかれちまうぞ（心してればいかれないで済むというほどヤワなものでもないが）、ということにとりあえずは尽きるわけだ。このようなことを「体験談」として語ってみたって、ここに書いたことに一寸毛の生えた程度になるのがせいぜいであってみれば、「戦無派」あるいは「新戦前派」（不気味な言葉だ！）に、通じさせたいと思う意味合いが通じるとはほとんど期待できない。

あるいは、これでいいのかも知れない。いかに貴重なものであれ、過去の全的な体験を背負って、はたして人間が未知の世界に足を踏み入れることができるか、と問うてもよい。たとえば過去の重苦しい挫折体験を対岸の火事と見すごす「強靱さ」が意識的存在＝人間が生きつづける上では必要であるのかもしれない。

かくて、「こだわり派」としては、行くもならず退くもならずの感なきにしもあらず、まことに心細い限りだが、当面、ぼくは二つの方向で、体験の継承性という問題を考えたいと思っている。

一つは、通じようが通じまいが、やはり、素材としての体験談を豊富に浮かび上がらせることだろう。これは、ときとしていやみにさえなるのだが、とりあえずは止むを得ない。ただ、体験談はあくまで素材でしかなく、それのみが表面にあらわれてもあまり有効ではないことは今までの考察でおさえられるべきだ。体験が体験者自身のいわば思想の核として、他人に伝えるべきことである以前にみずからの問題として据えられていなければならないだろう。自己の世代体験を原素材として全面的に浮上させるとともに、その意味を体験者みずからが対象化し、追究するということである。ぼくは、たとえば戦争責任の問題一つをとってみても、戦後思想史の中でそのための作業が決定的に不足しているとさえ思っている。世代体験とはいいながら、所詮、それらは個に固有の質と内容をもったものである以上、その作業は本来的に少数の知識人に任せてすむものではありえないのだ。ぼくがぼく自身のささやかな「体験」にこだわり、それをたとえば国家とか戦争を考える際の足がかりとして積極的にとらえていくことの底意は、その辺にあるといってよい。

第二の方向は、第一の方向と微妙に交錯しながらも、やや次元を異にするかもしれない。

対象化、思想化といいながら、言葉として表現しきれるものは、事実総体からすればほんの一部のものでしかない。そして、決定的な体験が爾後の彼の全生存を本質的に規定するとすれば、彼がみずからは対象化しきれぬ領域でなお、彼を規定するだろう。だとすれば、それが表現されるのは、単に言語表現においてのみならず、彼の生きざますべてにおいてだろう。そしてこの点にこそ〝類の連続性〟と〝モータルな個〟のもつ矛盾が止揚されて行く鍵が存在しているように思える。

昨年、全共闘系の学生が立命館大学で「わだつみ像」を引きたおした。平和シンボルに平和理念の現実化（具体的な反戦行動）を代行させている「戦後平和主義の退廃」に敢えて挑戦した全共闘と、君らには戦没学生の苦悩と情念が分っているのか、と居直った戦中派的平和主義者との対立は、水と油のようにとけあわぬまま七〇年に突入してしまった。この問題は検討すべき重大な問題の宝庫のようなもので、「教え子を再び戦場に送るまじ」というスローガンをみずから身体をはった反戦行動に代行させているように思える日教組の現状をつき破って、その結果、クビになって獄中にいる「反戦教師」たちの思想と心情をも射程に入れつつ、色々考えてみたいと思っているけど、つまるところ、問われているのは「戦中派」の生きざまだ、ということを出ないようにも思う。細かなことは色々あろうが、つまるところ、七〇年代の危機に身体をはって立ちむかおうとした若者たちの荒々しい告発に応えるべきどんな〝生きざま〟を「戦中派」が示しているかということだ。問われ方に問題がある以上に、問うている内容に一義的な問題があるということだ。

極く僅かの例外をのぞいては、総じて回答は陰画的にしか出ていないのは残念である。過去をもって現在に代行させることはできない。にもかかわらず「先輩」たちがこの徒労に固執するとしたら、「後輩」たちは、「先輩」とともにその過去すらも否定するだろう。そのとき、不幸は、否定された過去によりも、否定した現在に大きいのが通例である。

過去の重みを背負ったがゆえの、その重さに照応する質量ある生きざまを「最年少戦中派」を自称する以上、ぼく自身も問われているのだろう。シンドイことになってきたものである。

＊　＊　＊

色んな時期に色々考えてたことをまとめたのがこの雑文です。次号には「反ナショナリズム」ということの

「シンドサ」に相応した、さらにコントンとした模索を発表することになるだろう、とケナゲにも予告（何よりも自分に対して）しておきます。

（初出）『いろはにほへ』創刊号（一九七〇年）

反ナショナリズム論ノート（2）

《散華》と《難死》

1　「最後の特攻隊」にからんで

二十五回目の八月十五日の晩、ぼくは珍しく子どもたちからチャンネルを奪って、NHKのテレビを観ていた。

画面では、二十五年前の八月十五日にそれぞれ特異な体験をした人たちがその記憶を語っていた。「玉音放送」録音盤を青年将校の「襲撃」から守ったNHKの技術員がいた。逆に「玉音放送」を阻止し、本土死守の心情を電波を通じてアピールしようとした元青年将校がいた。満蒙の地で、現地人の復讐的襲撃で殺されるよりも先に家族隣人同士が殺し合う方を選んだ開拓団の生き残りがいた。八月十五日の「放送」を受信機不調のため聞くことができぬまま、夕刻になって「出撃準備命令」を受け、準備中に事故のため自爆を起し、一瞬のうちに七十余名が死んでしまった海軍「震洋」特攻基地で、隊員たちの世話をしていた高知の婦人たちがいた。そして、同じく八月十五日夕刻、海軍特攻隊司令官宇垣中将を先頭に大分飛行場から飛び立った「最後の特攻隊」の一員でありながら、エンジン不調のため途中から帰還し生き残った人がいた。

総合雑誌の八月号がでたころ、ある気の早い評論家が、各誌が「八・一五特集」を組んでいないことに時代の推転を読み取ったようなことを書いていたが、さすがに「銀婚式」が近づくと、新聞、週刊誌、テレビなどが、例年以上に趣向をこらせて「八・一五」をとりあげたものだ。ぼくが観たテレビもその一つだった。「玉音放送」はぼくの記憶よりもはるかに鮮明だった。「八・一五」の回想のどれにも現われる「雑音だらけの聞こえにくい放送」の責任の大半は受信機のせいだったのだろうか。マクルーハンによると、テレビというのはクールな媒体であって、容易に人を没入させ得ないものらしいが、とにかく一時間ばかり、様々の想念に身を委ねながら画面に眼をやっていたものだった。

様々の想念の中心にあったのは、死者のことについてだった。宮城前で自決した人たちの死があった。家族同朋同士が殺し合った死があった。終戦を知らぬまま事故で死んだ死があった。そして、終戦を知りつつ基地を飛び立った特攻隊員の死があった。これらの死は一体なんなのか、という問いは、戦後の生はまたなんなのかという問いを裏にもつだけに、妙に心にまつわりつく重みがある。答えきれぬ自分を感じ、同時に、答えねばならぬ自分を感じる。決して居心地のよいとはいえぬ、この重さをどう処理したらいいのか。

「最後の特攻隊」の話はおぼろげな記憶があった。エンジン不調のおかげで生き残った人の話は、考えごとをしながら聞いていたのだろう、残念ながら細かいことは忘れてしまった。手許の本をしらべてみたら、高木俊朗の『知覧』(朝日新聞社)の中に次のような記述があった。

海軍側の特攻隊の司令官である宇垣纏中将は、降伏決定の通報をうけると横井俊幸参謀長を招いて、出撃の決意を伝えた。横井は、それを思いとどまらせようとしたが、宇垣中将は承知しなかった。特攻作戦に部下を送ったことに対し、自分も〝あとにつづく〟誓約を果し、責任をとる覚悟であった。横井と第十二航空戦隊司令官の城島少将が中止するように懇願すると、宇垣中将もまた、手を合せてたのんだ。

「死所を与えてくれ。たのむ。」

横井参謀長は、やむなく艦爆機彗星の準備を命じた。宇垣中将の要求は三機であったが横井は長官の出撃をさかんにするため五機を用意した。宇垣中将が大分飛行場に行くと、九機が出撃準備をととのえ、その前に十八名の乗員が、はちまきをして整列していた。宇垣中将がわけを聞くと、七〇一空大分派遣隊の中隊長、中津留達雄大尉「いやしくも長官が特攻をかけられるに、たった五機というのは何事ですか。自分の隊は全機がおともすることにきめています。」と大声で叫んだ。

宇垣中将は涙をおさえ、「みんな、宇垣と一しょに行ってくれるか」とただすと、十八名は「はいっ」と答えて、いっせいに右手を高くあげた。

十五日、午後五時、宇垣中将の乗った中津留中隊長機を先頭に、最後の特攻隊が大分飛行場を離陸した。

行先は、もう二ヶ月近くも前に、完全にアメリカ軍の手中に入ってしまっていた沖縄。この「最後の特攻隊」がせめて沖縄まで辿りつけたか否かも見届けたものもいない。

降伏が決定された今となっては空しく死んでいったとしか思いようのない同僚の死を見つづけてきた隊員たちが行をともにし、また、「特攻隊は、あとからあとからつづく。また、われわれもつづく。……諸士がその覚悟でやる限り、日本は必ず勝つ」というような激励訓辞で、若者たちを死地というよりも死そのものに駆り出していた司令官が、所詮とり切れぬ責任を、せめて部下と同じ「犬死」の中で辛くも果そうとした心情を、二十五年後に生きるものがあげつらおうとすること自身、あるいは不遜のそしりを免れぬことかもしれない。だが、同時に、こういった死を美化するに済ますとしたら、この二十五年はまた何だったのかという反問が、敢えてぼくを不遜の場に立たせようとする。

あげつらう以前に、様々な疑問が湧き起こってきてしまうのだ。

高木俊朗の『知覧』という本は、もともと海軍特攻隊のことを書いたものではなく、鹿児島県知覧飛行場のことを書いたものである。知覧は、陸軍特攻隊の基地だった。高木は戦争末期知覧に派遣された報道班員として、親しく特攻隊員と接していたし、戦後も幾度かここに足を運んで、隊員達の世話をした女学生や町の人からも詳しく話を聞いてまわり、この本をまとめたのだった。そして、高木は、明らかな対照を意識して、宇垣を先頭にした海軍「最後の特攻隊」の記述のあとに、知覧でも似たような状況があったことを伝えている。だが、司令官の態度によって、陸軍側では事態は全く変ったものになった。すなわち、

「菅原軍指令官閣下は、特攻隊の出撃のたびに、あとにつづく者を信じて行け、といわれました。今やめたら、死んだ者は、犬死じゃないですか」「あれだけ特攻隊を送り出してこのまま降伏できますか」と数名の隊員につきあげられた鈴木参謀長は、海軍側の「出撃」の報に接するや、自らも覚悟して菅原中将に決意を促しに行った。ところが、菅原は「当惑した色を浮べ」しばらくたってから「ねちねちと」次のようにいったという。「海軍がやったとしても、自分は、これからのあと始末が大事だと思う。死ぬばかりが責任をはたすことにならない。それよりは、あとの始末をよくしたいと思う。」そして、鈴木は、死ねる人ではないとあきらめ、それ以上強要はしなかったそうである。

この二つの話をつづけて読むと、理屈以前の問題として、まず、宇垣の方に〈死の美しさ〉を、そして菅原の方には〈生の醜さ〉を感じてしまう。特に、巻末の方で、十九年後、菅原が防衛庁の中を我がもの顔に歩いては旧部下めぐりをやり、挙句の果てに、防衛庁の車で特攻観音に出かけることをもって「あとの始末をよくしている」ようにふるまっている姿が記述されると、余計に腹立たしくなってくる。

だが、今のぼくにとって、こだわるところはそんなところではない。

部下を死なせた上に、戦後に生き残ることをいさぎよしとしなかった宇垣が、一人でみずから割腹でもして果てたのなら、宇垣と菅原との相違は「責任をとる」ことのシンドサのみを考えれば足りる。だが、宇垣が降伏決定後になお、出撃を命じ、みずから三機要求したということはどういうことなのか。また、横井が、長官の出撃をさかんにするために五機を用意したということはどういうことなのか。もはや、戦闘行為としての大義名分がない時点である。それは殉死の無理強い、無理心中という名の殺人でしかないのではないか。挙句の果てに、「自発的」とはいえ、十八名の若者を自殺の道連れにしたということはどういうことなのか。そして、菅原の

〈生の醜さ〉のおかげで、少くとも数名の若者の生命が八月十五日に散らずに済んだこともまた逆の事実である以上、このことをどう考えたらいいのか。

戦争をまた政治の延長であり、そこには冷たい計算が主導性をもっているものであることは、クラウゼヴィッツの定義によらずともぼくらの知るところだ。そして、ついには、「敵を倒すことよりもみずからが死ぬこと」の方にウェイトがかかっていったように見える特攻作戦がきわめて異常なものであるということを、今日のぼくらの理性と感覚が認めるのも容易だ。にもかかわらず、「一機一艦」「一億玉砕」を習字にまで書かされたぼくらは、あの戦争の渦中での日本人にとっては特攻作戦が単に異常なものであったとして済まされぬなにかがあることも確かなのだ。

高木俊朗は、あの戦争と日本軍隊構造の中では、あるいは些細な意味しかもちえぬことを予想しつつも、特攻が強制によるものだったのか、それとも徹底して志願によったのかを調べあげようとする。タテマエはあくまでも志願だったが、下部では強制割り当てに近い事例があったことをつきとめるのだが、そして、当時の上層部があくまで「志願」のタテマエをくり返すだけの態度の中に、決定的な責任の所在をぼかす構造を感じさせるのだが、確かにこれは今となっては大きな問題とはいえぬだろう。人間魚雷の多くが、青年将校たちの創意から生み出され、血書で書かれた願書とともにその構想が連合艦隊司令部に送付されてきていたというあの時期、志願にしろ強制にしろ、あの戦争の末期において、一つの必然ともいえる重みをもっていたことだけは確かなのだ。

だが、たとえば、

「右者　沖縄方面に来攻中なる敵艦船群の攻撃を命ぜらるるや、昭和〇〇年〇月〇日、周到なる準備の下、勇躍出動、敵機跳梁する洋上を長駆突破し、沖縄周辺に達するや、敵戦闘機の妨害と激烈なる対空砲火とを冒して、敵艦船群に殺到、強烈必殺の体当り突撃を決行して、これを破砕し、以て皇国守護の大任を果せり。

その武功真に抜群にして、その忠烈は全軍の亀鑑たり。よって、ここに感状を授与し、これを全軍に布告す。

昭和〇〇年〇月〇日

航空総軍司令官　」

という、およそ取り扱いが厳正なものであった筈の感状が、沖縄戦当時の特攻隊の場合には、氏名、年月日だけを記入すればよいように印刷されていたこと（その活躍をだれが見届けたのか？）とか、機の故障で（役立たずの飛行機が多かったという）止むなく途中から帰還してくる者が卑怯者呼ばわりされて、それこそ、「死ぬこと」こそが一義的なものになっていったことを知るとき、その退廃ぶりがにもかかわらず必然の糸をもつがゆえに、一層たまらぬものに思えるのである。

　埴谷雄高が、小説『散華』をかいた高橋和巳に書き送った手紙の中で、次のように書いていた。

　「それ〈〈敵〉を殺すことが先行して、それから自分が殺される、という推移〉に対して、戦時中の〈死の哲学〉が教示したものは、ひたすら自己の死についての意味ある納得であり、ある種の含蓄ある美化であり、と同時に明らかにしたことは、〈死の哲学〉の他の側面であるべき〈敵を殺す〉ことについての苦悩も省察もほとんど容れる余地がそこになかったという事態です。従って、戦時中の〈死の哲学〉は、最も特殊な戦闘形態である特攻隊に最もよく適用さるべき理論であったといえましょう。そしてさらに換言すれば、小さな部分である特攻隊を、出来得べくんば国民全体に拡げて一億総死を目ざそうとした理論ともいえましょう。」

「咲いた花なら　散るのは覚悟　見事散りましょ国のため」のあの妙に醒めた悲しいメロディに重なって、それがその先に何を実現するのかという問いもないままスローガン化された「一億玉砕」という言葉が、ぼくの記憶の中で、埴谷の指摘を裏打ちする。その記憶は、二十五年経ってみても妙になまなましい。

　あれは、ほんとに二度とありえぬ異常なことだったのか。それとも、歴史の歯ぐるまがほんの一寸動くだけで、またぞろ繰り返すたぐいのものではないのか。人々の生を一億玉砕につなげる必然の糸を見つけ、それをほんとに断ち切る論理が人々の感性の中に定着しないなら、明日にでも同じことを繰り返さぬと誰がいえるか。それとも、すでにそのような論理が感性化するまでに定着しているといいうるのか。

焦燥に身を灼く、といったら大げさだ。だが、二十五回目の八月も去った今、あいかわらず答えきれぬままに、これらの問いが心のどこかにひっかかり、ときとして思考の中心に居坐ってしまうのだ。

2 〈散華〉の内側から
――高橋和巳の場合――

高橋和巳は、〈散華〉の内側からこれらの問いに答えようとしているようにみえる。いや、実際、彼は、さきにあげた埴谷雄高が、〈死の哲学〉の主観性を指摘し、「さまざまの相反するもの、矛盾するものをも、たとえ極端化してでも大きくとりいれて、全体的な考察へと向う」ことをすすめたのに対し、次のような気負いを示したものだった。

「にもかかわらず危険をあえてして、その主観性のがわから掘り進もうと意図しますのは、思想とはみずからの傷を、あるいは訴えんとする人々の傷痕を、みずからの責任において構築せんとするもの。無垢の思想は無意味の別称にすぎざることをいささか知るところあるためです。戦後文学から多く学ぶところのありました私としては、〈敵とはなにか〉という客観的な大設問についても、そうとうな理解をもつものと自負します。しかし継承しようとすることは同じ地点から同じ方向へむかって歩みはじめることをかならずしも意味しません。むしろ迂遠な道であっても、貝のように口をとざし、あるいは叙情的な懐旧の念のうちに、ともすれば問題の核を霧散させようとする人々の胸中にもぐりこみ、おしすすめ、『そうか、やはり、この客観的な大設問にであうのか』ということを実際に検証する道をえらびたいと欲します。」

以前にぼくが読んだ彼の小説の中にも、単なるエピソード以上のウェイトをもって、特攻隊の死生体験が登場していた。『憂鬱なる党派』の一人、『日本の悪霊』の主人公の一方の刑事が、「体験したものにしか通じぬ」特攻隊生き残り体験を反芻しながら生きていた。

実をいうと、それが前々からこの作家に関して気になっていたことの一つだった。彼の作品のキイ・ノートは、かつて梅原猛も注目したように「論理的に自己解体していく人間たち」なのだが、彼自身の学生時代の体験を基底にした五〇年当時の左翼学生運動の渦とともに、特攻隊体験が「自己解体」の論理的契機として、つまりは、きわめて重要な意味をもって使われているので、余談だが、昭和六年生まれの彼を、もう三つばかり年上だと錯覚していたほどである。

長編作家高橋には珍しい中編小説『散華』は、その問題意識が凝集されたものだった。いや、はずであった、というべきかもしれない。なぜなら、元特攻隊員だった電力会社のエリート社員が土地買収の交渉のために瀬戸内海の離れ小島にやってきて、そこで戦後隠棲したきりの元右翼思想家〈散華の哲学〉の鼓吹者〉と対面し、すでに風化しつつあった自己の過去の〈やり場のない怒り〉を想起する、という構成をもって展開されるこの小説が、彼自身の「気負い」にもかかわらず、「主観性のがわから掘り進む」作業を充分に果しえてはいないように思うからだ。黒井千次が『高橋和巳作品集8』の『月報』に、やや遠慮しながら指摘しているように、所詮、「過去の男」同士のからみ合いの中でしかこの問題を追究できなかったのは、部分的にはいくつか面白いところがあるにしろ、彼が本来意図したテーマをきわめて不徹底にしかつきつめられなかった原因になっているように思う。二十年余の戦後の生の日常性が、あるいは「体験」を風化させるものでしかないか、あるいは「体験」がどうにも通じぬまったく異質の何かという対照の中に留まっている限り、「体験者の主観」に入りこもうとする努力は、所詮、空しい怒りの吐露か、満たされぬつぶやきとして、作家のあるいは意図せぬ抒情を瞬時滲み出させるに留まってしまう。

とはいえ、ぼくの意図は、高橋和巳の一作品の巧拙を論じることにはない。彼の〈散華〉へのこだわりの中に、ぼくの分身を見出せるか否かにとりあえずの関心の根は存在する。

「第三の新人」といわれる作家たちによって、本来徹底的に究明、解明さるべき「戦時という中世」がほとんど未開明のまま、吉本隆明、磯田光一、奥野健男、江藤淳らによって「性急に」、戦後文学の死滅が宣告されることに異をとなえた『戦後文学私論』のなかで、高橋和巳はやや唐突に次のように述べる。

「だから、私はみずからの課題として、あの〈散華の精神〉とは何であったかを、あの〈死の哲学〉は何であったかを、日本の近代精神がかくなりゆくべき必然性をもった一つの歴史として、そしてまた、一つの確かな哲学として、究明せねばならぬと考えている。それを解明しなければ、いつも喉に鉛がふさがっているようで正論を吐けない。」

そして、この異常なまでの〈散華の精神〉へのこだわりの根底には、彼の戦争観があるように思われる。

『悲の器』で刑法の原論から確信犯問題を説きおこし、『日本の悪霊』ではその問題を作品の基本世界として展開してみせた高橋は、『戦争論』という長くはない評論の中で、みずから「戦争とはなにか」と問い、「それは、まず政治的には、国家的規模においてなされる持続的な確信犯罪行為である。」と確答している。「政治に関心を持つ者にとっては、破廉恥罪をおかした者の罪悪意識であり、政治的無関心派にとっては巨大な〈事故〉である」というのが、彼が概括する「現在日本人の戦争意識」である。これにたいして、単に人的物的資源の徹底的投入に止まらず、当該戦闘国民がそだてきたあらゆる文化遺産もまた、いませ全能の神の座にすわった〈国家〉によって、その確信形成に動員されるという、彼の「確信犯罪」説は、戦後の平和思想の盲点を衝くと同時に、きわめて今日的な意味をもっているように思う。そして、彼はこの確信性の証拠であるとともに集約点でもある一つの例として「国の敗色濃厚となって後、徴兵軍人によってではなく、その延長線上の臨時措置であったとはいえ、自発的意図がなければ成立しない志願兵が行為主体となった特攻作戦」をとらえようとするのだ。

『悲の器』の登場人物に、「日本は何と懺悔しようと、いかに仮面をかぶろうと、特攻戦術を一つの必然の思想として生み出させしめたものを根底から変革しないかぎり、同じことを繰り返し、同じように敗北するであろう」と語らせた彼は、ここでもう一度、自身が〈死の哲学〉なるものに執拗にこだわるゆえんを次のようにはっきり述べる。

「第一には、逆説的ないいかただが、戦争をたとえば、経済的軍事的観点からのみ説明しつくせると思うためには、私は人間にたいして期待をかけすぎていること、人間はその総体において精神であり、古きその形を克服し、やがて私もまた克服されていくべき精神の部分をになうと考えていること。でなければ、人間であることなどあっさりとやめてしまったほうがましである。第二には、その特攻戦術は極度に日本的形態ではあるけれども、歴史がめぐり、ある似かよった政治的状況がべつに生まれれば、そこにおいてまた似かよった悲劇が生み出されるものであることを知っており、今後もそういうことが行なわれる可能性がじゅうぶんあると考えているからである。」

「少し優れた煽動家の課題が死の理由を正当に見つけることであり、誰がもっとも優れた死を示し得るかが最大の特質となり、生を保証する何物もなくなった愚劣で崇高な危機の時代」というのは、埴谷雄高の未完の小説『死霊』の主人公首猛夫の現代定義だった。高橋は、この言葉を引用した上で、「ざんねんながら私もなお決然と生を保証するものを表白しえない」という。この自覚は痛切である。「自己持続、自己拡大」というのが生命の最も原基的なパターンであるとしたのは、歴史家バナールの言だったと思うが、それにしても、「自己拡大」の途上においてか、それ自身一つの完全な世界であるべき個人が、歴史のある位相との出会いにおいては、個としての自己破滅をむしろ選んできた実例が、古今東西無数に存在するのである。自己をも破滅させることで辛くも成立しうる古今東西のテロリスト群像の論理に鋭く踏みこんだ『暗殺の哲学』、歴史との格闘を自己に課しつつ「破滅」した先達の生をそのこととして対象化した『順逆不二の論理——北一輝』などの論稿をもつ高橋和巳が「決然と生を保証するものを表白しえない」ともらすとき、それは一般的な意味での生の空しさの表白に留まっているものではなく、対極にある自己破滅としての死（広義の殉死）を凝視しつづける緊張関係を土台にしているもののように思われる。荒野に放置されたものが、たよるもの、賭けるものを失なった地点で、なおも生か死かを選択しなければならぬ位相ではなく、文字通り「政治の論理」との格闘において、喰うか喰われるかの緊張関係内部での自問自答である。そして、この痛切な自覚が、「政治が問いかけてくる設問以上の問を、みずから発しえないならば、私たちは結局その政治の渦の中に巻きこまれざるをえなくなることは否めない」という醒めた客観認識と重なって、彼をつき動かしているのであろう。

今、ぼくは、「それ自身一つの完全な世界であるべき個人」という言葉をつかってしまった。このいい方自身が人生観、世界観の大きな分岐点をなすものであること を知らぬわけではない。蜜蜂の針の行使が個体を守らずにその死を招き、かまきりの雄が交尾ののちに雌の栄養になってしまうというような、生物界に広くみられる個体の種への宿命的従属性から、人間がどこまで自由になりうるのかに関して疑問がないわけではない。だが、高橋和巳という、日本の作家としては、稀有の論理志向性をもつ人が、この問題の追究に「人間精神の表皮に過ぎない理性のみにたよる」ことの陥穽を自覚しつつ、『戦争論』の末尾を、ショーペンハウエル『最後の慰安としての小会話篇』からの次の会話を引用してしめくくっているのは示唆的である。

「トラシュマコス――つまり私の死んだ後、私はどうなるのでしょうか。はっきり、ぴったりおっしゃって下さい。

フィラレテス――一切であり、そして虚無です。」

「個体」にとっての自らの死が「一切であり、そして虚無」だとするなら、それは、その個体にとってかけがえのない絶対的な意味をもつということだ。だが、時として、個体はその〈かけがえのなさ〉をみずから捨てて他の価値をえらぼうとする。これこそ人間の〈生〉の矛盾だろう。

すでに明らかだろうが、ここでは〈散華の精神〉は単に特攻隊員の死生観に留まらず、広く、自己の外にある価値に〈殉ずる〉死一般に広げられる。〈殉ずる〉という一点で特攻隊の愚を笑うものは、ロシア・ナロードニキの死をも笑わねばならぬ、という論理をみずからの中にみつけたとき、小説『散華』の主人公は、自問自答の渦の中で立ちすくまざるをえなかった。

高橋和巳の世界全体において、〈殉ずる〉という論理の対極におかれうるものが何なのか、ぼくはよく分からない。ただ、彼の作品世界では、往々〈日常的世界の断片〉が対立的に描かれることが多い。たとえば、『憂鬱なる党派』の主人公は、ある日、つぎのようにつぶやく。

「遠くに山脈が煙っていて、そのたたずまいが一人の人間の情緒をゆさぶるとき、あの山はなんというのかと尋ね、故郷の山の姿とはやはり違うだろうと答える平凡な交情がなぜわれわれには育たないのだろうか。」

だが、すでにこの小説の中で、日常性の対極におかれるような戦争すらが、人々にとっては日常化されうるという視点を示した彼にとって、〈殉ずる〉ことの対極に人々の日常性がその全体像においておかれるということはありえない。怒りをはじめ、人間的情熱をすべて風化させるところに成立する家庭生活とか、自然のたたずまいとか、つまりは、生がその矛盾点で爆発する激しさの対極におかれることを予測した上で、日常性の一こま二こまがえらびとられているにすぎないとぼくは思っている。もともと、〈日常〉対〈非日常〉が彼の作品の基調ではない。日常と非日常がそのように直裁に区別されるのではなく、混沌とないまぜになった一人の人間の〈生〉のサイクルが、ある日あるとき、典型的な日常性といかに隔絶した地点に彼を立たせてしまったかという自覚を促すものとしてだけ、この対比はつかわれているのだと思う。

以上、高橋和巳の〈散華〉へのこだわりを中心に覗いてきた。触れずにきたことがいくつか残っているが、正直いって、彼が構成する硬質の世界で頭をめぐらすのにややくたびれてきた。少し視点を変えてみたい。

3　〈虫けら〉のリアリズム
——小田実の場合——

一九六五年の一月号だから、小田実が未だベ平連運動に本格的に身を入れる前だろう。『〈難死〉の思想』という、当時のぼくにかなり印象深かった評論を彼は『展望』に発表した。

「私は幼なかったから、保田与重郎などいなかった。高坂正顕も高山岩男もいなかった。『総力戦理論』も『世界史の哲学』も『近代の超克』もなかった。万葉集の文庫本も『葉隠』も、いかに死ぬかの考察もなかった。私の世界には、そのとき、そうしたものは何一つなかった。
　ということは、私がそうした知識人的な理念やロマンティシズムの介在なしに、戦争とじかに結びついていたということだろう。いや、戦争がいやおうなしに私に結びついていたのだろう。」

冒頭からして、高橋和巳とはアプローチが決定的に異なる。昭和七年生まれの小田は、学年でいえば高橋の一年下、敗戦時は中学一年生だ。彼はこのことから自分と戦争の結びつきを、知識人のそれよりも大衆のそれに近いことをとらえる。勿論、彼も「大東和共栄圏の理想」とか、「天皇陛下のために」といった類の理屈ぬきの自明の原理を、「公の大義名分」として当時のほとんどの日本国民とともに共有していた。彼の立論は、このような「公の大義名分」を〈公状況〉としておき、それに対して「私の事情」を〈私状況〉というかたちでとらえることから立てられる。〈公〉と〈私〉の二つの状況を結びつける手だてが「理念」であり「ロマンティシズム」だ。

「〈私状況〉は言論の弾圧であり徴用であり飢えであり、戦場に駆り出されることであり、究極的には死ぬことであろう。理念やロマンティシズムは〈私状況〉と〈公状況〉のあいだにあって、〈公状況〉の圧力を和げるクッションとしても働けば、二つを結びつける接着剤としても働く。それを欠くとき、あるいはその量が足らないとき、状況が悪化するにつれて、〈私状況〉が壮大な〈公状況〉について行けなくなるのは当然だろう。…」

〈公状況〉〈私状況〉〈二つをつなぐ理念〉という三つの概念を駆使して（かなり乱暴なやり方だが、）彼は、戦後史を通観し、戦後文学の歩みを概観し、第二次大戦後の三つのナショナリズムの在り方（「戦勝国ナショナリズム」「戦敗国ナショナリズム」「新興国ナショナリズム」）を論じる。だが、主要なテーマは、当時特徴的に現れてきた〈散華〉の復権の試みに対する、彼自身の〈難死〉に定めた視点の主張である。

彼は、〈散華〉の復権の試みを次の三つの型に分類する。第一に〈私状況〉と〈公状況〉の倫理的つながり、いわば、「殉教の美学」にすべての意味を限るやり方、第二に、〈散華〉を強いられた体験の、過去と現在に対するやり場のない怒りから発する試み、第三に、崩壊した〈公状況〉そのものに論理的意味を回復しようとする試み、というのがそれである。そして、第一の試みが三島由紀夫、第三の試みが『大東亜戦争肯定論』の林房雄にそれぞれ代表されるものだといい、第二の試みをそれとして評価しつつも、下手をすると第一、第三の試みに癒着する危険を指摘して、『散華』の高橋和巳を前者に、上山春平を後者に数える。(高橋は、小田のこの評価について「単純化を避けるべく」自分の立場を『戦後民主主義の立脚点』で再論している。↓後述)

この際、小田自身の立脚点は、〈散華〉ではなく〈難死〉に置かれている。〈難死〉というのは、大義名分で飾られた〈価値ある死〉に対比させて、たとえば彼自身が身をもって接した、終戦前日の大阪大空襲でさながら天災にでも出会ったとしか思いようのないほど無意味に、虫けらのように殺された、おびただしい死に彼がつけた言葉である。

「戦後二十年のあいだ、私はその意味を問いつづけ、その問いかけの上に自分の世界をかたちづくって来たと言える。〈難死〉に視点を定めたとき、私にはようやくさまざまなことが見え、逆に〈散華〉をも理解できる道を見出だせたように思えた。」

敗戦のとりあえずの結果は、〈公状況〉の崩壊であり無意味化であった「大東亜共栄圏の理想」や「天皇のために」という大義名分が崩れたということは、〈公状況〉と〈私状況〉を結んでいた「理念」も無意味化したということだろう。そして〈散華〉は〈難死〉と交錯する。「精神のあて馬」(高橋和巳の言葉)とされた特攻隊生き残りの多くが、特攻隊くずれとなって、戦後の〈難死的人生〉に溶けこまざるを得ない。

だが、〈散華〉を〈難死〉と交錯させうるのは、単に状況の変化だけの問題ではなかったろう。状況の変化がすべてなら、状況の復活とともに(そして、それは紛れもなく相当進んでしまっているのだが、)〈散華〉は再び〈難死〉と区別され、その上位におかれてあがめられることになろう。〈散華〉を〈難死〉と交錯させうるのは、また視点の問題でもあった。それは、あるいは〈生き残り〉の特権かもしれない。だが、〈生き残り〉が〈生き残り〉なるがゆえに可能になった観点を放棄すべきだと強弁することは、生を予め侮辱するものともいえよう。いや、そのような大げさなことではなく、生活者の素朴なリアリズムが時として持ちうる「広く長い目」にすぎないのかもしれない。たとえば、次のように。

「私がかねがねふしぎに思っていたことが一つあった。それは特攻隊の『壮途』を描き出した映画・テレビ・ドラマ、あるいは文章を見たり読んだりしているうちに気がついたことだが、そうしたもののおしまいが、十中八九まで、『では、行って参ります』という一言を残して、白いマフラーを風にはためかせて飛行機にのり込み、やがて出発。みんなが泣きながら見送るなかを、一機また一機と飛び立って行く。そして、彼方の空に豆粒のようになって消える。——

そこで、映画やドラマや文章が終わる。そのことが私にはふしぎでならなかったのである。そういう結末にお目にかかると、私の胸には当然の疑問が浮かび上がって来る。『出撃した特攻隊はそれからどうなったのか』」

六五年三月初め、サンケイ新聞に三回にわたって連載した『特攻機のゆくえ』と題する文章の冒頭である。ここでは、『〈難死〉の思想』の中で、「〈散華〉をただそれだけを、一回きりの瞬間的な極限状況の下で見れば、それは純粋な美であり、倫理のかがやきであろう。しかし私は、それを雑駁になることをおそれず、短編小説的方法よりも長編小説の方法をとって、日常的な長い時間のひろがりのなかにおいてみたいと思う。」といったときの〈長編小説の手法〉が、きわめて具体的なかたちで展開されているわけだ。

「特攻隊の目的は死ぬことそれ自体ではなくて、あくまで、敵の軍艦なり商船なりに命中して、それを沈めることだったのではないか。死は目的ではなく結果だった。」

小田のこの言葉には、1で触れたように若干の留保が必要に思う。特攻作戦末期には、敵への打撃はともかく、選ばれた隊員の死がさながら自己目的のように〈待たれる〉という倒錯をしばしば生んでいたのだから。

ともあれ、服部卓四郎の『大東亜戦争全史』によると、沖縄で失なわれた陸海軍の特攻機総数は二三九三機ということだが、四月六日以前の数字が含まれていないから、実数はさらに大きくなるらしい。高木俊朗は『米国海軍作戦年誌』から、昭和二十年三月十八日から六月二十二日、すなわち、アメリカ軍が沖縄上陸のために日本本土を攻撃してから沖縄を完全に手中に収めるまでの期間の、アメリカ艦船の損害を集計して、損傷一九一隻、沈没一一隻という数字を出している。しかも、沈没したのはいずれも駆逐艦とか上陸用舟艇などの小型艦艇であり、特攻作戦が一番の目標にした制式空母は、この戦闘中、戦艦、巡洋艦とともに体当たり攻撃で一隻も沈んでいないという傷ましい資料を提出している。

小田は、アメリカ人による沖縄戦記から「実際のところ、アメリカ海軍の主要なる軍艦は一隻も特攻機によって沈められてはいない」という証言を引用しつついうのである。「特攻隊を論じるとき　人はどうしてその惨憺たる『戦果』にまで眼をやろうとしないのか。」

確かに余りに惨憺たる戦果である。現実は「一機一艦」のスローガンから余りにかけはなれていた。戦争末期の特攻機の大半が整備兵泣かせの故障だらけの旧式機であり、完備したレーダーによってはるか彼方で予知され、二重三重に張られたグラマンの阻止線で叩き落とされ、多くがそのまま海の藻屑に消えてしまったことを思うと、〈散華〉の言葉で飾られているがゆえに余計にいたましい死の姿があらわになってくる。だが、小田も「惨憺たる戦果」との対比でのみ〈散華〉を見よ、と主張しているわけではあるまい。彼はただ、「過去をロマンティシズムのベールを通してみることを止めたい」といっているのだ。「彼らの行為を最後まで見とどけようとしない、その最後の無意味な悲惨さからことさらに眼をそむけようとするロマンティシズム」（傍点原文）が「まちがいであるのみならず、途方もなく危険なことであるように私には見える」からだ。そして、たとえば「特攻機のゆくえ」を最後まで見とどけようとするリアリズムこそが「戦後日本人の持つ積極的価値」であるとして、そこに依拠しようというわけである。

当時、『〈難死〉の思想』の発想は、ぼくには新鮮なものにうつった。すでに時代は大きく曲がっていた。経済白書が「もはや戦後ではない」といい切ったのは一九五五年のことだが、それから十年、戦後の諸価値は次々と既成事実の前に「是正」され、六〇年安保のあとの「高度成長政策」の中で「マイホーム主義」として囲い込まれ、辛くも形骸を残していた「私状況優先志向」に対し、〈公状況〉の側からの攻勢が、「国家の復権」として大々的、且つ執拗にかけられはじめた時期のことだった。そのとき、彼は、「私状況優先原理」が、たとえば、支配層の戦争責任を非常にあいまいに残してきたことなどの「弱さ」を認めつつ、なお、そこにしか依拠できぬ「生活者のリアリズム」を説き、その地点から政治を模索的に展望しようとしたのだった。それは、ここ数年のべ平連運動の思想的特質をなす、いわば直接民主主義の最も基底的な原理のように思える。

彼は大所高所に立ちすぎた「鳥瞰図的発想」対して、ともに地面を這いまわる一匹の〈虫〉の視点を強調する。石原慎太郎との対談（『文芸春秋』六九年十二月号）の際、原爆被爆者に関して、歴史には広島長崎よりもっと悲惨なことがいくらでもある、といった石原に対して、次のようにかみついているのは面白い。

「あなたはそういうだろうと思っていたらまさにそうおっしゃった。前に高坂正堯氏と対談していて、ベトナム戦争の悲惨な写真を見て、あなたは何とも思わないのかといったら、彼はしばらく絶句してから、『いやあ、古今東西いくらでもそういう例はありまして……』といって、歴史の中の例を次々に持ち出してきた。それも一つの考え方でしょう。がしかし、そういう考え方でやっている限り、ぼくの考えでは、政治はロクなものにならないと思う。

なるほど人類はつづくだろう。が、一人一人の人間にとって、人生は一回こっきりだ。石原慎太郎も死ぬし、小田実も死ぬわけだ。生まれては死ぬ身の、名前をもった一人一人の人間や、その人生のことをぼくは考えざるを得ない。」

そして、「きみはきみ自身のことを考えればいいじゃないか」という石原の野次に対しては、「いや、それは連関している。石原慎太郎の人生も、ぼくの人生も、みんな残念ながら連関しているわけだ」と平然と答えるのである。「政治には四捨五入が必要だ」といって恬淡とする石原に対し、「四捨されるわけにはいかぬ個々の〈虫けら〉」にとって、政治とは何でありうるのかを改めて問い返そうというのだ。

敢えて〈散華〉の主観性の内側から掘り進む、といった高橋和巳は、別の機会に、歴史と個人との出会いについて次のように書いていた。

「しかし、限りある生の時間のうちに生き、一回性という動かしえない制限をもつ個別者は、無限の順応体として自分を訓練する必要はない。蝉脱や転進の意味を認めないわけではないけれども、たった一つか二つの役割をみずから裏切ることなき態度の上に果たすことができれば、おそらくはそれで十分なのであり、役割が終ったと思えば、静かに退場してゆけばいいのである。」（『孤立無援の思想』）

小田は、極限状況のあとは死でなければ「挫折」ということになって「余分の無意味な人生」を生きることにしかならぬ「〈散華〉的人生」の構造をおさえながら、生活はそんなに劇的なものではなく、本来雑駁なものであり、その雑駁さに耐えることのほかにどんな生きる道があるか、と居直った上で、『〈難死〉の思想』を次の言葉でしめくくる。「そのとき、〈散華〉の美しい衣は汚れ、かつての純粋な青年の顔だちはあぶらぎった中年男のそれに変っているかも知れない。しかし、その男が偉大な歴史の主役でないとは、誰も言えないであろう。」

〈散華〉の主観性から掘り進もうとしたものと、〈難死〉を強いられる〈虫けら〉の視点から眺めようとするものが、生の劇的瞬間のあとをいかに生きるかという点で大きく喰いちがってきた（あるいは、論理的な順序は逆なのかも知れない、とも思わないでもないが）のは当然かもしれない。そして、それは、たとえば、『日本の悪霊』の主人公と、生体解剖に従事したという戦中体験をもつ『現代史』（小田の長編小説）の主人公との差となって現われるのかもしれないが、この点に深入りする余裕は今はない。むしろ、異なったアプローチから迫った二人の異質の戦後知識人が、実はそれぞれの努力の基底において、かなり相似していることをつかんでおきたい。〈散華〉の主観性に入りこもうとする高橋にして、すでに「客観的大設問」はもう一方の眼でとらえられていたこと、そして〈一匹の虫けら〉の視点に固執する小田が、他方で「全体小説」（『現代史』の意図）を志向して、「日常的な長い時間の広がり」の中で、〈個〉の営為を対象化しようとする点において、両者は奇妙に一致しているのだ。そして、小田は高橋の仕事の意図を高く評価し、高橋も小田を「戦後の民主主義は、制度的に様々の失敗や矛盾をはらみながら、こういう思弁をしうる行動人を生み出したという点では決して失敗ではなかった」（『戦後民主主義の立脚点』）とまでに評価するのである。

4　被害者の「共犯性」をめぐって
――高橋・小田の接点――

前号でぼくは自分の「少年ファシスト」体験に触れた際に、「体制の被害者は、その被害のうけ方そのものにおいて、体制の共犯者としての側面をもちうる」という視点を提出した。国民をその共犯者として組織せずには、国家は国家の名による犯罪を遂行しえないという構造にふまえたこの視点は、いわば国家批判の核心をなすものだが、正直にいって、この視点をつらぬいて生きるということは余りにしんどいことではある。日々、犯罪に加担することなしに生きる場所は所詮ありはしないという自覚は、半分の居直りと半分の身のおきどころなき居心地悪さを生む。とはいえ、ここで、この問題に関する高橋和巳と小田実の立場を見ておきたい。２及び３でわざと触れずに残してきた問題である。

『戦後民主主義の立脚点』の中で、高橋は、小田が小説『散華』の思考を「弁証の否定的媒介」として活用したことについて、「私はそれを名誉と感じこそすれ、一生活人として、小田実の主張に決して反対するものではない」といいながら、次のようにいっている。

「小田実の思考に対するある危惧を重ねて言えば、『〈難死〉の思考』は、ちょうど〈散華の精神〉の追究がともすればその謳歌へと傾く危険をもつように、すべての政治的主張がまず自己を無罪の位置に据えて他を糾弾する、あの〈無罪の陥穽〉にはまり込む危険が多分にある。」

では、この「危惧」を述べるときの高橋の態度とは何か。彼はそれを『狂人日記』――自分が人に食われるのではないかという恐怖に気がふれていく主人公は、その恐怖の中にあってなお、自分自身も人食いの子孫であり、兄弟であり、その罪はまぬがれぬと感ずる。〈食人〉が何を象徴するかは明らかだ。――を書いた魯迅の態度に仮託してのべるわけだが、「日本の難死者はひょっとすると、中国の民衆を難死させた人間と同じ人間なのではあるまいか、と感ずるべきである」と説く精神の位相には、みずからいうように、もはや華々しい〈正義〉は何も生まれず、ひたすらはなはだしい苦渋に人を追い込むものでしかないであろう。この「何ものにも正当化されぬ情念」にこだわるみずからの主体性を、高橋はここでは次のように披瀝する。

私は私なりに、せっかく身につけた痛切な認識を性急に〈公認化〉して御破算にしようとする傾向と闘いたいと思う。ただその場合、私に正義があるからそれをするのではないのである。年令的に、あの戦争に関する自分の無罪を証明することはやさしいが、そうしてしまっては、何もかもが元の木阿弥になる。」

この最後の文句などは、ぼくが背伸びして、自分を「戦後派」としてではなく、「最年少戦中派」に数えこもうとする、心情と一致するものである。

『群像』十月号に、大学闘争の過程で京大助教授の職を辞した高橋が、同じく東大教授を辞めた日高六郎と対談をしているが、その中で、民事や刑事の裁判を傍聴したときに感じた「被害者がどっかの時点で（加害者との）共犯関係に立っている事例」を語っている箇所がある。強姦事件で、男の威圧をうけた女性が、諦めからか、恐怖からか、のこのこついていって、「最後の下着を脱いでしまう」例を枕にして、つぎのように述べるのだ。

「学生諸君がよく父親の世代の人にむかっていいますね。お前たち、戦争に反対だったのなら、何故反対だと言わなかったんだと。この問い方が全的に正しいとは思いませんが、被害は多くの場合、加害者との共犯関係の上になり立つということを暴露する功績はありました。」

「そういう共犯関係の中に巻き込まれている人間が、何かを始める前には、確かに自己否定を一ぺんやらないといけないですね。実際には非常につらい立場にいて、むしろ被害を受けているほうなんだけれども、どっかで被害を受けることを許していた自分を一ぺん洗わなくてはいけない。共犯関係を断ちきるためには、法廷の論議のように相手の非を鳴らすだけでは駄目で、そういう関係にまき込まれた自分を先ず切らねばならない。」

これは、全共闘運動の過程で声高に叫ばれた〈自己否定〉ということと一致するわけだが、大学を辞めたことが正しかったか否かについては、「個人に戻るという当然のことが、ギロチンにわざわざ首をさし出すような自己懲罰的形態になってしまった」という「客観視」以上には語っていない。

『〈難死〉の思想』では、もっぱら〈私状況〉〈公状況〉の対比の中で〈私状況〉に敢然と依拠しようという立場を説いた小田実も、まもなく、この両者の隠微な関係、「被害者」と「加害者」が截然と分たれるとは限らない構造を否応なく対象とするようになる。ぼくが小田をともかく立派だと思うのは、それが単に頭の中の思弁の結果だけではなく、ベトナム反戦運動を推進して行く際の、いわば行動主体としての彼自身の全人的な活動が認識を広げてゆく、帰納的認識の一典型をみずから軌跡してみせていることによるのだが、ともかく『〈難死〉の思想』から一年半後、『展望』六六年八月号に、彼はこの問題を正面に据えて『平和の倫理と論理』を発表した。

それは、「八・一五」のさまざまな受けとめ方を要約しながら、戦後の「戦争体験観」が「被害者体験」として凝集してしまったこと、それには「国家原理に対して正面から個人がむき合う姿勢を与えた」という「功績」がありながらも、「それにしても、ひょっとすると自分自身がある瞬間には加害者であったかも知れないという意識をきわだって私たちが欠いていたことは重要な事実だろう」と、その欠陥を指摘し、今やそれが戦後思想の「致命的な欠陥」にまでなってきているという。

かくて、山田宗睦が編集した『戦争体験』(徳間書店)の序文が、「戦争体験とは政治権力者たちがひきおこした、人民の日常、平凡な体験の世界を無にし、とほうもない運命を強いる異常な体験なのである。」と述べるとき、彼は次のような異論を提出するのだ。

「私は、このことばに次のようなことばをつけ加えなければならないと思う。『人民は、しかし、そのとほうもない運命をも日常化、平凡化した。その異常の日常化が人民の戦争体験だった』そして、私はさらにつけ加えなければならないと思う。たとえば、そのとほうもない運命のなかに加害者としての運命があり、しかも、その運命をむしろあたりまえの日常事、平凡事として受けとることがあったのではないか。」

さらに「戦争体験は、一方に為政権力者の正統性の主張、他方に日本人民の哀歓こめられた生活の息づかい、この二つの交錯、葛藤、混在のうえになりたっている」という山田の文章に対して、次のようにつけ加えねばならぬというのである。

「『混在』のあとに『協力』、『共謀』と。たとえ、それが強いられたものであり、哀歓のこもったものであろうと――人は『哀歓のこめられた生活の息づかい』のなかでも、十分に加害者たりうるのだ。」

まったく平常の人々が、ある種の「正当性」を保証しうる大きな権威に支えられたとき、狂気にも駆られることなく、殺人を含む残虐行為を平然と行いうるものであることを、エール大学心理学教室の戦慄的な実験結果によって示しつつ、個人原理がいかにしたら国家原理を突き破りうるかを考察しようとしているこの論文は、彼自身にとってもかなり重要な位置を占める「仕事」のように思う。ともかく、ここでは、彼の「長編小説的手法」は、「特攻隊のゆくえ」をみるだけではなく、「八・一五」をもって体験が一方的に断ち切られることをも拒否する視点（たとえば、「八・一五」以降の引揚者の難民体験に、それ以前の抑圧者体験をも重ねてみようとする視点）として活きていることに注目しておきたい。そして、ここにおいては、小田と高橋は、今や完全にといっていいほどに一致していることは改めて指摘するまでもないかもしれない。

それにしても、ふと奇妙に思う。小田や高橋よりも世代を上にするものが、戦後を戦中との連続した過程（国家の軌跡としても、個人の軌跡としても）においてとらえることから自己を開示しようとせずに、戦後に賭けるなどといっていた（「明治百年か戦後二十年か」――山田宗睦）のはどういうことなのか。小田や高橋の方に、より醒めた複眼の存在を感ずるのはぼくだけだろうか。

5 〈難死〉からの逃亡――そのうしろめたさとふてぶてしさ

――野坂昭如の場合――

ところで、この夏、ぼくが一番好んで読んでいたのは、野坂昭如のいくつかの小説であり、『日本土人の思想』『卑怯者の思想』『風狂の思想』という一連のエッセイであった。昭和五年生まれだから、高橋より一年上の野坂は、高橋とは全く異なった位相で、それなりに美事な戦後の生きざまをさらしているようにぼくには見える。

彼を最初に知ったのは直木賞受賞作の『アメリカひじき』『火垂るの墓』という一連の「飢餓小説」だが、助詞をふっとばした、まつわりつくようでいながら奇妙に醒めた文体への興味とともに、戦後二十年余を経て、今なお、戦後初期の空腹感を執拗に作品化して行く執念じみたものに、そこはかとない敬意をはらったことを記憶している。ところが、その後、『ゲリラの群れ』『騒動師たち』『エロ事師たち』『水虫魂』などを読むにつれ、ときには作品構成をも無視するかのように焼跡のイメージがとび出てくるのにぶつかって、いささか驚いたものだ。彼のこの焼跡への執着は一体なんなのか。

彼は『直木賞受賞の弁』の中で、強いて自分を規定すれば〈焼跡闇市派〉だといい、それを次のように説明している。


「この派に所属する年代は昭和四、五、六年生まれに限られ、つまり同年に戦死者のない、積極的に戦争に参加できず、また、七年以降のごとく疎開もしない、いわば銃後市民生活の中核として、戦争を過ごした経験を持ち、敗戦の日『連合艦隊はどうしたァ』と絶叫し、占領軍の到来とともに昨日までの鬼畜が、今日から人類の味方にかわっちまって、おったまげ、そして飢餓恐怖症の覚えがある、放出の兵隊服着こんだことがある、虱、疥癬を知っている……」（『日本土人の思想』所収）

銃後市民生活の中核として戦争をすごした経験の核心は、「音に後ろ髪ひっつかまれて、後ろ向きのまま果しなく落下していく感じで、頭のシンにもみこまれるような痛さをともなう」焼夷弾の落下音を聞いた体験であり、あるいは、「三、四歳の子供ものらしいタビがおちていて、何気なくけとばすと中身がはいっていた。生首がどぶにはまっていたし、女性の髪の毛が一束電線にひっかかっていたし、からだがまりのようにふくれ上がって『からだに爆風はいってしもた』といいつつ死んだ酒屋のおやじ、……」（『ぼくの家族は焼き殺された』）などの無数の〈難死〉を幾重にもすりぬけて生き残った体験であろう。そして、みずから語る如く、昭和二十年から二十三年にいたる間のことは、彼の記憶の中に純粋に固定されていて、他の人なら埋没されてしまうことこまかなものまで残っているらしい。かくて、次のようにいう。

「ぼくは、意識して、娯楽小説を書くつもりも、それ以外の小説も書くつもりもなくて、結局は、わが焼跡闇市への回帰を、鳥の声のようにくりかえすのだろうと思う。戦争反対の目的も、死んでしまった肉親や生活に対する鎮魂のつもりもない。ぼくはしかし、書かねばならないと思っているし、いささか自負の言葉をのべるならば、ぼく以外のだれに、ぼくの構築する世界が書けるかと、考えている。焼跡闇市こそは、わが故郷なのだ。」

別の機会には、こうも書く。

「どうあがいても、昨日までの街並み一朝にして茫々千里の姿となる、そのいさぎよいむなしさ、生きるための人間のせっぱつまったしぶとさにふれ、そして体得したものからは、一生脱け出せそうにない。」

みずから、養子先の両親を焼き殺され、ともに放浪した一年六ヶ月の妹を「餓死させ」、浮浪児体験を有し、空腹を瞬時いやすための盗みで留置場に入り、挙句、二ヶ月にわたって「腹が減りすぎて、リンチも喧嘩も、脱走さわぎもない」少年院暮らしの体験をもつ野坂が（そして「まともなサラリーマン以外はほとんどの職業で食ってきた」野坂が）、「生きるための人間のせっぱつまったしぶとさ」というとき、それは単なる言葉以上の迫力をもっている。うそかまことか、未だに半年分の食糧と燃料を備蓄し、百メートル疾走さえできれば死なずに済むと、毎朝マラソンを欠かさぬという彼には、「体験」の風化がほとんど感じられないほどである。

だが、彼は単にそのふてぶてしさに居直っているわけではない。「のっぴきならない危難から逃げる」臆病は人間として当り前だ、と居直りつつも、「五十歩逃げればいいところを百歩逃げた者は、やはりその逃げた五十歩の距離を身にしみて感じるもので、五十歩と百歩は決して同じではない。」と、再び自分から居直りの「正義」すらをも剥ぎとってしまうのだ。

彼が「逃げすぎた」うしろめたさを感じるのは三度あって、一つは空襲で家が焼け出したとき、両親を「見捨てて」ひたすら逃げのびたこと、二つ目は、一歳六ヶ月の妹を「餓死させた」こと（それを作品化したのが『火垂るの墓』）、三つめは、元新潟県副知事の実父のもとに引きとられることで、飢餓地獄の少年院から、一人だけ「雲上にのぼった」如く、脱出したこと、だそうである。そして、「五十歩百歩の、その逃げすぎた五十歩の距離、五十歩のうしろめたさが、ぼくを焼跡闇市に、しばりつけている」と書いたりするのである。

野坂が自己そのものとして思い切りさらけ出している生の位相は、改めていうまでもなく、小田実が『〈難死〉の思想』のなかでのべた〈難死的人生〉そのものであろう。にもかかわらず、野坂を小田と区別させることがあるとすれば、小田が「長編小説的手法」でつかみとり、その視点を自己の視点としようとする〈難死的人生〉〈虫けらの生〉を野坂は何らかのマクロ的思考の結果としてそれを選択したというのではなく、〈散華〉はおろか〈難死〉だってごめんだ、とばかりに必死に逃げきり、生きのびようとする〈虫けら〉そのものをみずから実演してみせ、そのこととして自己をさらし切ろうとしている点にある。そして、これはこれでまったく立派なことだとぼくは思っちまうのだ。

「いさぎよいむなしさ、生きるための人間のせっぱつまったしぶとさ」という板子一枚隔てて地獄に接している〈虫けら〉の生きざまから、彼は、多くの、これはまた〈人間〉の匂いを見事に発散させる世界をねり上げる。特にぼくが惹かれたのは、「餓死させた」妹と今の自分の娘の姿が二重映しになって、他愛ない親馬鹿をさらす以外にない自分の不様さを描いた『プレイボーイの子守唄』、子供同士に駈落ちされた幼な友達の中年の女二人がゴーゴー喫茶でブルースを踊るという『同行二人』、さらには、いつの間にか四十男になってしまい、参加する場所も所属する場所もない中途半端な哀歓と現代風俗を「私小説風人情噺」十一篇に語った『好色覚え帳』などだが、これらは一体なんなのか。それは確かに〈日常性〉だ。だが、高橋和巳の主人公が、「解体し」「非日常化し」た地点から、手の届かなくなったものを憧れにも似た感懐をもって望見する〈日常性〉といったものとはどうにも異なるものだろう。底の底まで覗き知ってしまったがゆえの、どうせアホなら踊らにゃソンソン、ということなのか。いや、それほど嫌味に醒めた感じではない、我が身がアホに完全に一体化した上での自在さすら感じさせる美事《ママ》さだ。マトモな作家論、作品論に類することは他の人にやってもらうとして、とにかく正直いって、しばらく「しびれ」させてもらった。

一時期、彼は「心情三派」「全共闘ファン」を敢えて自称していた。そして、「『わだつみの像』がこわされたからと、びっくり仰天するより前に、ただその像を建て、八月十五日前後にしたり気な顔すれば、それでこと足りると、いつの間にか考えていたぼくたちの安易さにおどろくべきだし…」(『人間の知恵と悪知恵』)などと、前号雑文の最後にぼくが書いたことをもっとすっきりといったりした。だが、これはこれでウソではないにしても、彼の本領ではなかろう。女房を離縁させてまで助人に頼んだ義兄弟、吉良の仁吉を死なせたくせに、テメエは便所に隠れていたという神戸の長吉への親近感を語る(『わが分身　神戸の長吉』)彼は、前節の〈共犯の論理〉とは無縁な地点で〈正義なき生〉をさらしきろうとするのだろう。いや〈共犯〉などとは聞こえませぬ、一方的に受けたこの被害の重さ、つぶやきつづけるのが精一杯、というその姿勢がさわやかであるばかりか奇妙にリアリテがあるのだ。〈共犯の論理〉に共鳴しながら、ぼくは、野坂が発散するこの奇妙なリアリテにおとらずに共鳴してしまうのである。

ここで、ぼくは改めて〈散華〉とか〈難死〉とかの意味を考える。いや、〈意味〉を考えることの〈意味〉といった方がいいか。

去年、マディソンで、フィリップという二十八才の大男が、ビールをすすりながら、唐突に「人生に意味があると思うか」とぼくにたずねたことがある。ぼくの苦手の一つ、宗教か何かのことで話が大分こんがらがった末のことだ。「そんなものは、自分で勝手に見つけるか、つくっちまうものじゃないのか」と思っていたことを何気なくいったら、「なぜ、つくらなきゃいけないんだ」とさらにからんできた。そこまでは考えていなかったから、いささか慌てて、「少くとも、何か意味をつくっといた方が、生きるのがやさしくなると思う」と答えてしまった。内心、たどたどしい英語だからこそ、こんなキザなことを大の男がしゃべれているんだな、と思っていたら、彼は、それは面白い考えだ、とかいって、ちょうど読みかけの〝Snow Country〟(彼らは日本人になれておくためにノーベル賞作家の小説を廻し読みしていた)

の表紙裏に書き留めたものだ。いかにもテレ臭くて、しきりとビールをすすったが、今、思い出しても、別にウソをいったという気はない。〈生〉の意味なんて、所詮、本人固有のものだろう。だが、〈死〉の意味は——？

高橋和巳の引用をかりて紹介したフィラレテスの解答をまつまでもなく、本人がいなくなった時点で、本人に固有の意味の終りの意味を問うのは、凡そ苛立たしいだけの愚問の類いだろう。所詮は、他人様の〈死〉の中から、自分に勝手のよさそうな〈意味〉を生き残ったものがそれぞれ簒奪することを出ないのかもしれない。

だとするなら、〈散華〉や〈難死〉から国家の苛酷さを読みとり、ごまめの歯ぎしりにも似た怨念を、国家をのりこえて行く視点に凝集させようとする努力と恐らくは同じ質量をもって、〈難死〉者にとっては所詮殺戮者にすぎぬ〈歴史〉からいかに逃げまわるかに腐心する（野坂は、朝鮮戦争勃発の報を聞くや、そのまま上野から汽車にのって、越後湯沢に逃げ出したそうである。東京に原爆が落ちても大丈夫というのと、越後なら米があるだろう、という計算。彼がワセダの一年生のときだ。）努力があるだろうし、それを〈臆病〉のゆえに断罪しきれるだけの図々しさは、もはやぼくにはない。

＊　＊　＊

高橋和巳、小田実、野坂昭如にそれぞれ共鳴する反面、当然ながら共鳴しきれぬものが残る。たとえば、高橋が「役割を終えたものは静かに退場すればいいのである」といえば、半分の共鳴と同時に、個人と歴史との触れ合いは、そんな風に舞台で芝居でも演じてるように行くものか、人が死ぬまでは生きねばならぬ、まさにその直接性において否応なく歴史を背負ってしまっているのではないか、と考えたし、小田が「雑駁な人生にこそ依拠しよう」というとき、雑駁な中にも時として生が劇的に凝集してしまう瞬間があるではないか、〈私〉に依拠するとはいっても、当の〈私〉がいくつもの破片に分裂してしまうときがあるではないか、しかも、生きる力としての思想が一番要求されるのはそんなときではないかと考えた。また、野坂に共鳴する半面、そこに共鳴するテメエがいささか淋しくも感じたのは事実である。とはいえ、不様なテメエをさらすことによって、逆に自分を二枚腰、三枚腰に変身させる（ようにみえる）見事さは一寸手が届かない。つまりは、共鳴の裏側にその故の不満をもってしまうぼく自身の精神の位相は一体なんなのか。

関心と共鳴の同一レベルでの分裂というかたちで、敢えてぼく自身の位置を相対化させたところで、次の出発点を模索することにしよう。

（初出）『いろはにほへ』第二号（一九七〇年）

反ナショナリズム論ノート(3)
〈虚構〉否定の論理

1 〈三島〉を挑戦としてうけとめる

三島由紀夫の自決とその波紋は、時を経るにしたがって、ぼくの中で重苦しい問題になってきた。それは当初の予感をすら越えているものである。

すでに風俗の一つになってしまったような〈三島ショック〉と呼びうるものはぼくの中にはなかった。自分でもはっきりとは名づけられぬ嫌悪感、それがただ自分の外にある嫌なものに接したというのではなく、奇妙に自己に内接しているがゆえに余計にいやな感じだけが鮮明だった。

世間の反応は二極に分れていた。〈狂気〉の一言で〈三島〉を自己と無縁のものと規定し、自己の〈正気〉を証明しようというものと、〈狂気〉のなかに〈純粋〉を見出だし、その〈純粋〉に自己を重ねることによって、不純な自己の日常性の免罪を得ようとするものに。

ところで、事件直後、佐藤栄作は「気が狂ったとしか思えない」と語り、「民主主義」を説教したが、このような鉄面皮は右の前者の中には数えないのである。なぜなら、日韓条約を境に急速に強まってきたナショナリズム攻勢は、そのシンボルを模索しつつ、ついに「期待される人間像」で〈天皇〉に回帰する以外にないことを再発見したのであり、〈建国記念日〉という紀元節の復権、靖国神社国家護持による〈英霊〉の復権といった一連の文脈の中において考えれば、三島が標榜したものは、現に権力によって積み重ねられているものの先取りであれ、異質のものだとは到底信じられないからである。

佐藤や中曽根による「断罪」は政治的なかくれみのでしかない。〈三島追悼〉という名目で次々に行なわれているキャンペンが、久しく戦後的エトスの中で抑圧されてきた非合理な欲求の結集軸を〈天皇〉という虚構に収斂させていくとき、三島が〈新時代の志士〉として復権されるであろうことはほぼ見えているといってよい。

十一月二十五日以来のぼくの〈嫌悪感〉の基底にはこのような予感があった。いや、さらにいえば、事態がそのように動いていくことを予感するとき、それに拮抗する何が自分の中にありうるのか、という問いをその裏側にもたざるを得ないのに、確固とした答が依然として用意できていないという自覚が、その〈嫌悪感〉を苛立たしいものにしていたということだ。

ぼくが遅まきながら〈ナショナリズム〉を政治のレベルのこととしてだけではなく、一生活者の精神のあり方のレベルにおいても考えなければいかんな、と思い、さてその上で〈反ナショナリズム〉などというものがどんな姿をとってこの地にあらわれうるだろうかなどと考えはじめたのは〈ナショナリズム攻勢〉が目立ちはじめた五・六年前のことだった。

ぼくは、自分が日本では〈ナショナリズム〉の怖さを体験している最年少の世代に属していると思っていた。ひとたび〈ナショナリズム〉が社会的風潮の主流になったとき、それに対立することの難しさをからくもぼくは知っていると自負していた。それを否定することを生き方の根本におきたいと思いながら、それを否定しきることのとてもではないシンドサをからくもぼく自身は知っているつもりであった。

〈上からのナショナリズム〉に対し、当然にもさまざまな〈下からのナショナリズム〉の提唱があった。〈ナショナリズム〉に対し、単純に〈インタナショナリズム〉を対置させようという主張もあった。そのどちらにも違和感をもち、あらゆる提唱が所詮は〈日本〉というチャンネルに吸収されていくことを予感して、〈ナショナリズム〉を自分なりに原理的なレベルから考察し、それに拮抗しうる思想的な拠点を探ろうとしたのは六年前だった。いうまでもなく、意図したことのはるか手前でそれは挫折してしまった。そのとき、ぼくは自分が挫折したところからははるか彼方にあるものだったが、一つの課題を遠望するようなつもりで自分に出しておいた。それは、中原浩（竹内芳郎）が〈戦後転向〉をテーマにある雑誌に書いた文からの言葉を借りて、「なぜ国民が己れ自身の〈国民的利益〉を〈それと実際には敵対する）権力者の〈国家的利益〉に幻想的に一体化させてゆくのか——その微妙な、非合理な心的メカニズム」を解かなければ、何も解明したことにはなるまい、ということだった。中原はそのとき、「人民の下からのエネルギーが易々として支配権力の側に吸い上げられてしまう怖るべき幻想のパイプであると同時に、……大衆からの孤立に恐怖した前衛知識人が大衆と合体しようとしてかえって支配権力側に搦めとられていく危険きわまる陥穽」というかたちで〈ナショナリズム〉を規定していた。（『現代の眼』六六年五月号）

以後、ぼくが何かを一寸まともに考えようとすると大なり小なりこのあたりの漠たる世界に入りこんでしまうのだったが、実際にやれてきたことは、カフカの「城」ではないが、問題の所在が見えながらも何としてもそこに行きつくことすらできず、その周囲を堂々めぐりしてきただけではなかったかと思わざるを得ない。しかも悪いことには、「これは未だオレの手には負えない、オレには未だそれを考えるだけの用意ができていない」といった「慎重」さが難問を避けさせていたのではなかったかと思えることである。

三島由紀夫の、自己を醜悪な茶番と化してまでの自決行為は、紛れもなく、このような腰のきまらないぼく自身ののろのろとした模索を含めての、戦後的精神への挑戦であったろう。挑戦を受けるも受けぬも各人の勝手というものだろうが、三島が標榜したものは、挑戦を受けずに立ち去ろうとするものをも背後から斬り捨てるたぐいのものだと観ずるぼくにとっては、この勝負はやはり受けざるを得ないのだ。清水次郎長という人は、刀を合わせた瞬間に相手の方が強いとわかるや、ともかく斬り合いを止めてしまうというタグイのえらい人だったというが、正直いって、刀を合わせなくても相手の方がうわてだと知ってしまっているのだ。肉を切らせて皮を切るといった勝負があってもいいだろうという今までも多少はあった居直りを改めて思い返して、さて今回のペンを執り直すのである。

　三島の自決を文学者の自殺という範疇で考えることも一応は可能だろう。だが、改めて思い返すまでもなく、三島は自己の死を徹底的に社会化し、政治化しようとしたのだった。死者の意を汲むのが礼儀だということではないが、事件をぼくらが正当に問題にしようとするなら、ぼくらがすでにその一員としてくりこまれている他ならぬこの社会の、という具体性において、社会的広がりの中で問題にされなければならなかっただろう。

　だが、洪水のようにあらわれた論評の多くはそういうものではなかった。門外漢にとっては弥次《ママ》馬的興味の対象にすらならぬことを得々と解剖してみたり、〈戦後社会〉というひろがりの中で考察しようとするものの多くも、その社会そのものが論者にとって外在的な、要するに論評のための素材でしかなかった。

　三島が標榜した政治イデオロギーと真向から対立する政治的主張を有する政治党派の中にも多少の混乱がみられたが、政治イデオロギーのレベルでの断罪がやがて正面に立つことははっきりしている。今、一応これらを外して見てみると、三島を死後においてはっきりと敵として断罪したものはおどろくほど少数であった。ぼくの眼に触れたものでは、真継伸彦、小田実、井上光晴が目に立ったぐらいだった。

　井上の断罪は、中でも一番はっきりしていた。たとえば彼は次のように書くのだ。

　「どのような思想であれ、死を賭して問う者の心を哀れだとするみかたがある。しかし私にはいま、欠片さえもその気持はない。いくら死を賭しても愚劣な思想は愚劣なだけだ。もし、ユダヤ民族の絶滅を叫びながら焼身自殺するファシストがいたとしてもなお哀れといえるか。もしソルジェニツィンの逮捕を要求して首をくくるモスクワの括弧つきの共産主義者がいたとして、その青年の行為をわれわれは受け入れられるか。

　三島由紀夫はまったく、それと同質の非人間的な思想を振りかざしながら、これ見よがしに腹を掻切ったのである。」（『辺境』三号）

ついでに一言書いておくと、井上のこの文章は、当初『新潮』二月号の「三島特集」のための依頼に応じて書かれたものだが、「政治的断罪がつよすぎる」という理由でつっかえされたのだった。ぼく自身はこの経過の中に〈三島追悼〉のもつ、より高度にして隠微な政治主義を感じとったものだ。

小田実の主張も似ている。

「もし彼が意図したことが、これからの日本社会で実現していくならば、私のもっている政治的な考え方、あるいはライフ・スタイルは抹殺されるだろうという感覚をもたざるを得ない。とすれば、私にできることは三島的な考え方が波及することを、一刻も早くおさえるということしかないだろう。それは私自身の生存のために必要だ。三島氏が三島氏の原理を貫徹するために死んだとすれば、私は私自身の原理というものがあって、その原理を貫徹するために私は生きなければならない。…」（『人間として』四号　同人座談会）

そして、彼は、全共闘系の活動家の一部にあった「敵ながら天晴れ」的な共感を甘いと批判する。

三島自決の一年位まえから三島の〈殺人肯定論〉（それはとりあえずは〈二・二六〉テロや、浅沼稲次郎を刺殺して自決した山口二矢の讃美としてはじまった）に「激怒して」、彼の文化論への批判をつづけていた真継伸彦もまた、次のような使命観《ママ》から三島ロマンチシズムへの批判の筆を執っている。

「大衆社会のことである。極端な行動が巻きおこした三島ブームも、一般人にあってはたちまち忘却の沼に消えさってしまうだろう。私たちを有意味に生かしめている当のものである日本文化について反省するという、望ましい方向への刺戟も一般に持続するとは思われない。しかし彼の命を賭したテロリズムの使嗾によって、鼓舞されたテロリストは必ずいる。テロリズムの同調者は必ずふえる。私は彼らに反省をうながさなければならない」（『朝日ジャーナル』七〇年十二月十三日号）

ぼくはこれらの対応のそれぞれに、直ちに異論をもっているわけではない。それどころか、このような事件に対して、明確に自己の生の選択にもとづいた断罪的な対応をとりうることを羨やましいと思うくらいだ。なぜなら、ある人間の自覚的な死の選択に接してなおかつ自己が生きつづけているということは、それ自体がすでに死を選んだものにたいする自己の異質性の表示であり、だとするならその異質性をどれほど自覚的なものとして選択しとおせるかということこそが次の問題だからである。

だから、ぼくにとっての真の関心は、右にあげたような対応の個々の現象ではなく、そのような対応を可能にさせている個人の内的な基準は何なのかという点に集中せざるを得ない。恐らくは、ぼく自身の三島への反撥、抵抗感にもかかわらず奇妙にまつわりつくふっきれの悪さを多少なりとも明るみに出す媒介的な作業になりうるのではないかという期待が、幻想的にしろもてるあいだは、この作業に身をかりたててみようと思う。

2 相対主義の自己撞着
――真継伸彦への不満――

真継伸彦が〈三島的なもの〉に拮抗しようとするにあたっての彼自身の拠点は、さきの文章でみる限り、〈殺人否定論〉と〈相対主義〉である、といってよさそうだ。彼はそれを両刃の剣として、「われわれ左翼の思想的敗退だ。あそこまでからだを張れる人間をわれわれは一人も持っていなかった。動転した」という滝田修の新聞談話に示されたような、一部全共闘系活動家の中の〈三島的なもの〉を批判しようとする。少し長くなるが、それらの批判を一般化したところで彼が自己の思想原理を最も明確に語っていると見られる箇所を引用してみる。

「私は彼らに反問したい。いったい人間に、その生命を賭けられるほどの価値的な行為はあるのだろうかと。それこそ致命的な幻想ではないのか？

私はないと答える。さきに述べたように私にとっては生存そのもの、生の体験すべてが問いである。生きるとは問いを問うことなのだ。私の殺人否定論ないし反戦主義、あるいは自由主義、民主主義を論理的にいえば、私たちは生存の問いを問うことにおいて自由であり平等であって、問うための根本的前提である生存を、すなわち人命をうばう権利はだれにもない。

すべての人がみずからの行為によって、実はいかに生きるかという根本的な問いに答えている。しかし、あらゆる答えが相対的であって、問う者にとっては仮説にすぎない。おのれの存在を賭けるにたる生き方を、明瞭に答えとしてだしてほしいものである。私はそくざにその相対性、限界、ないしは否定性を証明しよう。」(前出)

引用文中段の彼の人命尊重論には大した異論はない。いや、もっと正直にいえば、そのように考えたい。そして、引用文最後の相対主義的な視点というもののもつ有効性をぼくは認める。そしていつのころからかそれに類似した思考をとっているぼく自身に気づく。

だが、改めて読みかえすまでもなく、ここにはあまりに原理的な自己撞着が、むしろ痛々しいほどに露呈してはいまいか。真継自身がそれに気づいているとは感じられない。この文章には奇妙な傲慢ささえある。

絶対なんてあるものか、すべての価値は相対的なものさ、という発想に基づいた論理が一定の有効性をもちうる領域は確かにあるだろう。だが、論理はここでもまた両刃なはずである。すべてを相対化しつくす論理は、やがて自己自身をも相対化せずにはおかない筈だ。絶対なんてあり得ないよ、そんなもの絶対にあるものか、という断定が内在する自己撞着から相対主義はどのように身を解き放ちうるのか。いうまでもなく、相対主義が自己の限界、否定性をみずからの論理によって自覚せざるを得ないとき、それは、相対主義的な思考がうかがい知ることすらできぬ、ある〈絶対的なもの〉の存在を認めることを意味しないか。

ぼくはいたずらに空論的な批判に耽っているわけではない。この論理矛盾を真継が標榜する〈殺人否定論〉に重ねてみれば、問題は一挙に現実的なレベルで深刻になってくる。

たまたま、真継のこの文章がのっている『朝日ジャーナル』の号に、「日本の兵役拒否実践者」と題する稲垣真美のレポートがのっているが、それは編集部も予想しなかった皮肉というべきだ。なぜなら、この稲垣のレポートの中に、ぼくらは「人を殺してはならない」という極く当り前のことがある情況の中ではなにを意味するかを、一種の戦慄をもって知ることができるからである。

〈兵役拒否〉という言葉は、ここ数年、ベトナム戦争の泥沼化にともなったアメリカ本土の反戦運動に関する情報の中で、たとえば徴兵カードを焼き捨てる行動や脱走兵の動きなどの中で、ようやく日本のぼくらにも耳慣れてきたとはいえ、〈天皇制〉下の〈国運を決する総力戦〉の中でなお、極少数とはいえ日本において兵役拒否を実践した人がいたという事実は、ぼくにとってまったく驚倒に値するものである。

クエーカー教徒のような、人を殺さぬということを信仰の中軸とする人々に対して、欧米のいくつかの国で特に第一次大戦以降、厳重な審査に基づいた上で何らかの代替業務を与えて兵役を免除する（代替業務をも戦争に加担するものとして拒否すれば監獄にぶち込まれる）といった〈良心的兵役拒否の法的規定の存在と、それに至る宗教と国家の相克と妥協の経過については、たとえば岩波新書の『良心的兵役拒否の思想』（一九六九年、阿部知二）で大ざっぱな知識はあったとはいえ、そんなことが法的規定はおろか、凡そ社会的に生息しうるはずもないこの国の戦時下の社会的ムードの中で存在しえたとは何とも凄まじい話だ。

稲垣のレポートは、右の阿部知二の本にも僅かに記述がある灯台社というキリスト教信者集団の中から出た兵役拒否実践者の中でただ一人、それを最後まで貫き通し得た村本一生という人に昨年九月面会した話が中心になっている。

冒頭、村本氏は、「自分としては、あくまで信仰に忠実に、当りまえのことをしただけなので、実はそれについて人に話をするというのも、これが初めてなのです。」と前置きして、何百万人という応召、入隊者を出した戦時中、良心的兵役拒否の実践例は十指に満たないこと、さらにそれを貫き得たのは村本氏ただ一人という〈卓抜さ〉を知る稲垣を改めて考え込ませてしまう。

「当りまえのこと」というのは、昭和十三年四月に応召、軍事訓練に明け暮れする日常に、同十四年一月、「聖書には〝汝殺すなかれ〟とあるのに、毎日武器の訓練に励んでいる、これではいけない、とついに決心して、ある朝、自分は信仰上銃を持つことができないと申出た」ことであり、その態度をその後変えなかったということを指している。「当りまえのことをした」代償は、即刻不敬抗命の罪名で検束、十四年六月懲役二年で下獄、出獄後一年を経ずして再検挙、治安維持法違反で懲役五年で下獄という前後七年間のたらい回しの獄中生活であった。その間に彼の受けた虐待を彼の信仰上の師・明石順三は「灯台社事件の弾圧と虐待顚末報告書」に次のように書いているということだ。

「東京陸軍・豊多摩両刑務所生活中、非転向を理由として、ある時は両手を背後に昼夜禁縛して二ヶ月間小暗室内に監禁され、殴打、減食、戸外運動禁止その他の各種の虐遇を蒙った。昭和十六年八月熊本における箇閲点呼の際、彼がクリスチャンたる信仰の故に宮城遙拝を拒絶するや、臨場の憲兵伍長高木某、他一名の憲兵は、彼を実父の面前に於いて一時間半に亘り殴る蹴る投げるの暴行を加え、遂に半死半生の状態に至らしめた。

昭和十八年の夏以後の熊本刑務所生活中の残虐は、実に言語道断であって、昭和十九年二月の厳冬、本庄看守部長他十数名が、彼を裸体となして後ろ手に縛り上げ、水浸しのコンクリート床上に仰臥せし、鼻孔よりバケツにて水を注入し、気絶すれば手当を加えて蘇生せしめ、蘇生すれば再び同一の拷問を繰り返した。遂に腰部その他に悪性の神経疾患を苦しみ始め、昭和廿年秋連合軍司総令官の軍令によって、福岡刑務所出所の際は骸骨の如く痩せ、疲労し、殆ど衰死一歩前だったのである。」

〈天皇制軍国主義〉が異端に対してどのような暴虐を振ったかに関していえば、類例は無数にあるだろうし、もっとひどい例もあるだろう。だが村本氏のうけたものがそれらと比して特にひどいものだったかどうかが問題ではない。わざわざ長文の引用をマゴ引きまでして示したのは〈人を殺してはならぬ〉という人間として極く当りまえの思想を、現実に実践するということがある情況の中で何を意味するのかを今一度はっきりさせた上で考えたかったからだ。

人として人の生命を奪う行為を自らに禁ずる、ということは平時においてはまったく当然の規範でさえあるだろう。平時において、真継にしろ、あるいはぼくにしろ、殺人否定論を主張することは決して困難なことではない。だが、国家が兵役というかたちで不条理な殺人を強要してくるや情況は一変する。村本氏の背後には彼を支援する運動も、彼の受ける虐遇を不当だと非難してくれるものとてない、まったくの孤立無援の中の拒否であった。わずか三十年ばかり前の他ならぬ日本の話である。

真継の〈殺人否定論〉に対し、ぼくはあまりに特異な情況を突きつけることによって酷にすぎる要求をしているのだろうか。そうではあるまい。一つの思想が思想として意味をもちうるか否かということから見れば、村本氏の情況こそ殺人否定論に最もふさわしい情況だったのではないか。

昭和十九年・二十年ともなると、刑務所内は食事も大豆のしぼりかすひとにぎりに芋の葉一枚の一汁だけという状況で、病人は房内に垂れ流しで放置され、夜中に「天子さまに会わせて下さい」などと叫び出す発狂者、自殺者が相次いだ、という。ところで、村本氏は次のように語ったという。

「自分も栄養失調になったが不思議に生き延び、拷問されてもなぜか痛くも恐くもなかった。そういってもわかってもらえないだろうが、あの体験は信仰したもののみが知る。」

たとえばぼく自身がそれに堪えられるかどうか、と自問してみる。どうにも自信がないな、というのが正直なところだ。

松田道雄が次のように書いたことがある。

「私には転向が思想とか信念とかいう精神の次元のできごとには思えなかった。それは、ある人間の神経系が暴力にたえるかどうかという生物学的な宿命にかんすることのように思えた。転向者を人間的に知っていればいるだけ、この私の考えはつよめられた。」（「一市民のマルクス主義体験」）

いかにも医学生らしい見方といえそうである。そして、そうかな、とも思う。ほんとにそうなら問題は他愛ないほどに簡単だな、と思う。だが、稲垣が、「良心的兵役拒否者たちが命がけで拒んだのも、実は簡単に〝人殺し〟を強制する、虚構の権力＝国家にほかならなかったからだ。武器を持ちたくないというとき、それを命じる国家を拒否していたはずだからだ。そして、きわめて少数の人だけがその拒否を貫き得たのは、内面の核としての別の王国を持っていたからではないか。」と推測するとき、そのような〈内面の核としての別の王国〉が自分の中に手触りできないがゆえのリアリティを感じてしまうのである。

「彼は要するに神なしでは、絶対者への献身ということなしでは、生きる意味をみいだせない弱い人でもあった」と、真継は三島を評していう。真継の視野には、神への献身のゆえにあらゆる種類の虐遇を堪え、稀有の強さを発揮した村本氏の生きざまは入らないのであろうか。そもそも相対主義というものが、たとえば神の前には人はすべて平等だといったたぐいの、ある絶対性の前ではじめて異質なものを等価におくような、きわめて強固な観念の産物ではなかったのかという、およそぼくには不慣れな想念すらが浮び上ってくるのである。そして、かくおもうぼくにとって、神は依然としてもう一つの〈虚構〉以外の何物でもないのだ。

3 〈雑駁性〉純化の盲点
——小田実への不満——

小田実は、文章に現われた限りでは真継伸彦と似た発想をとりながら、もう一歩自分自身に問題をひきつけて考えているように見える。たとえば彼は次のようにいうのだ。

「武士の側に身をおきたくないと思う。たとえ、それが精神的な意味あいにおいてであろうと、たとえば、武士道がどのような美しさにみち、けだかい狂気にみちたものであろうと、そうした生き方を示していようとも、私はそこに身をおきたくない。それは私の一つの決意であり、その決意を、私の生き方、考え方の根本にすえようと思う。

武士の側に身をおくこと、おかないことが、正しいことかどうか。ことは、おそらく、正邪の問題ではないのだろう。武士の側に身をおくことで、人は、多くの正しいこと、有益なこと、男らしいこと、いさぎよいこと、高貴なことをなし得るかも知れない。あるいは、そのような思想をつくり出すことができるかも知れない。私はそれを否定しない。ただ、私はその道をとらない。武士の側に身をおくことで、人は、たとえば、革命の大業をなし得るかも知れない。回天の大事業を成就することができるかも知れない。私はそれを否定しない。歴史はその事例にみちているだろう。ただ、私はその道をとらない」(「世直しの倫理と論理」『朝日ジャーナル』一月二十二日号)

居直りすらが感じられるような、いわば、いくつもあり得る自己の生の選択肢を一つの方向に敢えて選択したのだという〈さわやかさ〉がある、といっておこう。生き方の問題を個に特有の選択の問題として据えれば、もはやそれは「正邪の問題ではないだろう。」いいかえれば、小田はもはや他からの批判のとどかぬ地点に身を持したのだ、といっていいかも知れない。

他にとりうる選択肢をわざわざ等価めかして並べたてたうえで、なおかつ自己の選択を明らかにしようというのは、小田の論理の一つの特徴でさえあった。「〈難死〉の思想」の中で、「〈散華〉をただそれだけを一回切りの瞬間的な極限状況の下で見れば、それは、純粋な美であり、倫理のかがやきであろう。しかし私は、それを雑駁になることをおそれず、短編小説的方法よりも長編小説の方法をとって、日常的な長い時間のひろがりのなかにおいて見たい」といっていたのも同じ発想だし、同じ論理だろう。

小田が三島を〈敵〉と断罪するし方のユニークなところは、彼が単に政治イデオロギーのレベルで判断するばかりでなく、生き方、小田流にいえばライフ・スタイルのレベルで受けとめ、かつ、断罪したことにあるということについては先にも触れた。これは正しい、とぼくは思う。

他人の行為を受けとめるということは、さまざまの社会的関係を捨象した真空地帯でその他人の個に没入してみせることを必ずしも意味するものではなく、他人の行為をも一つの情況として、その上でさて他ならぬこのオレはどうするのだ、という問いを自己に突き立てることを意味しよう。

みずからの政治思想を自己にとって外在的なものとして済ますのではなく、もっと自己に密着したものだと考えるなら、当然にもそれは生き方の問題に還元されうる。三島の政治イデオロギーが三島の生きざま、あるいは死にざまと不可分のものだったとすれば、三島と敵対する政治イデオロギーの持ち主が、その生きざまの上で三島と等質性をもつというのは、少くとも疑問の対象となりうるということだろう。

小田は、三島の〈文武〉の主張に対し、現実にこの社会をつくり動かしている〈作と商〉（生産と流通）の無視、あるいは徒らな反撥が三島にあった、と批判する。そして、〈作と商〉の世界から相対的に切れている学生活動家の精神構造が三島のそれと等質性をもってしまうことを指摘する。いわば思想とそれを実現する激しい行動を意味する〈文武〉を〈作と商〉に優位させるのはエリート的発想だというわけだが、たとえば楯の会のメンバーに「私だけが日本人です」といわせるような〈強烈な前衛意識〉をそこから抽出する。「三島氏の政治行動美学が左翼のなかにもしあるとすれば、その左翼がおこした革命は、一握りの前衛がやる革命で、結局最後はスターリニズムになる」という〈左翼〉批判は、また、彼の立とうとする政治運動の位置をも映し出しているといえるかもしれない。（少数前衛の革命↓スターリニズムという図式は歴史の単純化というか捨象というか、というところだが。）

小田は『展望』の一月号に「〈生きつづける〉ということ」というエッセイを書いている。これは十一月二十五日以前の稿で、いうまでもなく三島に触れたものではないが、実にタイミングよくその後の彼の発想の土台を事前に表明したかたちになっている。

「問題は〈生きる〉ということより〈生きつづける〉ということにあるのではないか、と思うことが多くなった…」という書き出しは、所詮は「〈難死〉の思想」のヴァリエーションともいえようが、六年間の彼自身の心身の軌跡、主要にはべ平連運動の「代表ならざる代表」でありつづけたことから生れた様々の体験を、一九七一年以降の自分自身の現実を見つめていく視点に凝集させようという執念が、その冴えない中年ヅラにもかかわらず感じさせる文章である。

もとより、この世のバラ色の現在と未来を前提として〈生きつづける〉ことの功徳を説くわけではない。逆に、彼は一家ケン族に囲まれた中年男のどこかくたびれた生気のない顔が、自分でも自分のいうことを大して信じてもいないような声と口調で、たとえば、わが社は有毒な廃水を流したことはなく、問題の病気は農薬によるものです。などと話したりするのを見て感ずる「やっかいしごくなこわさ」を語るのである。そう、たしかに「問題は…」ということなのだろう。

よきにつけ悪しきにつけ、一刀両断でスッパリといかぬやっかいしごくな問題は、人がある体制の中で、あるいはある体制にもかかわらず〈生きつづける〉ということに存するといってよい。そこでは、抑圧者と被抑圧者を単純な一線で区切ることはできず、被害者がそのゆえの他に対する加害者になり、支配されているものがさらに他を支配し、抑圧されているものがさらに他を抑圧するという関係が入り組んだ構造こそが常態である。この構造の中でともかく〈生きつづける〉ということは、とりあえずは「美学」からは縁遠いといわねばならない。

「〈生きる〉ということばには、これはもちろん私の勝手な解釈だが、どこかしら瞬間的なひびきがある。生のエネルギーの充実、放電、いや爆発というようなものをそのことばは暗示するが、いずれにせよ、そこにあるのは一瞬の鋭い生のたかまり《ママ》なのである。〈生きつづける〉はもっとぼんやりと時間の流れのなかにひろがっていて、〈生きる〉に比べればどうしようもなく散文的で、鋭さを欠いていて、たとえば、そこで暗示されているのは、くり返し、それもウンザリさせるくり返しなのだ。」

彼が〈ライフ・スタイル〉という言葉で模索しようとするものは、いうまでもなくこの後者の中である。そして、「戦時中の詩にしても山之口貘はその反戦の思想から戦争謳歌の詩を書かなかったのではなくて、彼の詩の方法、彼の文体では、滅私奉公や天皇主義絶対の詩を書くことができなかった、ともとれるのだ」(『日本の詩歌』解説)という飯島耕一の言葉をヒントにしながら次のように述べるところはこのエッセイの白眉といえそうだ。

「私は、文学の方法と文体においてばかりでなく、くらしの方法、あるいは文体においても、〈生きつづける〉ことに徹しながら、私の方法と文体では、あのさえないが傲慢な顔つきをどのように努力してみても自分のものにし得ない、そんなふうなものとして、私のくらしの方法と文体を確立したい、〈生きつづける〉ことをあらしめたいと、ひそかに考えているのである。」

ところで、ぼくは小田の発言の主要点をかなりの共鳴をもって追ってきたのだが、そうやりながらもある不満が湧いてくるのを一方で感じていたのである。小田がそれを自己の選択として示しているのであってみれば、その不満は今さら彼にぶつけてみても始まらぬ手合いかもしれぬ。ぼく自身の内部の一方の極を小田に肩代わりをして考えてもらっていたような気さえするぼく自身がその不満を背負う以外になさそうだ。

それは、かつて、彼が〈難死〉に視点を定めることによって、逆に〈散華〉の中の〈難死〉性を見通すことができたように(前章拙論参照)、はたして、〈生きつづける〉ことから〈生きる〉ということを見通すことができたろうかという問題にかかわっている。

敢えて〈生きつづける〉を〈生きる〉と対比させて、ぼくらが実は日々の圧倒的な部分をそれに費している「ウンザリさせるくり返し」こそが、よきにつけ悪しきにつけさまざまな大事な問題の宝庫だとする指摘がナンセンスだとは思わない。だが、この対比が意味をもちうるのはほんのとりあえずのあいだでしかないのではないか。

多くの場合、〈生きつづける〉は選択とか意志の問題ではなく結果でしかない。小田は敢えてそれを選択、意志の問題として強調するために〈生きる〉と対比させたのではあるが、これは所詮、観念的な一つの図式だろう。

〈生きつづける〉と〈生きる〉が小田の図式のように対比されつづけたままだとすれば〈生きる〉は限りなく瞬間的な生の爆発に純化され、反面、〈生きつづける〉は限りなく散文的なウンザリさせる日常的なくり返しにこれまた純化されてしまう。どちらにせよ、このような純化された生などというのは〈虚構〉である。ぼくらは〈生きつづけ〉ながらも、ときとして生の瞬間的な燃焼に近いものを感じるし、またその燃焼感を手に入れようと欲求する。ときには、〈生きつづける〉ことは〈生きた〉ことの結果でしかない場合もある。逆に、〈生きる〉側の典型的人物をだれか頭においてみても、彼の生存の基底をなしている〈生きつづける〉性がなくなる筈もない。武士にしたところで平時における日常は、現代のサラリーマンと大差のない〈お城づとめ〉だったのではないか。にもかかわらず、小田があくまで〈生きる〉ことに対比させて〈生きつづける〉ことに固執しようとすれば、それは、人の生の真実の生き生きした相貌を失なった（換言すれば、生を生たらしめている矛盾を抜き去った、といってもよい）何ともノッペリとした平坦なものになってしまうだろう。

〈生きつづける〉は〈生きる〉のアンチ・テーゼに留まることは許されないはずだと思うのだ。それは、その対比をみずからのりこえて、〈生きる〉を包摂しながらさらにみずからを豊かにふくらませることができなければ、小田にはともかく、ぼくには本当のところ魅力はない。「ウンザリさせるくりかえし」だけではやはりウンザリだ。〈生きつづける〉とは〈堪える〉ことなの、といってみても別にオツな気分になるものではない。

それは、たとえば、「生きつづけることのなかにいろいろなものが入っているけれども、そこを前提にして話をしていきたい」（『人間として』四号　同人座談会）と小田がいうときにも、あらかじめその「いろいろなもの」の中からは「三島的なもの」がすべて除外されていること、そしてそれが除外されたままで論理にふくらみがないまま終始してしまっていることにたいする不満でもある。

人の生の圧倒的な部分を占める平坦な日常性に関心を集中させることの意義をぼくは大いにみとめるものだ。しかし、それこそが人間の生だ、といいきってしまうとすれば、それはその人間観があまりにノッペリしたものであることを表白したことになろう。人間というものは、というういい方が許されるなら、もっと矛盾に満ちているのではないか。そのような矛盾した一方の極をア・プリオリに切断排除して、他方のノッペリ性にのみ依拠する自分たちの人間観をくくって、同人季刊誌に〈人間として〉などという表題をつけたんだとすれば、多分にいい気なものではないか。（『人間として』の同人は、小田実、開高健、柴田翔、高橋和巳、真継伸彦の五人）

4 〈虚構〉の根は深い

1でのべた〈嫌悪感〉は、ぼく自身の精神構造のいくつかの層からの反応が混在していたものだと思うが、政治思想的レベルの対応を捨象していくと（こういったものが捨象できるとするところにぼくの精神の位相が何となく分るようなものだが）、「ウソにこりかたまったあげくに、テメエの死までフィクションにしやがったとは…」というセリフに行きつく。このセリフは十一月二十五日以降、この問題に関してぼくが言葉で表明したほとんど唯一の感想である。正直にいえば、それ以降のさまざまな思考は、実はこのみずからもらしたセリフを土台に、それを軸にしてなされてきているのだ。だから、高橋和巳が『人間として』四号の座談会で、生前の三島のやや奇矯な行動を〈身体的表現による虚構世界の構築〉という言葉でとらえようとしているのを見たときは、同じようなことを考えるもんだわい、と思ったものだ。高橋はぼくよりも三島という固有名詞をよく知っていて、色々な具体的分析を含めてこの規定をつかうのだが、「情報社会を逆手にとった生き方」としての〈身体的表現による虚構の構築〉（高橋は『鏡子の家』以後からこれがはっきりしてくる、という）が、三島に先がけてきわめてラジカルに〈知行合一〉を追求した全共闘運動の衝迫においつめられるようにしてさらに一歩エスカレートした、というようにとらえている。

高橋のこのような把握に対し、座談会の席上、小田は、そんなふうにいえば〈二・二六〉テロも等しくそのようにくくれてしまうわけで、三島が文学者だったということで余りに特殊扱いすることに異を唱えているし、また高橋も、文学理論は別にして、このことを自己の共感において語っているわけでもない。

問題は当然にも〈虚構〉の中身にかかってくるのだが、ぼくの関心は、しかし、ここでしばらく足踏みをしてしまう。三島にとっての〈天皇制〉、という個別具体的なレベルに直進できずに、〈虚構の構築〉あるいは〈虚構への帰一〉ともいうべき、人間の非合理な情念をどのように考えたらいいかという、自分でもとらえどころのないところにぼくの関心は浮游する。

当然異論を予想はするが、ぼくは三島の政治イデオロギーを厳密には〈本気〉なものとは考えていない。それは必ずしも〈いいかげんなもの〉という意味ではない。とにもかくにもそれを振りかざして腹まで掻切ったのだから、〈ウソ〉と〈本気〉に分類すれば〈本気〉なのだろうが、みずからつくり出した〈ウソ〉に（ウソと承知の上で）本気になった、いささか逆説的にいえば、〈ウソ〉なるがゆえの〈本気〉といったものだろうと思い込んでいる（ひょっとすると三島を買い被っていることになるかもしれない、とも思うが）。

この感想はやや頑固である。固有名詞としての三島にはもともと大した関心はなかったし、その作品も喰わず嫌いというやつでほとんど読んでいないぼくの感想だからほんとのところは当てにならない、だが、高橋が「あの天皇制云云というのも、僕は何か意識的に選んだアナクロニズムであって……」（前掲書）と述べるとき、その限りでは賛成してしまうのだ。

彼が、日本の私小説的伝統へのアンチとして虚構世界の造型の完璧性をこそ求めていたということに関する一知半解的な知識、あるいは、昔よんだある対談記事で、日焼けしてたくましい三島にむかって相手が、三島さんのようにスポーツをやる人は…といいかけたときに、日焼けは日光浴、肉体のたくましさはボディビル、つまり私の肉体も〈フィクション〉なんですよ、と得意そうに笑っていた記憶がこの感想の基底にあるのかもしれない。あるいは、〈事件〉の一月ばかり前に読んだ磯田光一の『比較転向論序説』の中の次の一節が心に残っていたせいかもしれない。

「このような前衛意識の解体によってもたらされた思想相対化状況をふまえて、日本浪漫派を眺めると き、三島由紀夫が保田与重郎ではないという地点に〈戦後〉が成立しており、人がしばしば非難する三島の軽さこそ、三島の保田からの距離、さらに言えば〈戦後〉の根強さを表象している。……三島におけるロマン主義的傾向の特質は、保田への復帰の不可能性を前提としてのみ成立したといえるのである」（傍点原文）

右の文章の〈保田〉を〈天皇制〉と読みかえても大差はないとぼくは思うのだ。

だが、〈虚構への帰一〉という一般性にぼくの関心がさまよう理由にこれらは無縁ではないだろうが、関係はむしろ逆だろう。〈虚構〉という一般性への関心がぼくの側にあったからこそ、右のような事例がそのアンテナにかかったということだろうし、〈三島〉をも自己の関心にひきよせて〈恣意的に〉考えたがっているのだと自覚しといた方が真実に近いだろうと思うのだ。

それは、できることなら、自己の外なる〈虚構〉に一切からめとられることなく生きたいものだと思いながらも、〈外なる虚構〉はしばしば〈内なる虚構〉の反映であり、〈虚構〉を一切排除して生きるということは、人間にとってのある本質的な要素を排除して生きるということ、つまりは不可能を志向するという点でそれすらが一つの〈虚構〉でしかないのではあるまいかという、出口なしの泥沼に入っている感じがあるからに他ならない。

人間存在の本質的な矛盾という場合、ぼく自身の内部にもたとえば磯田光一が次のように規定してみせる二つの要素が手触りできるということを含んでいる。

磯田は、「人間は自己のエゴイズムの拡張をめざす希求をもっている。しかしそれと同時に自己否定や自己破壊による〈生〉の手ごたえの確認にたいしても、たえざる渇望の想いを秘めている。」という人間存在の二面性を、「対他的関係における〈ホモ・ポリティクス〉と〈生活の純化〉＝〈死〉を希求する〈ホモ・エロティクス〉との二重構造として人間をとらえる」という彼自身の基本的な二元的人間観として概念化するわけだが、いわば矛盾を矛盾として見てとる視点から〈近代主義〉をも相対化することによって、彼は凡百の近代主義者を抜いているのではないかと思う。小田や真継を近代主義者でしかなかったと速断する気はないが、彼らが捨象してしまった（と少くともぼくには見える）のは、実にこの人間存在の〈二重構造〉性だったのではないか、という感は拭いがたい。

そして、いささか我田引水をすれば、ぼくが〈ナショナリズム〉をしんどい問題だというのは、それが国家権力という政治的な強力性という問題だけではなく、その基底がこの人間存在の〈二重構造性〉にあるのではないかという予感があるからでもあった。したがって、〈ナショナリズム〉に拮抗するということは、とりも直さず、ぼく自身が〈内なる二重性〉をどのように引きうけて行くのかということと不可分なはずである。そして、改めていうまでもなく、それは緒にすらついていないのだ。

井上光晴は、三島の〈虚構の天皇制〉に対し、〈現実の天皇制〉をつきつける。一年前、朝日新聞学芸部の「七十年安保」＝「国を守るとは何か」シリーズの依頼で書かれ同じく没にされた、〈天皇制というタブー〉にふみこんだ自分の原稿を再生させて、三島の〈虚構〉に対置させている。それは、「〈国を守る〉という思想がひとたびゆがめられると、どのような形式と内容に変化するか」を明示するための、井上自身の「天皇の国を防衛し、世界をひとつの家にするという〈聖戦の意義〉を養分として敗戦直前には死ぬことに一点の迷いもないなどと書くに至った」「ほとんど狂気にも似た〈愛国者〉」体験の告白であり、「私の生きつづけてきた戦後の時間は、すべてがその一枚の赤紙で人間を死に追込んだ不死鳥のような体系に対する告発によって支えられている」ことの自己確認である。

井上が他の三島批判者と異るのは（そしてその分だけ他よりもすぐれているようにぼくは思う。）、三島とは真向から対立する意味においてではあるが、自己の生の基準に〈不死鳥のような体系〉の存在を明確に視野にとりこんでいるということだろう。ここで〈不死鳥のような体系〉とはいうまでもなく〈天皇制〉をさしている。

三島は、たとえば、「権力意志を止揚した地点で、秩序と変革の双方にかかわり、文化にとってもっとも大切な秩序と、政治にとってもっとも緊要な変革とを、つねに内包し保証したナショナルな歴史的表象として、われわれは〈天皇〉を持っている。実は〈天皇〉しか持っていないのである。」という。井上は、この中の「実は〈天皇〉しか持っていない」という一点については三島の評価を認めるのだ。だからこそ〈天皇〉を考えることをタブー化する風潮には絶対に抵抗しようというのであろう。

彼が、〈天皇制〉を単なるアナクロニズムとして一笑に附すのではなく、現実に進行しつつある〈タブーとしての天皇〉の復権に強い危機感をもっているとき、「戦後における天皇人間化という行為をぜんぶ否定しているんです」という三島への次の断罪は、単なるアンチという以上の内的な緊張を感じさせるものとなっている。

「戦時中、天皇制下における、抗夫の生活はおろか、〈テンノーヘイカノタメ　タンコーユク〉という片言の日本語だけおぼえさせられて日本内地に強制連行された朝鮮人労働者の実態を知らず、戦死者の遺族がどんな生き方をしてきたか、考えることさえ拒否するような文学者に、どだい、天皇と民衆の関係を論ずる資格などありはしなかったのである」（『辺境』三号）

〈虚構〉に対し、〈現実〉をつきつけるという発想は、真継や小田の主張の基底をなすものであったろう。さきに彼らの主張への不満をのべたぼくだが、〈虚構〉の誘惑に対し、それが犠牲にする〈現実〉のうめきを自己の視野にくり入れていく作業の重要性を否定するものではない。

「おそらく人間が架空の原理に奉仕することを極力排除し、実在としての自然を人間に対置し、それを人間に奉仕せしめようと志したところに近代思想の最も根本的な発想があった」のだろうし、「進歩とは、かつて人の信じていた諸原理の虚構性をあばき、観念と人間との支配関係を逆転させつつ人間の自由を確立する過程にほかならない」（磯田　前掲書）とすれば、〈虚構〉をあばき出す基点は〈現実〉だろう。〈天皇〉という〈美的な虚構〉（それは虚構なるがゆえに現実を全的に包括しうる力をもちうる）に対し、〈天皇〉ゆえに流されたおびただしい現実の血、〈天皇〉が強制し認可を与えた〈他国の死〉のかけがえのない怨念をつきつけようとする井上の作業は、犠牲者の二度と開かぬ眼を自己の眼にしようという困難な営為を土台として、執念深く続けられる価値があると思う。同じような意味で、日本人の〈朝鮮人体験〉をぼくらの恥部として、敢えてそれを切り口にして日本の精神的風土を剔抉し、それを安易なナショナリズムの謳歌に突きつける玉城素の仕事なども評価したい。〈散華〉の美に対し、あえて〈難死〉を対置した小田実の発想の基点も同じようなものだったろう。

だが、ここまできて、ぼくは「〈難死〉の思想」にも盲点があったのではないかという気がしてきたのだ。

ひょっとして、小田は〈難死〉を〈散華〉に対比し〈難死〉に視点を定めたとき、〈難死〉者のなかにもありえた〈散華〉への憧れを見落しはしなかっただろうか。現実の死の醜悪さ、あるいは無意味さにもかかわらず、いや、ひょっとすると、そのゆえにこそ、ぶざまな死を強制された〈難死者〉は、美しい、意味ある死を希わなかったであろうか。「〽咲いた花なら　散るのは覚悟　美《ママ》事散りましょ　国のため」という歌が昭和二十年ともなると、つまりは戦勝も戦後の生も実感の上ではいよいよ彼岸のものとなっていったとき、〈銃後〉庶民によって広く歌われた（とぼくは思う）構造を小田は単純化しすぎなかっただろうか。要するに、つきつめていけば〈虚構〉と〈現実〉の対比すらがそれほど截然とはいかないのではないか、という疑問に帰着するといってよい。

「野垂れ死にを標榜するグウタラ派のぼくなのに、切腹というますらおぶりには軍国少年式に感動したのだ」と例によってぶざまな矛盾を恥し気もなくさらしてみせたのは野坂昭如（『オール読物』二月号）だった。彼自身は「焼跡闇市」体験という表層の割れ目から、それ以前の軍国少年体験が地底のマグマのように噴出したのではあるまいか、などと神妙に考えたりしてみせているけど、そして、それが必ずしも見当外れとは思わないが、実はこの矛盾は大なり小なりぼくらが共有する根深いものではあるまいか、と考えるのだ。

ある対象が、〈恐れ〉の対象であるがゆえに〈願望〉の対象でもある、あるいは、〈願望〉の対象であるがゆえに〈恐れ〉の対象でもあるという〈タブー〉の心因を人間感情の両面性（アンビバレンツ）として解明したのはフロイトだということだが、〈現実〉に依拠しつつなされる〈虚構〉への反撥の基底にもこのようなアンビバレンツなものがありはしないだろうか。

ぼく自身に戻っていえば、〈テメエの死までフィクショナイズしやがって…〉という〈嫌悪感〉の中にたとえば「手前勝手だ！」「非人間的だ！」「いやらしいまでの自己顕示欲だ！」というあらゆる正当な批判ですら、すでに届かぬ地点にテメエの世界を構築して死んでいっちまった奴への、そのゆえの羨望がまったくないとはいい切れないのである。テメエの死までも他人に押しつけがましく売りつけようとするいやらしさが強ければ強いほど、一回きりのテメエの〈死〉の可能性の一つとしての夢想が、その〈いやらしさ〉にもかかわらずというよりもおそらくはそのゆえにこそ、ないとはいいきれないのだ。一度きりの〈生〉をこの世に刻印することができないのなら、せめて一度きりの〈死〉を刻印させてやれという、〈生きつづける〉ものにとっては何とも傍迷惑で手前勝手な、敢えていえばまったく不合理な（なぜなら死者にとっては刻印もへちまもないはずなのだから）欲求が、自己の〈卑小さへの自覚〉と同居していないといい切れるか。

渡辺武信という詩人が次のように書いていて、その言葉はぼくに即していえば若干オーバーに感じられるが、その基底にある感覚についてはぼく自身も共有しているように思う。

「彼らのいう〈真の日本〉への挺身は、結局、自分の魂と肉体を規制し、調和させてくれる強力で統一的な文化への憧れに発していると言えるだろう。その〈真の日本〉の内実は大部分、ぼくの感覚領域を越えたところにあるようだが、その虚構を生み出した魂の飢えのような感情は、疑いもなく、ぼくの中にも存在する。そうだとすれば、どのようなイデオロギー的、感覚的な異和感にもかかわらず、彼らの狂信を、ぼくにとっての可能性のひとつとして考えないわけにはいかないのだ。彼らのグロテスクな死は、ぼくたちが共有する魂の飢えの鬼子である」（『朝日ジャーナル』十二月十三日号）

引用箇所のあとの方で、渡辺は、「たとえどのように飢えても、制服やシンボルのためになんか死んでやるものか、というかねてからの選択をあらためて確認することと」で、「ちょうど自分の傷跡を見つめるような」「恐怖に近い感情」と拮抗するひとつの情念を自分の中に探りあてる、と語っている。

ぼくはその〈情念〉を共有する。「どんなに飢えても」というのはええかっこしすぎるかも知れない。近頃では〈飢える〉ことにも疲れてしまったと思うくらいだが、「制服やシンボルのためには死んでやるものか」という〈情念〉くらいはある。たとえ、それが三島が標榜したシンボルとは正反対のものであったとしてもだ。

だから、たとえば、政治的位相では三島の標榜したものと最も尖鋭な対立を行なうだろう〈新左翼〉が次のように行うとき、いかにそれが政治的対立構造の中で出されていたとしても、その精神構造における等質性が、〈出口なし〉の暗さにぼくを連れこむ。

天皇制イデオロギー打倒をかかげた革共同は次のようにのべる。


「こうした戦後民主主義的腐敗の別のあらわれは、天皇制イデオロギーにかわる人間的にして強烈な、それで生きかつ死ねることのできる無私なる目的意識と価値観、民衆を熱狂的に組織し得る思想、精神、忠誠心の対象、自己規律を労働者人民のなかにつくりだしえなかったということにあらわれている。」(『前進』五一九号)

三島が〈死〉をもって世の中に印象づけようとした政治イデオロギーは明らかに〈反革命〉だろう。そして、それが単にアナクロニズムとして排しきれぬものであることについてはすでに触れた。だが、〈反革命〉性というい〈革命〉性というのは政治的表象のみにかかわることなのだろうか。ひょっとすると、もう少し深いところ、つまりは彼自身の死生の扱い方にあると考えられないか。その点は〈ライフ・スタイル〉の問題とした小田実は、問題をより深いところで受けとめたといえるのではないか。そして、〈ライフ・スタイル〉の中軸にあるのは、(それを小田がほとんど問題にしないところにこそぼくの不満があるのだが)実に渡辺が指摘したような意味での〈魂の飢え〉の処理のし方にあるのではないか、と思うのである。

そうだとすれば、〈反革命〉に対立すべき〈革命〉が、「天皇制イデオロギーにかわる」「忠誠心の対象」といったかたちで構想されたとして、果して何を変革しうるだろうか。ロシアの革命を経て、ツァーリズムがスターリニズムに置きかわったという〈革命の悲劇〉は、何を変革すべきかという課題にそくして、〈他山の石〉としての意義を依然として失なっていないのだ。

「伝統は革新が自己を実現する場である」(「国民文学の問題点」)という竹内好の〈伝統〉概念は、中国的文化概念に基づいたきわめて積極的なものだと思われるが、ここでは竹内の本来の意味とは別の不吉な相貌をもって浮び上がってくる。「自身を実現しようとする革新はすべて伝統にからめとられる」という意味においてである。

　そういえば、竹内は、「コミュニズムがロシアへはいればツァーリズムの遺産がその肩にかかるし、中国ではマンダリン官僚主義の処理が必至の課題になると同様に、日本では、天皇制との対決がその運命を決するであろう」と予言的にのべ、「権力と芸術」の結語的部分に何とも不気味な言葉を放っていたものだ。

　「〈トルソに全ギリシャがある〉ように、一木一草に天皇制がある」（竹内好評論集 二）

5　中間的結論の模索

　ジグザグをえがきながらしばらくめぐらしてきたぼくの思考も、ここにきて途方にくれた、というのが本音である。なぜ途方にくれたかといえば、ぼくの基本的なテーマになんらかの示唆を与えてくれていたいくつかの考え方の、限界が見えたというほどには傲慢にならぬにしても、無視できぬ欠陥が見えてしまって、違和感をさそい、さて、それではオレはどこに立って考えを進めていったらいいかということが今まで以上にアイマイになっているからである。

　だが、自分の立っているところなどというものは、外界のさまざまの事物の見え方、手触りから逆算的に認識されるものであって、ア・プリオリに措定してかかれるものではあるまい。ということがぼくの今までの持論であったわけだし、そこに居直る以外に仕様がないことはすでに自明のことだったのだ。みずからの立場を鮮明に自覚して、そこから自前の思考を次々と練り上げていく人もいるだろうが、ぼく自身はそうではない。所詮は、あることへの自分の関心にこそ依拠して、共感や共鳴、あるいは反撥や不満を表現していくこと、その逆算的総和として自己の軌跡をえがく以外にない、ということだ。

　と、みずからを励ましてみても〈途方に暮れた〉感じが拭い去るものでもないが、幸か不幸か、時間の余裕もない。今までのジグザグを整理したうえで、次の思考（試行？）への橋わたしの意味で、ぼく自身の中間的結論でも模索したいものだ。

　単に三島個人の行動ということではなく、彼の標榜したものの現在における政治的意味を考えねばならぬということが出発点だった。これは、物事を政治的に考えることを忌避する日本人の心性からして、今日でも意識的に避けられているような観もあるので、特に踏まえておきたい。

だが、ぼくのより大きな関心は、現象としての政治的対応やイデオロギー的対応のレベルにではなく、〈絶対という虚構への帰一〉という一般性にあるということだった。〈絶対〉がなければ、みずからそれをつくり出してでも、無理矢理それに帰一しようとしたところに〈三島事件〉の意味をみたのである。そして、この日本で〈絶対〉を虚構しようとするときに、ほぼ必ずといっていいほどに〈天皇制〉への回帰というかたちで現われるようなことこそが真の問題である。という感じがするが、このことの追究は本稿ではなされていない。

問題を改めてこのように立ててみれば、真継の〈絶対性の否定＝相対主義〉という発想と論理には依然として意味がある。それは、〈天皇制〉であれ〈民主主義〉であれ、自己の〈外〉なる〈虚構〉に殉じることを拒否する心情がとりあえずは依拠しようとする発想であり論理だし、事実、ある程度までは身を守ってくれそうである。だが、相対主義はつまるところ局外者の論理であろう。情況から身を引きはなし、そこに巻き込まれまいとする局外者的発想を一概に否定する気はないが、一つの思想を肉化して生きようとするものに情況は常にそのような距離をもって接してくれるものではあるまい。〈人命尊重〉がたとえば兵役という情況の中で何を意味したかを考えたぼくにとって、相対主義的思考を局外者的思考として断罪するだけでは済まないものが当然にも残っているのである。

「極端な行為におもむく性急な結論はすべてまちがいだ。」（前出）といいきる真継には、そもそもなんらかの意味においても〈決定的な行動〉とか〈決定的な選択〉というものはありえないのかもしれないが、ほんとにそうなのか。〈兵役〉に服するのか服さないのかというように、第三の道なき二者択一を情況がせまってきたとき、永遠の優柔不断にはたして居直れるか。人が自分の行為として何ごとかを選択しうるということと、相対主義的思考は原理的な二律背反を意味しないか。自己と対立する価値をも等価なものと見なす視点が、百％自己を行動化することの足を引張ることとしてしかあらわれないとしたら、それはコーモリ的二股膏薬的論理とどのように自己を区別しうるのか。一貫性をかならずしも美徳とするわけではないが、「君子豹変」を事前に用意するものとならないか。

そのようないくつかの必ずしも質が高いとはいえぬ疑問を自分で解きうるまでは、相対主義そのものも依然として相対的なものだということである。

小田の〈武士の側に立たぬ〉という選択の根底にあるのも、せんじつめれば、〈虚構〉に身を売らぬ、ということだと理解する。〈散華〉に美の精髄を観ずる短歌的発想に敢えて散文性を対置しつづけることにこそ〈生きつづける〉論に至る彼の思考のエッセンスがあろう。そして、そこに、〈三島事件〉を政治的・イデオロギー的表象においてのみならず、生き方のレベルで正面から問題にすることができた根拠もあったといっていいだろう。だが、すでに見たように、彼の〈雑駁性〉の主張そのものがみずから設定した対置の図式にとどまっているがゆえに、それが人間存在の全問題を包摂できずに、〈純化された雑駁性〉とでもいう奇妙な抽象に堕しているようにぼくには思えたのだった。そして、人間存在の〈二元性〉が一人一人の肉体の中に〈共存〉し、〈統一〉していることを、そのこととして問題にしえてないことが小田の欠陥の最も重要な点だと考えたのだった。

思想といわず観念といわず、ある種の〈虚構〉に殉ずるということは、善悪の問題はともかくとしてまぎれもなく人間の特性の一つであろうし、自己の選択ということでそれを抹殺したうえで〈人間的〉という言葉をもてあそんでみても、それはもはや人間を全的に表現しえてない、恣意的な観念でしかなくなってしまうだろう。

現実の犠牲のうえに構築される〈虚構〉に対し、〈現実〉を対置する試みも同様に限界を持たざるを得ないようだ。なぜなら、〈虚構〉を生み出す根は他ならぬ〈現実〉にある以上、〈現実〉の二面性がともすれば対置を恣意性に分解してしまいそうだからである。そして、最後に触れたように、〈虚構〉に対抗するにもう一つ別の〈虚構〉をもってしようという発想にもなじめない、というところにぼくの現在の位置があった。

あれでもなし、これでもなし、とおよそネガティブなかたちで進んできたぼくの思考は、今ようやくにして、〈虚構〉を生み出し、ときにはかけがえのない自己を滅してもそれに帰一しようという人間精神の矛盾をよりトータルに把みたいものだ、という願望じみたものに収斂していくようである。

ぼくは、ここで、最初に触れた靖国神社法案をもう一度考えたくなる。

今国会にかかっているこの法案の目的は、第一条で、「靖国神社は、戦没者及び国事に殉じた人々の英霊に対する国民尊崇の念を表わすため、その遺徳をしのび、これを慰め、その事績をたたえる儀式行事等を行ない、もってその偉業を永遠に伝えることを目的とする」と謳っているように、文字通り〈散華〉の論理的・倫理的復権である。国家管理に対する他宗教団体からの反対への対応として、第五条で「非宗教性」をかかげ、「儀式行事」のみにとどめるとしているが、それが全国民を包摂するためのものであってみれば、「非宗教性」は他の宗教に超越する国家宗教の別の謂に容易に転化しうるものだろう。

国家がその犠牲者を祭るのは、他の何であったとしても贖罪では絶対にない。犠牲者を〈英霊〉と化し、その〈英霊〉への尊崇を媒介にして国家への忠誠を増幅させるためである。それは、国家の自己主張に他ならない。

一昨年、ぼくが、ワシントンのアーリントン墓地の無名戦士の墓の付近で丸半日過ごしたときにぼんやり考えていたのもそれだった。昼も夜も（雨の日も風の日も、ということだ）一時間おきに極めつきの勿体ぶったやり方でカカトを鳴らす衛兵が敬礼を行なうのを大勢の「お上りさん」が見物していた。それは紛れもなく一つのショウであった。ベトナムでの汚い戦争《ダーティ・ウォー》が〈民主主義擁護のため〉という神話で飾り立てられるためには、犠牲者は〈民主主義の戦士〉として手厚く葬られなければならないのだナ、と思いながら、ぼくはそれを見ていたのだった。

だが、問題は、このような試みを〈国家エゴイズムの自己主張〉と断罪しただけでは何も分ったことにはならない、ということにあるように思う。

『朝日ジャーナル』二月十九日号の「私にとっての国家――読者の手記特集」の中に、羽生純治という二十六才の人が、二年半ばかり前の戦没者叙勲のとき、勲章をもらうかことわるかで母親とかわした口論をマクラにした文章があった。当然、羽生氏はことわるべきだと主張したのだろう。

「〈とにかくわしはもらいたいんだ！〉その言葉に秘められた母の情念のようなもの、死ぬために生れてきたような父の死への意味と、これまで生きつづけてきた自分の生への意味のようなものが、勲章によって象徴されるとでも思いこまなくてはやりきれぬ――とでもいいたげな母を前にして、僕は沈黙した。」

　羽生氏が生れる前にどことも知れぬ戦地で死んだ父、女手一つで〈生存〉してきた二十三年間の母親の苦労の量からすれば、あまりに引き合わぬ〈オカミの代償〉への怒りをバネに、彼はここから国家への告発に直進してしまうのだが、もう少しこの母親の情念にこだわってもいいのではないか。たとえばそれは、「靖国神社を国家護持にすることが、戦争で死んだ肉親にたいする生残った者の最後の義務とでもいうふうに思い込んで、文字通り〈杖にすがって〉遺族会の集会に集まってくる老人」（安田武『朝日ジャーナル』十二・十三）の心情とともに、みずからの国家エゴイズムに吸収されていく当ののだからだ。

　ぼくは、ここで、支配者のナショナリズムを大衆ナショナリズムの逆立ちした鏡としてとらえた吉本隆明の把握（「日本のナショナリズム」）を思い出す。

　合理主義的な立場から、遺族会の老人を愚昧と断じるのはむつかしいことではない。およそ〈引き合う〉ものではないのだから。だが、そのような裁断が老人の心情とまるで噛み合わぬレベルのものであることも確かだろう。〈心情〉というレベルでいえば、ちょうど羽生氏が母親の前で沈黙してしまったように、それをけなすことすらできはしない。そして、恐らくはこの〈心情〉の尊重を軸に、国民の疑似責任意識が〈英霊〉の尊崇に収斂していくのである。ここではすでに、このような企図に反対することが〈非人間的＝非国民的〉として指弾されうる構図が基本的にでき上っているのである。

　このように考えてくると、ぼくは磯田光一の『比較転向論序説』にいくつかの示唆をうけたのだが、彼が戦後日本社会の〈脱前衛思想相対化状況〉を〈戦後の根強さ〉といい切ってしまっていることには首を傾けざるを得なくなってくるのだ。

　たしかに、この社会はあらゆる行為、思想をも瞬時に相対化し、風俗化するほどに、貪欲なように見える。〈新左翼〉のヘルメットも三島の割腹も瞬時に風俗化する基底は、過剰なまでに供給される種々雑多な情報の中で、ともかくも身を持して〈生きつづけ〉なければならぬ人生の〈散文性〉にあるといえるかもしれない。だが、すべてを相対化し、風俗化していく過程の裏側に、実は〈絶対〉への飢えを拡大再生産しているというのが現実のもつ逆説性ではないのか、というのがやや不吉なぼくの予感である。

　少くとも、磯田は、「知識人ならぬ大衆が、アメリカの政策を通じて得た〈個〉の原理（私益優先主義）は、かつてナショナリズムに収斂されたエネルギーを前衛主義支持に転化せず、政治的無関心（＝前衛放棄）という形で実現した」という表象でとらえられた戦後的状況（これとて六〇年代になってからの特徴だと思うが、）を、「私自身も含めて日本浪漫派の再評価を試みている今日の若い世代は、左翼前衛主義者になりえないのと同じ原理によって日本浪漫派の再建者になる可能性もないのである」というたぐいの〈戦後の根強さ〉に短絡させる前に、彼自身の次のような美事《ママ》な保田与重郎分析と突き合わせてみることが必要だったのではないかと思う。

　　「〈当為〉から、最も遠くはなれてしまったのがほかならぬ昭和の現実であってみれば、その絶望の深さを通じて当為を希求すること以外に本質的な生き方はないのである。あたかもヘーゲルが哲学史の行きつく果てに彼自身の位相を定めなければならなかったように、保田は絶望の時代の最も尖端的な人間として自己を意識したがゆえに、その絶望感をこそ存在根拠として、〈絶対〉（理念としての日本）につながろうと志したにすぎない。」（前掲書）

　いわば〈近代〉一般を相対化し、その下で抑圧されていた〈内なるロマン主義〉を正当な光の下で把えかえそうとした磯田ではあったが、ぼくの眼には、戦後という〈特殊な近代〉を充分に相対化することなく、そこに安住しているように見える、ということである。

　あらゆることが〈風俗化〉されていく反面、ここ二・三年、〈生きがい〉論がはなやかに登場してきていることは暗示的である。

〈生きがい論〉の主流は、個のエネルギーを〈企業ナショナリズム〉に吸収しようという試みであろう。書店で経営関係の書棚を一べつすれば、筆の立つ企業家がいかに〈生きがい〉という一般性を擬したチャンネルを利用しつつ個人のエネルギーを自己のもとに吸収しようとしているかが分る。

　考えてみれば、戦後の〈私益優先主義〉が六〇年代にいたって〈マイ・ホーム主義〉として形成されたとき、すでにそれは〈公〉的利益と一定の相互補完性をもってしまったのであり、〈マイ・ホーム〉の経済的基底をなす〈企業ナショナリズム〉を媒介としつつ、より大きな〈公〉的利益＝〈国家利益〉にからめとられていく構造を予見させるものだったのである。

小田実は、〈マイ・ホーム〉を経済的な私的原理と〈企業国〉〈会社国〉日本の公的なイデオロギーとの妥協の産物、ととらえ、さらに〈マイ・ホーム〉を〈公〉の回路に乗せるものが〈生きがい〉だととらえる。ぼくも賛成だ。その上で小田は、状況が進んでしまった結果、〈マイ・ホーム〉の中の人々のある種の〈うしろめたさ〉が、「どこかにあるもっとまっとうな、たんに私的でない公的な生き方に自分を重ね合わせたい」という〈願望〉となって、〈生きがい〉論受容の基盤をなしていくことを視野に入れつつ、あえて、「私は〈生きがい〉を求めないだろう」と、〈生きがい〉という名の〈虚構〉を拒否することを〈生きつづける〉ことの基本においたのだった。

だが、いささか風俗史的にいえば、かつて、黒い花びらに託して〈もう恋なんか　したくないのさ〉と歌わせた詩人が数年を経ずして〈こんにちは　赤ちゃん〉と書くにいたった時代の風潮の基底が、「どうせわたしをだますなら、だましつづけてほしかった」というなんとも不合理な心性にあるのだとすれば、ことは単に個人の選択の問題としてのみ処理しきれるかどうか、疑問が大いに残るところである。（ついでにいえば、三島の『英霊の声』で特攻隊員の亡霊にうたわせる〈などてすめろぎは人間《ひと》となりたまひし〉というリフレインは、まったくバーブ佐竹と同じだ。）

相かわらず堂々めぐりに近いことをやりながら、今ようやく、吉本隆明の次の言葉が示す問題領域の入口にさしかかった感じがする。

「人間はしばしばじぶんの存在を圧殺するために、圧殺されることをしりながら、どうすることもできない必然にうながされてさまざまな負担をつくり出すことができる存在である。共同幻想もまたこの種の負担のひとつである。だから人間にとって共同幻想は個体の幻想と逆立する構造をもっている」。（『共同幻想論』序章）

（初出）『いろはにほへ』第三号（一九七一年）

相川忠亮の転機

村田　栄一

相川の「反ナショナリズム論ノート」(1)〜(3)という文章は、相川が職場(成城学園)に腰を据えることになった転機を示す重要な意味をもっている。

この文章が書かれたのは、一九七〇年の五月あたりから七一年初頭あたりまでの約半年で、その分量は四百字詰原稿用紙にすると、およそ二一五枚、新書版にして約一五〇ページに相当する長大なものである。これだけのものを、全文、ガリ版で刻んで、当時、職場で生れた「いろはにほへ」という同人誌に発表したのである。ごく限られた少数の読者しか期待できない媒介にこれだけのエネルギーを注いだその集中力には驚かされる。ここに相川なりの「決意」がこめられていると読むべきなのだろう。その決意とは何だったのか。

相川が大学を卒業して、私立鎌倉学園の教師になったのは一九五七年、日教組の勤務評定反対闘争が始まる年だ。そのころ、全学連から日教組へなだれこもうとしていたぼくたちと同調して、相川も「政治」の季節へ歩み入ることになる。そして、六〇年安保闘争にのめりこみ、鎌倉学園をやめて、六一年から成城学園に勤めることになる。しかし、六〇年代の相川はまさに「政治」の人だった。当然、軸足も成城という職場に置かれることはなかった。

一九六九年の秋は、何人もの反戦派教師が新宿や高田馬場の街頭で逮捕されるという騒乱の秋だったのだが、その激動を準備する夏の時期を、彼はアメリカ合衆国での研修で過ごした。その「空白」が、内ゲバへと進行するセクトへの隔たりをもたらしたのか、それとも、彼のことだから「空白」なしでも違和を感知したのかもしれない。そのころ、革共同中核派機関紙『前進』のなかで使われていた「亡国」・「素町人」という言い方とその思想が許せないと聞いたことがある。とにかく、相川の七〇年代は、それまで体重を掛けてきたセクトからの離脱に始まり、自立への模索が続いていくことになる。

こうした回路を経て、彼は「職場」に着地した。そして、同人誌「いろはにほへ」へのエネルギーの傾注ということになる。

ナショナリズムへの正面対決ということは、戦後日本の思想家たちがその立場の左右を問わず一貫して避けてきたことであった。戦前・戦中のファシズム、排外主義に対しては、「民主主義」を対比させるだけのことで、ナショナリズムへの直面は慎重に回避されてきた。この思想的怠惰がきびしく問われたのは、一九六五年の日韓条約をめぐる状況のなかにおいてであった。

相川は、「『革新ナショナリズム』批判の基礎」（一九六六年八月）、「反ナショナリズムの拠点　―玉城素『民族的責任の思想』」（一九七〇年六月）という二つの論文で、「いろはにほへ」に連載する「反ナショナリズム論ノート」への助走をすでに始めていた。たやすく、排外主義へと転化してしまうナショナリズムに対して、「下からのナショナリズム」とか「インターナショナリズム」などという安易な対置を採らないとする厳しい姿勢は、この助走からはっきりしていた。それだけに、彼の思索は難渋を極めた。

相川は、小田実の図式を批判しながら、次のように書く。

「ぼくらは〈生きつづけ〉ながらも、ときとして生の瞬間的な燃焼に近いものを感じる。またその燃焼感を手に入れようと欲求する。」

「〈生きつづける〉は〈生きる〉のアンチ・テーゼに留まることは許されないはずだと思うのだ。それは、その対比をみずからのりこえて、〈生きる〉ことを包摂しながらさらにみずからを豊かにふくらませることができなければ……ぼくには本当のところ魅力はない。」

この文章を書く一年前、相川は、そのころぼくがやっていた作業（学級通信ガリバー）に寄せて、次のように書いてくれた。

「ぼくらの日常性そのものが、その内部に様々の位相をもち多層化していることをぼくらはもっと大胆にとらえるべきではないか、という風に考えはじめている。」

職場に根をおろす〈生きつづける〉決意を固めた相川にとって、〈生きる〉燃焼感を共有すべき対象として〈こどもたち〉が浮上することになるのは当然の帰結だ。

記念碑的作品『きまぐれ月報』への道はこうして拓けたのであった。

気まぐれ・居なおり・悪あが記

——ぼくにとって教師であるということは……？——

1 「ゲルゲ」と彼らは呼ぶ

中学一年菊組——現在のぼくの担任クラスの連中は、ぼくを「ゲルゲ」と呼ぶ。それはぼくのあだ名ということになるのだけれども、なんともおおっぴらなあだ名である。

朝、顔を合わせたときの挨拶が「ゲルゲ、おはよう」であり、職員室に連中が入ってきて、ぼくを呼ぶときでも、よほど改まっていない限り、「ゲルゲ」と声をかけることになる。

このあだ名の歴史はまだ一年足らずだ。一年生のこのクラスの一学期が終って、夏休み中にせいぜい定着したのだから。

昨年の三月、中学を卒業していった旧杉組の連中は、ぼくを三年間「カバ」と呼んでいた。一年の最初の頃、英語の授業中に誰かがぼくの名前をローマ字で書くときに、WをVと書いてしまったところから、うっかりぼくが「それではアイカバになってしまうじゃないか」と抗議したのがそもそもの発端だったのだが、その気になって見ると、ぼくの顔に「カバ」をホーフツさせるものがあったらしいのだ。そのためかどうか、彼らとてそれほど臆面もなく、「カバ、おはよう」というぐあいには使わなかった。もっとも、当方とて多少はプライドがあったから、そんな工合に使われたら、慣れるまでには、そうとうの時間がかかっただろうけれども。

今年大学を卒業する連中は「オシシ」と呼んでいた。カバがもう少しスマートで、髪の毛がうすくなっていないと「オシシ」になるらしい。これは、ぼくらが中学生の頃に使っていた教師のあだ名と同様、ほとんど表面には現われてこなかった。

つい最近知ったことだが、今年卒業するあるクラスでは、「ボイン」というのがぼくの通称だったらしい。たまたま彼らの母親たちと話しているときに知ったので、その由来は推察するしかないのだが、彼らが一年生の頃の英語の授業中、母音と子音の説明の蛇足に「ボインとコインではないよ」といったからではなかろうかと思う以外に心当りがない。

この分では、出ていたクラスによって秘かに呼ばれていた通称が他にもありそうである。

だが、「ゲルゲ」に話を戻そう。知っている人にはすぐに見当がつくが、知らない人にはまったく奇異なこのことばの由来を説明しよう。

テレビで「バロム・1《ワン》」という番組があった。巨大怪獣ものを作るには予算不足で等身大のヒーローに変身させることにしたというのに、ひょうたんから出た駒さながら、思いもかけずに当った「仮面ライダー」の二番煎じだったのだろうが、妙に深刻ぶらずにひたすらマンガ性に重きをおいていたことと、二人の少年の友情エネルギーによって正義のエージェントに変身するという設定が少しばかりひねってあったこととで、子どもたちのチャンネル権に異議も唱えず、かくいうオヤジも付き合ってた番組だ。そして、この番組に出てくる悪のエージェント・ドルゲ魔人の名前に「ゲルゲ」という接尾語がつくのである。いわく、タコゲルゲ、エビゲルゲ、キノコルゲ、ミノゲルゲ、ヒャクメルゲ……。

旧杉組の高校生の一人が、「先生も段々ひどくなるのネ。カバはまだ実在の動物だったけど、ついに妖怪魔人にされちゃったのネ」とつくづく同情したような口ぶりでいったけど、この由来は絶対にぼくの容貌ではないのだ。このことは誤解の余地のないように、はっきりさせておかねばならない。

一学期のある日、忘れものをした生徒に、「明日は忘れるなよ、といったついでに、突如として、「明日忘れたらヘソゲルゲだぞ」ということばがぼくの口から飛び出てきたのである。前の時間にか休み時間にか「バロム・1」の話でもしていたにちがいない。

「ヘソゲルゲ」とはヘソの形をしているのか、人間のヘソを集めるのか、いやヘソをくすぐることだとか諸説ふんぷんとしたが、遂に実体は「バロム・1」にも現れぬまま、この文句だけがしばらくクラスで流行した。「掃除をさぼったらヘソゲルゲだ」とかいう工合に。

一学期最後の臨海学校の最終日、二千メートル遠泳の直前、腰まで水につかりながら顔を緊張させているクラスの連中をボートから見ているうちに、今度は、「ゲルゲピース」という呪文が突如としてぼくの口から飛び出たのである。指を二本立てて「ピース・ピース」というのがはやってはいたが、そのゲルゲ版であった。

かくて、夏休み中、生徒からの暑中見舞いの多くに「ゲルゲマン」とか「相川ゲルゲ」とか「ゲルゲ先生」

とかいう呼び名がでてきて、それをまた、四月から出している学級通信『きまぐれ月報』八月号に載せたら、九月にはすっかり「ゲルゲ」が定着していたというわけである。

由来がともかくも、ぼくと生徒たちとの特有の関係にあったせいかもしれないが、とにかくぼくは公然と「ゲルゲ」を呼ばれることに何の抵抗感もないのだ。いや、実をいえば、内心嬉しがっているフシが無きにしもあらず、である。

2 あだ名とは「関係語」である

我田引水のいやみを覚悟しなければ、この章は書けもしなければ、読めもしないということを、最初にことわっておきたいと思う。

昨年の春、杉組が約二百ページの卒業文集を手づくりしたのはいいが、ついでに一寸厄介な事件を起してしまった。よってたかって自分たちが接した教師のことについて彼らが何かを書きあった文章が収録されていたのだが、それぞれの教師の頁の冒頭にあだなをのせたのだ。例によって、ぼくのところには、「カバ」ということばがついていたのはいいとしても、ぼくと同年配の体育の女教師に「クソババア」ということばがついていたのである。

生徒は生徒で、臆面もなくどころか、お世話になった方々に、とばかりに自分たちの労作を誇らしげに配ったのだが、当然というか、その先生の逆鱗に触れたわけだ。

この後始末に関しては、ぼくと編集にあたった生徒たち、ぼくとその教師、さらにはその教師と生徒たちとの間に話し合いがあり、それはそれでちょっとおもしろいはなしになるのだが、ここでは割愛する。ただ、一週間後、ほとんどしこりを残すことなく、逆にそれぞれが認識を少しずつ深めたというかたちでめでたくおさまったという結末と、もう一つのことだけを紹介しておこう。

それは、やや奇異に聞えるかもしれないが、「クソババア」ということは、彼女のあだなとしてまったく定着もしていないものだったのに、その場で、むしろ善意の表現としてつくられた、ということである。

彼らは最初、その教師のあだなの欄が空白であることをむしろ気にしていたのだった。あだながないなんていうのは、先生として淋しいことなんじゃないのか、というのが彼らなりの勝手な悩みだったのだ。たまたまその教師がしつけに対して割にきびしく、女の子に「白いスカートはすけますよ」といったということが紹介され、その途端に「クソババア」という文句が空欄を埋めたというのがいわばいきさつだ。

卒業を前にして多少ともうわついた気持のためか、「クソババア」と自分の名前にくっつけられて印刷される教師の立場まで想像することをしなかった「浅薄さ」は責められてもいいだろう。そしてその「あだなならぬあだな」が適切か否かという問題もあるだろう。だが、それらとは別に、彼らが「あだながないというのは先生としても淋しいことじゃないのかなァ」とマジメな顔していうとき、そこに一片の真理があることもまた認めなければならなかったのである。

「ハレ」と「ケ」という概念を借りてくれば、教師のあだ名は生徒たちの「ケ」の世界に所属するものだろう。それは、逆からいえば、教師はあだなで呼ばれることによって、生徒たちの「ケ」の世界に組み入れられるということでもあるだろう。したがって、あだながないということは、とりも直さず、彼または彼女が、生徒たちの「ケ」の世界に一切かかわりのない存在だということになる、といったら飛躍しすぎるだろうか。

生徒がそのように説明したわけではない。「あだながないということは、それだけ生徒から親しみをもたれてないということだからなァ」というのが彼らの精一杯の表現だったのである。

以上の記述が、「オレにはあだながある、だからオレは親しまれている」ということを婉曲に示した我田引水の第一であるとすれば、これから第二の、更に強力な我田引水を試みようというわけである。

教師のあだなには大きくわけて二種類あるように思う。一つは生徒の間だけで陰然とつかわれているあだなであり、もう一つは当の教師との関係でも公然と使われるあだなだ。ぼくに即していえば、「オシシ」や「ボイン」は前者であり「ゲルゲ」は後者だろう。「カバ」はその中間ということになる。

そこで突然に気がつくのだけれども、たとえばぼく自身に対して公然と「ゲルゲ」と呼ぶあだなは、単にぼく個人のあだなというに留まらず、むしろ、「ゲルゲ」と呼ばれるぼくと「ゲルゲ」と呼ぶ生徒達との関係を表示することば、もっといえば、その関係の名称になっているのではないか、ということである。

やや飛躍したかも知れないが、ぼくと、ぼくを「ゲルゲ」と呼ぶ生徒の関係は、教師と生徒という一般的関係に解消されつくせない、固有のものになるのだということ、そして、「ゲルゲ」という呼び名がその固有性という領域では決定的なことばになっているということをいいたいのである。やや一般化すれば、勿論それは「ゲルゲ」でなくてもいいし、あだなでなくてもいい。しかし教師が固有の名前と顔をもった存在として生徒に意識され、生徒のひとりひとりが同様に固有の名と顔をもって教師に意識される関係は、もはや一般的な、制度的な教師対生徒という関係に留まり得ないのだ。そして、そこで重要なのは、その固有の名と固有の顔である。

固有ということばを、代替不能ということばで置きかえてみてもいい。マルチン・ブーバーの「われ」と「なんじ」という関係語にならって、この代替不能・固有の関係を表示することばを「関係語」といってみるのだ。そして、現在のぼくと生徒との関係でいえば、「ゲルゲ」という奇妙な響きをもつことばが、その役割を果たしていること、あるいは、そう思い込むことによって、何かが始まっていることをいいたかったのである。

3 「関係」を演ずる

ここでぼくは自分自身のやや奇妙な体験を紹介することになる。

一九六九年夏、いくつかの偶然が重なって、降って湧いたように二ヶ月間ロハでアメリカに研修旅行したときのことである。

いくつかの偶然とは、たとえばＣＩＥＥ（国際教育交換協議会）が前年からかなり大規模な英語教師の再教育プログラムを組んでいて、ブリタニカ日本支社がその参加者十余名に半額支給の奨学金を出していたこと、半額支給の中で一名だけ全額支給の予算をとっていながら、うっかりその年度の支給対象者をきめていなかったこと、そのまま使わないと翌年度のＰＲ部の予算獲得に支障があるということなのか、慌てて担当者が交わり深かったぼくの学校に飛んできたこと、そして外国に行ったことのない英語教師の中ではぼくが最年長で、ぼく自身もアメリカには行きたいと思っていたことなどが含まれる。

そんなことで、それなりに厳しい試験をくぐったり、全額自前でやってきている二百数十名の参加者の中に、無試験、ノー・オブリゲーション、しかも身銭を一銭も切らぬ妙な参加者が一人だけ交っていたというわけだ。

この二ヶ月間というのは相当に中身が濃くて、ニューヨークからサンフランシスコまで、要するに大陸を横断するバス旅行の中に、四週間、夏休み中の大学で一日六時間ずつ英語教育に関する授業をうけたり、二週間、篤志家の家庭に居候をして、近所の学校を毎日見学するといったプログラムが含まれていた。そして、冒頭で触れた「ぼく自身のやや奇妙な体験」というのは、この二週間の居候期間のことである。

居候の相手、つまりホスト・ファミリーは、ぼくらが日本にいたときに宛先不明で書いた自己紹介の手紙を参考にして、あちらの篤志家グループが、こういう人にはこういう家庭がよかろうと、適当にみつくろってくれたものであった。彼らの多くが、過去にCIEの世話で自分たちの子弟を外国に行かせたり、あるいはこれから世話になろうと思っている人達だったようだが、大体は平均的な家庭といってよかったろう。一定の経済的余裕と国際感覚、あるいは親日的傾向の持ち主であったことは確かであろうが。

ともかく、ぼく自身が、サンフランシスコのホテルで、わがホスト・ファミリーたるフェルトン夫妻の出迎えを受けたときには、一家に対する知識はぼくの方にはなにもなかったのである。

それまではアメリカにいるといっても、全体を六班に分けられたうえでの同行の日本人教師が四十人ばかりいつも一緒で、英語を使うよりも日本語を使う機会が多かったのだが、フェルトン氏が運転する車に乗り込んだ途端、当然のことながら英語だけの世界に入ってしまったのだった。

簡単な自己紹介がすむと、ミセスが突如として、"May I call you Tad?"という。"Tad"というのはいうまでもなく、ぼくの名前、"Tadasuke"の冒頭をとったものだが、ともかくもややあわてながら「イエス・オフコース」ということばが当方の口から飛び出たというわけだ。その代りにぼくの方は、ミスターをジョージ、ミセスをメアリと呼ぶように要求されたのだが、五十過ぎのオッサンをジョージ、四十もとうに越したオバチャンをメアリと呼ぶのも何となく気恥ずかしかったし、三十代もなかばを過ぎて「タッド」と呼ばれるのはそれ以上に、尻がムズムズするような違和感をもったものだ。

ともかく、二週間はそのように始まり、そのように過ぎた。「グッモーニン・タッド」で始まり「グッナイ・

タッド」で終る一日一日は正直いってくたびれた。ときには大学四年のアイリーンとドライブに出かけたり、バークレー（映画「卒業」のロケ大学がある！）を散歩したりすることがなければ到底つとまらない感じだった。「タッド」にそろそろ慣れてきたころ、二週間が終った。

ところで、「やや奇妙な体験」ということが意識されたのは、日本に帰って一ヶ月とたたないある日、電車を待っているプラット・フォームで突然こんな風に思ったのだ。「タッド」というのは一体なんだったのか、あれはあの二週間、サン・リエンドロのフェルトン一家がつくり出した仮空の人間だったのではないか、と。

たしかに、今も生きているぼく自身があの期間「タッド」だったのが事実である以上、それは奇妙なこととしかいいようのない感慨だった。ぼくは日本の勤め先の同僚や女房に手紙を書くときには相川忠亮になったし、見学している学校で生徒たちに紹介されるときにはミスター・アイカワであったが、フェルトン一家とその狭い知人のあいだでは、「ジャパニーズ・イングリッシュ・ティーチャー＝タッド」であった。あの期間のぼくのありようはそれ以外になかったのだ。

われながら奇異なことを考えているという自覚がなかったわけではない。とにかく、あの「タッド」は本当にぼくだったのかと妙にこだわってそのとき考えたのだ。

使いなれない英語を使わざるを得ないということが、その振幅をぼく自身にもややドラマチックに開示したのかもしれない。使いなれないからこそ、結構キザなセリフもそれほどテレずに口に出したし、ときには何とも間の悪いすれ違いもあった。

たとえば、アイリーンとバークレーに出かけたときのことだ。彼女にはヨーロッパのどこだかに彼氏がいて、車を運転する彼女との話題がなんとなく男と女のお話になってしまったときである。

「男と女の間ってのは、つまるところ何だと思う、タッド」という彼女の問いに、ぼくは半分の実感をこめて、「それは一種のアクシデントじゃないかな」と答えたのだ。そのときのぼくの主観的意図は、男と女の出会いなんていうのは、所詮偶然だし、こっちが惚れてむこうも惚れるなんていうのはいよいよ偶然だというしか仕様がないじゃないか、ということだったのだが、「それは確かにそうね。でも私たちはそのアクシデントはなるたけ賢明に予防するように努めているの」といった工合に彼女が応待してくると、どうにも話が分らなくなってくる。しばらく要領を得ないままに話がつづいたのだけど、突如としてそのスレチガイが分ったのだ。彼女にとって「アクシデント」とは「事故」のたぐいであり、彼女が語っていたのは「避妊」のことだったのである。

本論に戻ろう。

「タッド」というのはフェルトン一家がつくり出した仮空の人間ではないのか、というのはいかにも飛躍しているが、少くとも、こうはいえるだろう。あの二週間、フェルトン一家とぼくとの関係が創り出した新しい人間が「タッド」であった、という風に。そしてこう思うのだ。ぼくは、フェルトン一家との関係においては、「タッド」という人間を演じていたのではないか、と。

それは、それまでにぼくの役柄にはなかった、まったく新しい一つのキャラクターだった。

「役柄を演ずる」ということばをあまりに字義通りに考えると誤解のもとになる。演ずることが関係を創ることであり、創ることが維持することなのだと急いでつけ足さねばなるまい。あるいは逆に、維持することが創ることであり、創ることが演ずることであるといってもよい。そこには明確な一線はなかった。自在にあやつれぬことばをもどかし気にしゃべる以外になかったからこそ生ずる、半ば醒め、半ば夢中の、混沌の中の演技の中に、それ故のぼく自身の生きざまがモロにあらわれてしまう、ということだったように思う。

教師というのも、つまるところ関係の中の役柄である。その役柄をどうしようもなく演ずる固有の相貌の中に、自分の生きざまがあらわれてしまうというものではないのか。

そして、「ゲルゲ」というのもその具体相の一つであろう。それは、ぼくを「ゲルゲ」と呼ぶ生徒たちと、「ゲルゲ」と呼ばれるぼくとの関係がつくり出したまったく新しい役柄であって、ぼくはこの関係の中で「ゲルゲ」を演じながら創っているということではないのか。

4 「教育」を私物化したい

自分がつくったものに自分が規制されるというのが所詮はこの世のさだめであるように近ごろ思うのだ。

勿論、自分を規制するものはそれ以外に無数にある。たとえば、ある特定の時代のある特定の場所に、つまりはある特定の社会的関係にぼくらは「生み落とされた」

のであって、ぼくらの存在の出発点には主体的な選択も創造性も一かけらもない。それは等しく受動的なものであった。そして、これほど大きな規制はぼくらの一生を通じて二度とないのである。

だが、もし「主体性」ということが存在するとすれば、それは、こういった受動性の裏側にであろう。ぼくらの生を決定的に規制する無数の関係の自覚のし方、むきあい方、あるいは受容のし方に、からくも「主体性」というシロモノを考えることができる。

実際にぼくらはそのように生きてきた。無数の関係のいくつかをどうにかこうにか辻褄をあわせたり、あるいは己れの生の重みの大半をその中に投入することによって生きてきた。そのとき、その関係は外的なものではなく、ぼく自身のものになる。「在った」関係から「創る」関係になる。

そして、その関係が再びぼくを規制するのである。

勿論、ぼくらは、時として或る関係を捨てることもできるし、ある程度までそこから脱け出すこともできる。しかし、すぐに気がつくのだ。捨てるといい脱けるというのも、一つの関係のあり方でしかなかったではないか、捨てたこと、脱けでたことが、同じようにぼくらを規制するではないか、と。

要するにぼくらは自分のいる場所で生きるしかないのだ。自分の関係を生きるしかないのである。自分の場、自分の関係というものにあらゆる多様性と任意性を認めたうえで、そのように断言するしかない。自分のものの背負い方、ひきずり方が、つまるところ現在を生きるということになる。そして、その逆もまた真である。

「いわしの頭も信心から」という。いい得て妙だ。対象がいわしの頭であれ、それとの関係に自己を投入することによって、それは、いわしの頭一般を越えてしまうのである。そのとき、いわしの頭は、ある特定の女に惚れこみ、ある特定の事業に打ちこむことと比べてみても、個という位相でみるかぎり、価値に上下のありよう筈はないのだ。

教師にとって生徒との関係というのも、そういったものの一つだ。職業とか制度とかいったぐあいの、「客観的」な関係はこの際あまり重要ではない。代替不能のある固有の一人の人間が、己れの一回きりの生のある時間を、自分が選んだ関係に注ぎこむという位相でみれば、壮大な革命的事業や金儲け、恋愛や盆栽いじりなどと等価である。特別に高尚でも低俗でもありはしない。

ぼくの場合でいえば、平均して一日八時間も存在する関係が、ぼく自身に対してあまりによそよそしいものだとすれば、それはあまりに苦痛で、あまりに淋しい、と思っているということだろう。かくて、十数年間の紆余曲折を経つつも、その関係をぼく自身の関係にすることが、今のぼくの生活の中心的な営為になっているということでしかないということなのだ。

公的な関係を私物化する、といえば、相当に聞こえが悪いが、ぼくが考えていること、ぼくが求めていることは多分にそれに近い。

教師と生徒との関係、いわば教育というのは一般的には公的な、制度的な、社会的な関係だ。それをぼく自身の関係につくり直すということである。良きにつけ悪しきにつけ、ぼく自身の肉声を媒介として成立するパーソナルな関係にしたいということである。

こういった発想が、所詮は制度にのっかったものであることは承知しているつもりだ。早いはなしが、ぼくは制度の中でのみ、ある生徒たちと出会い、一定の年限の末に彼らと別れるのである。だが、逆に、理想でも夢想でもなく、現に存在している自分の教師としてのあり方が、自分自身の固有の姿をはなれては存在しえないこともまた確かなのだ。教師はともかくも自分自身を生徒の前にさらす以外にない。自分の声でしゃべり、自分の頭を媒介にして、あるいは教え、あるいはお説教をしているのだ。むしろ、こういった現に存在してしまっている自己の固有性ということを自覚するところから発想したいのである。

一つの関係をぼく自身のものにするための不可欠の要素は、ともかくもぼく自身の自己表現であろう。それだけで十分なわけではあるまいが、関係の中に自分を表現していくこと、良きにつけ悪しきにつけ、そのことの反作用とのかかわりで、再び自己を表現していく以外に何がありうるかは、今の所分らない。

自己表現といってもそれほど難しいものではないのだ。考え込んでしまえば、表現すべき自己自身が極めてアイマイである以上、やや極言すれば、表現が自己に先行するという立場をとりたい。自己があってそれを表現するのではなく、表現されたものがそのときの自己なのだ、と。

ぼくは、その時その場の思いつき、きまぐれのたぐいを大事にするというところから出発するしかないと思っている。そこに竿さすことによって舟が動き出すのだ。

一年ばかり前に『婦人教師』という雑誌が「私の学級集団づくり」という特集を組み、僅かな因縁からぼくも参加してしまったのだが、関係の私物化などといきがる割には我ながら多少の潔癖さがあるらしく、「学級集団づくり」という語感がどうにも嫌だった。挙句の果てにそのときの担任クラスであった杉組とのかかわりを「〈できちまうもの〉への色気」という主題でくくってみたのだが、きまぐれ、思いつきに竿さすということをやや客観化すれば、こういったことになると今でも思う。

それは必ずしも、熱そうに見えるものにオズオズと手を出してさっと引込めるといったイメージをあらわすものとは限らない。むしろ、学習集団というよりも生活集団といった方がピッタリする学級集団というものは、担任がいようがいまいが存在してしまうし、その内部の相互教育過程も成立してしまうということ、そのことを視野に入れてはじめてぼくの側の色気が成り立っているということを意味しているのである。あるいは逆に、ぼくがぼくなりの質量の大部分をその関係に投入するためには、この程度のつき放しが不可欠の条件になっているといってみてもいいかもしれない。

だから、改めて断る必要もないかもしれないが、「教育の私物化」といってみても、実は多寡が知れたものなのだ。所詮は私物化しきれぬ関係だということぐらいは、はなっから見えてしまっているのである。いや、もっと厳密にいえば、関係の私物化ということ自体が一つの論理的矛盾ですらあるだろう。

やや難しげにくだくだと書き過ぎたようだ。実際には、やりたいと思ったことをさっさと始めちゃえ、いつまで続けることができるか、それがどうなっていくかはやってみてからのことだ、というぐらいの実体しかないのである。

5　『きまぐれ月報』の発行

昨年の三月中旬、恒例の新入生父兄会で、四月からの担任クラスの母親たちに前夜思いついたことを依頼したのが、現在の菊組とのかかわりの出発点であった。

それは、生徒に自己紹介の手紙を書いてぼく宛てに送るようにいってくれ、ということであった。その手紙で自己紹介文集を入学式前につくるから、手紙を寄こさない生徒は第一日目にして菊組モグリになっちゃいますよ、と脅迫したせいか、手紙が集まるのは早かった。中には、父兄会から母親が帰るや、その場ですぐに書いて速達で送ってきたというのまであったようだ。

　かくて、中とじ二十四ページの自己紹介文集『おひかえなすって』は入学式前に彼らひとりひとりに郵送され、あとで聞くところによると、入学式前の彼らの座右の書となった。新しい友人関係への不安と期待を見事に掬いとった快心のヒットと自讃しておこう。

　そして四月になってから突如思いついて実行してしまったのが学級通信の発行であった。

　教員生活も十五年を経過したが、ぼくはそれまでに学級通信というものをつくったことがなかった。以前にも文集のたぐいは人並みにつくったこともあるし、特に三月に卒業していった杉組が三年生のときには、修学旅行でヒロシマにとりくんだ記録やら、文化祭に一生懸命にとりくんだ記録やらの、かなり部厚い文集を自作したけれども、学級通信というのはやったことがなかった。

　友人にはたとえば村田栄一のような学級通信づくりの名人がいて、彼に刺激されたのか、いつか自分もつくってみたいとは思っていたらしいが、今更、あまりにカッコの悪いのをつくる気もしない、という見栄もあったのだろう。

　村田の場合には相手が小学生だから、通信の照準はどうやら親にむけられているようだったが、中学生の場合にはどうなるのか。生徒向けか親向けかも決めかねてるままに、ええい、メンド臭い、とにかく両方にむけてつくりたいようにつくっちゃえ、ということになって、『きまぐれ月報』第一号が生まれた。

　妙な誌名だが、これでも一週間以上考えた末での命名だったのだ。

「月報」と名がつく以上、ほんとにはきまぐれには行かない。とにかく毎月一つ出すということになる。「月報」というのはもともと持続性に乏しい自分自身に課した強制力のつもりであった。「きまぐれ」は内容の自由さを主観的に保証するものである。何を書いてもいいのだ。学級通信というわくにこだわっていたらとてもではないがすぐにいやになっちゃうだろう、そんな感じで出発したのだった。

　第一号の巻頭に、発刊のごあいさつをのせ、その中で次のように名乗りをあげてみた。

「（前略）ところで、菊組を対象にすえた月報を出してみようという〈きまぐれ〉がある日突然に起るや、さて、どんなものになっていくか、いつまでつづけることができるか、目算もないまま、ともかく第一号をつくってしまった。〈きまぐれ月報〉となづけるゆえんだ。やりたいと思ったことをともかくやってみよう、というわけ。

小学校とちがって日常的には自分の教科でしか接しあわないクラスと担任との相互理解が少しでも深まり、さらにはその理解の広場がオヤジさんやオフクロさんにまでひょっとして広がったら、まったくもって〈もっけのさいわい〉だ。」

それにつづけて、生徒や同僚、父兄に同じようなきまぐれを起して投稿しませんか、と呼びかけてはいても、そんなことがオイソレと実現するとは大して期待はしていなかった。編集発行・相川忠亮と銘打って、徹頭徹尾、ワンマンショーをやらかす覚悟だったのである。ところが、たまにではあれ、親や生徒、さらには卒業生などから投稿があってみると、それはそれで結構嬉しいものだった。

平均十六ページの月報は今の所欠号はなく、一月現在十号まで出すことができた。こうなってくると、きまぐれに「色気」がプラスしてきて、どうにも出せなくなるまで出してみようという気にもなって、ネタ探しにも熱が入ってくる。なんのことはない、目下のところぼくの一番大事な仕事であり、道楽でもあるという位置をこの発行は占めてしまっているのである。

ぼくはその発行にあたって何を期待していたのだろうか。極めて単純であるはずのこの問いに対する解答は、実はあまりはっきりしていないのだ。いや、何かを期待していたのかどうかさえ、はっきりしない。

発刊のごあいさつの中の、「小学校とちがって日常的には自分の教科でしか接しあわないクラスと担任」という関係が物足りなかったことは事実である。特に、ぼくは、教科の中でも技能訓練的性格の強い英語の教師だ。英語の教え方にはぼくなりの固有性が否応なくつきまとい、それはそれで一つの自己表現にはちがいないだろうが、自己表現ということばに思い入れる全体性からすれば、いかにも局部的、いかにも媒介的である。結局、ぼくはほんの少し欲が深い、ということなのだろう。

だが、相互理解というのはややよそゆきのことばである。相互理解というのは結果としてありうることであって、はじめから期待するようなものではない。ぼくはただ、自分をさらす場をつくりたかっただけだったのではなかったか。自分をさらして見せたうえでの関係というものの中で、自分を改めてつかみ直したい、これとてや飾ったいい方だが、何かを期待していたとしたら大体こんなところである。

ある日、野本三吉から「きまぐれ月報ではなくて、きまじめ月報ですよ」という、皮肉ともほめことばとも分らぬ葉書をもらったが、この評は当っているのだろう。確かにぼくには日本的きまじめさが色濃くあって、無責任、きまぐれをきどってみても、すぐに底が割れてしまうのだ。だが、その葉書を目の前に置いて、もう一度居直ってみた。オレは、きまぐれを標榜することで、からくもきまじめ振りを発揮できるのさ、それとも、オレのきまじめさなどという代物は、所詮はそのときそのときのきまぐれでしかないっていうことかもしれないナ、と。

男も四十近くなると、他人にはどうでもいいくせに自分にとってはしみじみと重たい固有の紆余曲折が誰にでもあるものだろうが、御多分にもれずその相川版の果てに、最近ではそんな風に思い込むのである。尤も、これとて、紆余曲折の現在版でしかないかもしれない、という思いが常に同居するのではあるけれども。

6 「先生にとって、生徒とは……?」

紆余曲折などと意味ありげなことばを使った手前、そのホネだけでも記しておかないといけないような気がしてくる。

「もう卒業しちゃったからラブレターでもってわけじゃあないんだけども、私にとって相川先生はいったいなんだったんだろうということを考えているんだ。」

なんとも嬉しい書き出しの、かなり長文の手紙を旧杉組の滝沢和子からもらったのは、卒業式から一週間とたっていなかったときだ。この手紙には、ちゃんと表題さえがついていたのだった。

「生徒にとって先生とは、
人生観を自由にかえることのできる人間
先生にとって生徒とは……?」

「人生観を自由にかえることのできる人間」というのは、いかにも大仰で眉つばだけど、彼女は中学三年間で誰よりもぼくから大きな影響を受けた、と力説する。その影響が具体的にどういうこととしてあったかということは何も書いてないのだが、彼女はそれを再三力説する。

だが、このことだけなら、卒業式の余韻が残っている中で、何もかもがゴタゴタと雑居しながら、総体として楽しかった自分のクラスへの未練が、その象徴としての担任教師へのやや感傷的な「ラブレターならぬラブレター」としてあらわれたということで、それほど珍しいものではなかったろう。彼女の手紙がユニークで、殊更にぼくを嬉しがらせたのは、自分にかくも影響を与えた教師にとって、自分たちは一体何だったんだろう、何でありえたのだろう、という問いが同時にはっきりと存在していたところにある。

その部分を抜き書きさせてもらうことにする。


「そこでこんどは逆にわれわれ杉組は、いったいどのくらい相川先生にえいきょうを与えることができたかということが気になっちゃうわけなんだ。われわれが相川先生に与えられたのと同じくらい与えることができたっていうのが理想なんだけど、そんなことは百%むりだ。だから、せめて先生が〝ナガシ〟になることをふみとどまらしたのはわれわれだっていうことにしたいとこだけど、それもちがうみたいだし……いったいわれわれは相川先生にどのくらいえいきょうを与えることができたんだろう、まったくわからないんだナ。」

〝ナガシ〟うんぬんというのは、ギターを弾きはじめの頃のぼくの半分マジメの冗談を覚えていて話題にしていることだ。他人に対する自分の影響などということは、一般的には考えることができても、さて一歩具体的に考え始めたとたんにさっぱり分らなくなるのがオチだから、彼女が「まったくわからないんだナ」というのは、逆に彼女が色々と具体的に考えてみたことを示している文句であろう。ぼくには、むしろ、彼女がこういったテーマで「関係」ということを考えていたということが、新鮮なオドロキであった。

そういえば、前の方で触れた卒業文集の教師寸描の中で、滝沢はぼくのところで次のように書いていた。

「相川先生が担任じゃなかったら、われわれの性格はそうとう異なっただろう。これだけ杉組全体がまとまったのも、相川先生があらかじめ作ってあった空気があったからだろう。相川先生は私たちをずいぶんかえたけど、私たちも相川先生を多少たりともかえたのではないかと思うのである。一年のころと二年のころと、三年のころとでは少したいどがちがうような気がする。まあ、私たちが相川先生によってかえさせられたため、先生を見る目がかわったのかもしれない。」

変えるものが変えられる、という関係の弁証法をなぞっているばかりか、三年間のうちにあった、ぼくの側の「変身」をかなり鋭敏に感じとっていることからも、この短い文章はなんとも鋭いといわざるを得ない。

滝沢の手紙に対して、ぼくはそれ以上に長文の返事を書いたのだが、今度はそれを抜き書きする番だろう。杉組とのかかわりのぼくの側の意味、三年間の「変身」といったことに触れた箇所で、ぼくは次のように書いていた。

「杉組は相川にどういう影響を与えたかということだけど、これは大きいともいえるし、どうってことないともいえて、ぼくにもはっきり分らない。君が〈文集〉に、一年、二年、三年でそれぞれオレが変ったみたいという様なことを書いているけど、あれは鋭い観察眼だ。たしかに変ってるはずなんだ。変化の原因は杉組ではないけれど、変化の過程には常に杉組があったし、変化の結果を一番はっきりと受けているのも杉組だと思う。ぼくの根本的な人生観の変化かどうかは自分でもよく分らないのだけれども、表面的にも、やることの内容でも、ある面での考え方でも、この三年間にかなり変ったことは事実なんだ。

あまり詳しく書く気はしないけど、三年前までは、ぼくは一種の政治的な運動にかかわっていた。アメリカ往きをきっかけ（正確には、その期間、日本にいなかったことをきっかけ）にして、色んなことがあって、それを整理してしまったわけだ。それに伴なって考え方も多少変ったし、（考え方が多少変ったから整理したという面もある）暇も出来たし、結局は自分が日常的にいる場所、つまりは成城でもっと自分を表現していこう、その方が今のオレにはやりたいことなんだ、という風になっていった。（この変化は、大体君らが二年になったころに終了した。）

職員室の中で『いろはにほへ』なんていう同人誌をつくったり、君らと一緒になってワイワイやったのもそういうこと。そして君らとやるのは楽しかったから、結局はその変化が多少加速されたということもあるだろう。

実際には、ぼくにとっても、杉組三年間は、相当にいろんなことを考えることができる宝庫みたいなものなのだ。決して〝ナガシ〟を踏みとどまらせたというだけにとどまらないものをぼくはこの三年間から受けている。

だが、それは、君らのぼくへの影響というような直線的なものではなくて、君らと共同でぼく自身が参加してつくりあげた〈関係〉の影響というわけだ。君の場合だってそうなんだぜ。ぼくの影響を直接に受けたというのではなく、ぼくと共同で、君自身が参加してつくりあげた〈関係〉の影響なんだ。」

多少の説明が必要なようだ。

ぼくは学生時代から通算して約十五年間、三つの政治党派の運動にかかわってきた。共産党、安保ブンド、そして革共同の全国委員会派（中核派）である。そして、結局のところ現在では政治党派からのズッコケ人間となっている。

アメリカ往きは、反戦教師も大量に逮捕された上にゴテイネイに首まで切られた〝一九六九年決戦〟の二ヶ月前であった。その一年ほど前から運動にさまざまな異和感をもっていたのが、〝決戦〟に草木もなびく時期に日本にいなかったことが、彼我の距離を決定的なものにしてしまった。どうにも感情がついていかなくなってしまったのである。実をいえば、その予感は旅立つ前にもあったのだ。一度は是非覗いてみたいアメリカに、しかもロハで行けるという、思いもかけぬ機会を前にして、この予感に一晩悩んだのも事実である。日本に帰ってきてからも一年ばかり、いい加減でぶざまなつきあいがつづいたが、つまるところ離脱してしまった。杉組が二年生のときだ。

一方、ぼくはもともとは、なりたくてなった教師だった。十五年前に、教師にしかなりたくなかったという意味の「シカ教師」である。にもかかわらず、「安保ブンド」の頃から運動内部ではぼくだけが私学の教師であるために、全体のまとめ役的なものを果すようになっていったのだ。公立学校、というより日教組運動内部の友人たちの運動のつなぎ役というわけだ。したがって、その役割をそれなりに果すためには、極端にいえば自分の勤めは喰うための手段と割りきり、そこからはなるたけ自由な時間を多く引き出すということが必要だった。職場の中に自己のエネルギーの大部分を燃焼させ、そこに没入するという工合にはいかなかったのだ。いわば、ぼくは教師が背負えるはずの自分の関係というものを、選びとっていなかったといえる。二足のわらじは、その意味で、どちらの側にも不徹底さだけを残していた。ついに股裂き状況がぼく自身の中で堪え難いまでになってきたとき、ぼくは党派の中の自分を捨てることにした、ということだ。

当然ながら、暇ができた。いや、暇をもてあました、といった方が正確かもしれない。そして、その分だけ、ぼくはそれまでくすぶっていたエネルギーを、職場という日常的な関係の中で発散するようになったといえる。

単純にホネだけを拾ってみると、なんとも類型的で、われながらシラケてしまう。だが、止むを得まい。類型を固有のものにしているのは、それぞれの曲折の中の、他人にはどうでもよいひだなのであり、そのひだを語ることは、今でも「その気がしない」のだから。

曲折のたびごとに、ぼくらは否応なく、醒めの度合を濃くせざるを得ない。しかし、いかに醒めてはみても、自分のなにかをある対象に注ぐことを、己れの生の内容とするという生活の型から所詮は脱することができないものなのだろうか。だとするなら、一つ一つの生の営為は、固有のものでありながら、裏からみれば、常に「なにか」の代償行為なのかもしれない。

若いころにやっていれば、もう少しサマになったかもしれないことを、今、遅まきながらなぞっているぼくの行動は、なんの代償行為なのだろうか。

「教師にとって生徒とは……？」という滝沢の問いにぼくは未だにしっかりと答えきることはできない。

ぼくにとって、という位相にこだわろうとするものにとって、一般論はむなしい。おそらく、その答えは、ぼく自身がそれとの関係にどこまで己れを投入しているかということの照りかえしの中にしか存在しえないのではないか、と思われるだけである。

7　公倍数的関係という夢

ぼくは自分自身が多分に気分屋であることを承知している。「一貫して」ということばはあまりぼくには関係がない。頭の中にはさまざまな観念がつまってはいても、所詮はそのときどきの気分と、自分が身を置いている関係に左右されるようなものしか入っていない。

だから、自分の考えの中で何が一番基礎になっているかは分らないのだが、ここ数年はバカの一つ覚えのように「一回性」といったことばを口走ったり、書き散らしているのに気がつく。強いていえば、ここ数年の考えの基礎になっているのは、こんなことばかもしれない。ひとりひとりの生が一回きりであり、その一瞬一瞬が一回きりであり、他との出会い、関係の一節一節がすべて一回きりの、したがって固有のものである、ということだ。

人間関係といったことも、当方に多少なりとも元気があるときには、このことばを軸にして考えることにしている。それがいわば「公倍数的関係」というものだ。

集団とか組織とかの論理がどこかうさん臭いのは、往々それらが、ささやかながらも個を個としているゆえんのものを捨象して「公約数」だけを大事にするところにあるように思う。公約数を見つけあうことの一定の意義は確かにあるだろうし、公倍数をつくる上でもそれが有効な要素であることを認めたいのだが、にもかかわらず、他人との関係が公約数にのみ収斂するとしたら、いかにも味気ない。


滝沢和子への返事の中で一寸触れた『いろはにほへ』という同人雑誌を職員室内でつくるときに考えていたのもそういうことであった。

ぼくの側にも「反ナショナリズム論ノート」というかたちで自分の中にわだかまっていたテーマを書きつづけてみたいという気があったことと、職場内の日常的関係の中に、それぞれの背中にあるものを出しあって刺激しあう。それによって何かが起るかもしれないな、という漠然とした期待じみたことがあったことも確かだ。

数人の有志が集まって、その中の一人が提案した誌名「いろはにほへ」が多数を得て決まったのだが、三号にぼくはその語呂合わせ的解題を次のように書いてみた。


「〈いろは〉は〈123〉、〈いろは〉は〈ABC〉、〈いろは〉はつまりはじまりのこと、〈いろはにほへ〉は、はじまってしばらくつづくこと。

〈いろはにほへ〉には〈と〉がない。つまり開きっぱなしで出入りまったく自由ということ。原稿、労力、材料費を分担した人がそのとき同人ということ。

〈いろはにほへ〉は〈とちりぬ〉に先行する。〈とちる〉ためには試行が必要。書いてつくって〈とちって〉たら、まったく本望ということ。
〈いろはにほへ〉は〈色は匂へ〉。無色無臭がカンバンではありませぬ。ひとりひとりの体臭ふんぷん。雑食雑臭。不協和の調和が最小公倍数まで高まれば、最高にごきげん。」

これはいかにも思いつきの駄洒落ではあったが、本音も多分に含んでいた。ところがカンジンの雑誌の方はこの解題がのった三号を最後にして立ち消えになってしまった。合計約三百ページの、職場内同人誌としては、質量ともにいささか誇れるものだと自負していたが、結局は自由参加制が長つづきせず、「三号雑誌」の面目躍如ということになってしまった。ぼく自身も、約二百枚の「反ナショナリズム論ノート」以降、壁にぶつかってどうしようもなかったために、編集体制を建て直すエネルギーが湧いてこなかったのだった。結局は、職場の日常性に押しつぶされていった、といっても大過はない。

だが、この雑誌発行に託した心情が消えたわけではなかった。ぼく自身は、やがて、自分ひとりで生徒を相手にそれなりの表現媒体をつくっていく作業に横すべりしていった。歯車がずれたときの共同作業につきものの、例のシンドサにしびれをきらして、という面がなきにしもあらずであった。かくして、『いろはにほへ』のあと、三年杉組を相手に、一年間に約五百ページの文集ができることになるのだが、その作業を支えていたぼくの側のモチーフは、やはり「公倍数的関係」への夢である。

杉組最後の文集である『わが未来への挑戦』(卒業文集)の末尾に、ぼくも、「三年間は何だったのか」という四十枚ばかりの文章を書いて参加した。その中で「公倍数的関係」に触れて次のように書いていた。

「そこにおける〈共通点〉は、個性を捨象することによってつくられるのではなく、相手の個性に匹敵するものを自分の中につくり出すことによってつくられることになる。互いに個性を発揮しあうことがひいては共通の広場をより豊かに広げることになる。〈公約数的関係〉では、本質的には自分も相手も変らない。共通点だけ確認して、自他の個性は相手を刺激しないように関係の外におかれる。それに対して、〈公倍数的関係〉では、お互いの自己主張、自己表現が出発点であり、関係を結ぶということは、互いに変りあって公倍数をつくりあうということだ。相手の個性に自分の個性をぶつけて、お互いに公倍数にまで広がらなければならない。〈公約数〉はもともと自分の中にあったものを発見すれば足りるが、〈公倍数〉は、自分全体を足がかりにしながら相手を消化してつくりあげるものだ。自分が自分であるゆえんのものがとても大切だということとまったく同じ意味で、相手が相手であるゆえんのものがとても大切になる。

　理屈としてはかっこいいが、これは仲々にしんどいものだろう。〈変る〉ためにはエネルギーが必要だろう。〈だからこそ、元気のいいときの夢ということになる〉」

「〈公倍数的人間関係〉というのは、かならずしも常に楽しく甘いものではないだろう。それは、ときには、自分が何でしかないのかということを痛切に感じてしまうような厳しい相互の格闘関係を予想されるものだと思う。どちらに転んでも、生きていくということはしんどいものだ。」

　職員室における人間関係も、教室における人間関係も、つきつめたところでは同じだ。どちらにしても、すべて自分が生きていくことの一部である以上、自分が生きていくことを自己表現とイコールに結びつけた上での関係の模索ということになる。

　『きまぐれ月報』の発行は、そのことをもう一歩日常的なレベルにまで押し進めたものだといっていいだろう。それは、英語の学科担任としても、クラス担任としても、余分な作業である。ぼく自身を生徒や父兄や、さらには同僚たちに対して、余分にさらすということを含む行為だ。しかも、目に見える関係の中に、物を書き発行していくという作業は、否応なく〈関係〉へのぼく自身の主体的な姿勢を問い直すことを要求する。何を書き、何を書かないかということは、つまるところ「関係」をどのように対象化するかということであり、必然的にそこへの挑戦性（挑発性）を含まざるを得ない。そこでは、自己表現は直接的に関係づくりと同義になる。

　念のためにいえば、ここでは、すれ違い、無反応、からまわりすらが「関係」の一つのありようだということが当然に含まれている。

　したがって、どう噛み合ったか、どうすれちがったかということは、興味をひく問題ではあっても二義的な結果にすぎない。自己表現ということにかけられた自己実験性、仮説性ということがむしろ一義的な問題である。

しかし、二義的ではあっても、前の方で触れたように、結果が再びぼく自身を規制するのである。自己表現が、次のぼく自身の自己表現を規制しつつつくりあげるのだ。

ぼくが余分にぼくを「関係」の中にさらす以上、ぼくはその規制をも余分に受けとることを覚悟する以外にないだろう。たとえば、「ゲルゲ」という関係が、一般的な教師と生徒との公的な関係よりも余分に肉声化されるということは、とりも直さず、ぼく自身が、自分自身の肉声と生徒たちとの肉声の規制を受けることを覚悟しなければならないということである。生徒が発する無数の肉声の問いに、ぼく自身の肉声で対応するということである。教師という公的な関係に安住して、通り一ぺんの教師らしい対応ですますとしたら、一旦は肉声化したぼく自身の関係を、再び制度的な関係に返上してしまうことになるだろう。

「公倍数的関係」とは、このような緊張のうえにからくも描きうる夢だということを改めて自覚するのだ。

どうやら、相当にしんどいことを今更始めたという感がなきにしもあらずである。だが、そこに竿さす以外に、ぼくが教師であることの内的な必然性はないようだ。

8　狂い咲きか、悪あがきか？

正月に村田栄一がふらっとやってきて、二人で一杯やりながら話したとき、ここ二年ばかりのぼくの学校でのありようを評して、村田が「狂い咲き」という表現をつかった。そろそろ四十になるという年頃になって、せっせと学級通信をつくったり、ジャリとたわむれている姿を、十数年の軌跡を知るものが見ればそう評しても不思議はない。

だが、ぼくはそのことばを皮肉というよりもほめことばとして受けとったのだ。

四年ばかり前に、藤圭子が「夢は夜ひらく」を歌っていたときのことだ。

〽　赤く咲くのは　けしの花
　白く咲くのは　百合の花
　どう咲きゃいいのさ　このわたし

この歌詞をネタにして十歳以上も若い職場の同僚とおかしな議論をしたことがある。赤く咲くのがけしの花で白く咲くのが百合の花なんていうのは、〝わたし〟にとってみれば所詮はかかわりのない、外からのレッテルではないのか、大体、花にとってみれば、どう咲きゃいいのさ、なんていう問いはナンセンスで、決められてるとおりに咲いてみる以外にないじゃないかとか、つまりは議論の内容はどうということもないのだが、確かに心にまとわりつく文句だった。

その話をその頃偶々会った村田にしたときの彼の対応が何とも冷たかった。「どちらにしても、これから咲こうっていう奴とじゃ、勝負にならないよナ」との一言である。そこには、「お前さん、これから先にまだ一花咲かせようってつもりかい」という痛烈な皮肉が含まれていた、と感じたものだ。

たしかにその通りだったろう。当時所属していた運動の主舞台への、ぼく自身の異和感は、その頃急速にひろがり始めていた。全共闘の学生や、反戦青年委員会の若い労働者の動きにどこか突き動かされるものがあっても、ほんとのところでは、もはやそのようには心も肉体も動かないのだ。身を置いている場の若さに比して、ぼく自身はすでに自分の「老い」を感じていた。理論的、思想的なずれは、むしろこのことの結果としてあったのではないか、と今なら思える。

それを感じたとき、すでにぼくはずっこけ始めていたのだ。そのずっこけは、結局は自分の限界に日々面突きあわせることに堪えられなくなっていたということを含んでいた。新しい活動分野の開拓というよりも、現在の舞台からの逃避を、それは含んでいた。咲いたかどうかも分らぬが、ともかく自分の花は萎え始めていた。

だが、自分をずっこけと自覚しようと、ぼくは否応なくぼくの生の主人公として、日々のあれこれを選択し、創造し、いや、そんなに立派なものでなくてもいい、とにかく時間をぼくの生で埋めていく以外になかった。

ずっこけでもいい、ともかくぼくは自分が自分の生の主人公でありうる拠点を求めてはいたのだろう。居直る地点を求めていたといってみてもいい。

どこに居直れるというのか。ともかくも、自分のものといえるのは、どっちつかずの中途半端性しかない以上、そこに居直ろうとまで考えたものである。中途半端性に居直るということは、それ自体が矛盾だ。それ自体が中途半端になる以外にない。その中途半端性が、ときとして「どう咲きゃいいのさ、このわたし」という文句に共鳴したにちがいない。

話をもとに戻そう。こんな経過があってみれば、狂い咲きであろうと、咲いてるとすれば大したものじゃないか。それが、村田の評をほめことばとして受けとった理由だった。

そのとき、村田は「狂い咲き」に対比して自分のありようを「悪あがき」と表現してみせた。酒の上での冗談にあまりこだわってみても仕様がないが、あとで少し考えてみると、ちがった風に思えてくる。つまりは、「悪あがき」と「狂い咲き」のあいだに、そんな風な対比が成立するのかということだ。

「ビール飲みながら、ぼくよりいくつか年上で、今年も黙々と走っていた嶋田センセと、こんなハナシをした。

『20代の前半は、どうってことなく汗も流すけど、30頃から前ほど無茶ができなくなって、色々とおっくうになって、汗流したくなくなってくる。さらにもう少し年とってくると、ほんとのところ自分がどこまでダメになって来たのかを知りたいみたいに、ムキになってがんばっちゃうことって、あるんじゃないですか……。』

ピチピチ若いオメエ達にゃ、こんなハナシ分りっこないよナ。」(『きまぐれ月報』8号「強歩大会のハナシ」より)

十一月中旬、恒例の強歩大会があって、20キロばかりを走ったり歩いたりするわけだが、ぼくはもともと長距離は苦手なのだ。その上、この時期にはよく風邪にやられる。去年も風邪気味だったのに、生徒と一緒に伴走してしまったのであった。伴走しなければ交通整理とか関門係りとかの仕事があるのに、なおヘトヘトになって伴走する義務なんていうのはなかったのに、である。それは、やや奇妙な情熱ですらあっただろう。本人にもよく分らないのだ。それが、そのあとの慰労のビールをすすりながら、ぼくよりも五つばかり年配の、やはり例年のように黙々と伴走した嶋田さんにそんな風に語ってみたのだ。

ぼくの学校は校外活動が盛んである。夏には一年生は二千メートルの遠泳を含む海の学校、二年生は槍や白馬に登る山の学校がある。冬には希望参加とはいえ、五百名近くがバス十五台を連ねて志賀高原に出かけるスキー学校がある。そして強歩大会に部活動だ。専任教諭は一つずつ部の責任者になっている。ぼくはこの二、三年、野球部をもっている。

十年以上も前には、こういった行事は何ということなく運営されていた。みんな若かったのだ。ここ二、三年、従来かなり積極的にそれらを荷ってきた人たちの間から、再検討の声があがっている。一言でいえば、年をとってきて、疲れてきて、一緒にやるのがしんどくなってきたのだ。

教師の負担軽減ということで考えれば、至極くもっともなのだ。得意な人もいれば苦手な人もいる。好き嫌いもある、授業に関しては好き嫌いは通用しないとしても、それ以外の仕事が一律に課せられるとすれば、人によっては非常につらいだろう。学校行事として定着してきた反面に、曲り角にきているようだ。

どうしたらいいのか、ぼくには良く分らないのだが、雑務排除というかたちでスッキリさせることにはぼくは反対である。やりたいものだけがやるというのにも賛成できない。それは、とりあえずのこととしては良さそうにも思えるが、やりたいものだけがやるというのはまず長つづきしないし、良くて、やるものと、やらないものとの間が固定化してしまうのだ。教師の側の負担ということを一般的に考えるとやや動揺するのだけど、ぼくは、学校なんていうところは色んなことがゴチャゴチャ詰まっている混沌とした場であるのが一番いいと思っているらしい。

教科の専門性に依拠するといってみても、そこだけに己れが分化してしまうのはどこかおぞましい。むしろ、英語教師が20キロメートル走ってみたり、ノックバット片手に野球部をしごいてみたり、スキーをやってみせたりする場があってもいいのである。やりたいかどうかと問われれば、そのときの体調と気分で変ってしまうから分らないとしかいいようがない。だから、少くともやって見ることができる場が、生徒にとってと同様、教師にも必要ではないか、ということだ。

ともかく、身体がそれほども良く動かなくなってから、いささかムキになったように生徒たちにつきあうのが最近のぼくだ。ときには、貴重な空き時間に担任クラスの体育の時間があると、トレパンにはきかえて、生徒の一員として授業をうける。昔はこれでも体操部にいたことだってあるのだ、とばかりに、女の子にまじって跳び箱を跳んでは、「ゲルゲ、かっこいい」と拍手されてやに下るのである。

よくよく考えるまでもなく、それは「悪あがき」というものだろう。いつまでできるか分らない、でも今やっておかないと、ますますできなくなってしまうだろうといった危惧がつき動かしているのではないか。

だから、「狂い咲き」は本人にとってみれば、「悪あがき」の結果でしかないのだ。咲かなくてもともと、いや、咲くということ自身がもはや二義的なこととして、見えなくなっている地点での「悪あがき」だ。

それだっていいじゃないか、やりたい気が動くうちは、と思うのである。

9 「ていねいに暮したい」ということば

二学期の末に菊組のひとりひとりとしばらく話をしたときのことだ。バスケットボール部の高橋穣がこんな風に自分の状態をいってきた。二学期はぼくの成績は下ると思うけど、日曜日もほとんど毎日練習や試合でかり出されて、正直いって勉強はできないんだ、三学期も同じようになると思うけど、もう少しスポーツと勉強の両立ということをちゃんと考えないといけないと思う、と。

一年生にしてはずい分天晴れなことをいうなと思いながら、ぼくは要旨次のようなことを彼に話していた。

「でも、お前が人並みに勉強しようとしていたことをオレは知ってるぜ。対訳ノートも時々出していたじゃないか。ただ気になったのは、お前のノートが一学期に比べると雑になったということだ。訂正されないままに残っているマチガイが多くなったということだ。

恐らくお前は疲れていても最低限の勉強はやらなきゃいけないと思ってやったんだろうが、ほんとはネ、勉強ってのは一通りやってからが勉強なんだ。たとえば対訳ノートの場合でいえば、自分のやった勉強のマチガイを丹念に直すこと、そこをもう一度練習して覚え込むことが勉強なんだ。一回書いてみたというのは、勉強の予備作業にすぎないんだ。お前がやらなきゃいけないと思ってやったのは、この予備作業だけだったんだ。

勉強には余裕というか、ていねいさというかが必要に思う。時間の余裕というよりも、心の余裕だ。実際に何かを身につけることが勉強であって、机の前に座っている時間とか、ノートをどれだけ埋めたかというのは、むしろ結果なんだ。スポーツとの両立をはかりたいというのは立派な心意気だが、そのときに勉強ということを単に量の問題ではなくて、心の余裕の問題として考えていかないとうまくいかないような気がオレはするナ。」

対訳ノートというのは、レーニンの英語独習のマネであって、ノートの左ページに教科書の日本語訳をかき、次に教科書を見ないでその日本語の英訳を右ページに書く、最後に教科書を見て自分のマチガイを赤字で訂正するという自学用のノートである。英語ができるようになりたかったらこれぐらいはやってみろと最初の時間に奨励してあったのを、有志が実行して念のためにぼくに見せにくるというシステムだ。

ところで、自分のいったことばを想い出しながら再録してみると、何とも立派なくせに高橋への助言としては的外れの感がしてくる。彼にしてみれば、勉強に対するそのような心の余裕を失なってきていることが問題であったのに、それに対して心の余裕をもてといわんばかりのことしかいえなかったのではせいぜいが堂々めぐりだ。

おそらくぼくは、直接彼のためになる助言を一生懸命考えるということよりも、数日前に考え込んだことばを思い出し、それを彼の悩みにからまるかたちで表現してみただけだったようである。

数日前に考え込んだことばというのは、旧杉組の一員である宿谷三恵の母親からの葉書であった。

「月報をありがとうございました。一足お先に古来『不惑』といわれる年を迎えて、年をとるのも存外悪くないものだと考えています。

じたばたしてももう時間切れ。遂にしてこうでしかあり得なかった自分を大切にして、これからの一日一日は、ていねいに暮し度いと思っています。

今後、きまぐれ月報の読者の一人に加えて下さい」

その日、ぼくはこの葉書を四度も五度も読み返したものだ。

やや解説が必要だろう。この葉書は、『きまぐれ月報』九号を送ったことへの礼状である。九号の埋めくさのページにぼくは次のようなハナシを書いておいたのだ。

「二年の藤組での授業中、最前列に坐っているヤエのしたじきに英語が書いてあった。何気なく覗いてみたら"Today is the first day of the rest of your life"とあった。『良い文句だね』といったら、彼女、『ママに教えてもらったの』という。彼女のママは旧杉組での旧知の間柄。ぼくとほぼ同じ年令のせいか、この言葉を娘に教えた気持がぼくにも伝わってくる。『良い文句だナ』とぼくはもう一度いった。君らにはその良さ、わからねえだろうナ。」

これは一字一句ほんとである。「良い文句だナ」と二度いったのも勿論ほんとのことだ。オフクロさんのことを書いたから持っていって見せてくれよ、と菊組ではないけれど、三恵の妹の八恵に渡したのだ。

母親からの葉書はこの文句をもう一度繰り返したもの、あるいは、ぼくが「この言葉を娘に教えた気持」と書いたものを解説してくれたものとして読むことができる。

「今日という日は、汝が残りの人生の第一日目である」という文句をぼくはそれまで知らなかった。改めて考えればいかにも当たり前の文句ではある。犬が西向きゃ尾は東、雨の降る日は天気が悪い、妹は兄より年下、というのと同断だといってもいいかもしれない。しかし、このことばの当たり前性を保証している前提は、人が死ぬべきものであり、時は不可逆だということなのだ。そこには人生の一回性ということが濃縮されてつまっている。

それにしても、ぼくが格言集かなにかでこの文句にぶつかったのなら、なんということなく通りすぎてしまったかもしれない。出会いの意外性が余計にこの文句を心に沁みさせたのかもしれない。

とにかく、母親からの葉書を手にして、ぼくは、うなったのだ。またやられた、という感じが強かった。

こびりついていた文句が二ヶ所あった。一つは「年をとるのも存外悪くないもの」という文句であり、もう一つは「これからの一日一日はていねいに暮したい」という文句だった。高橋と話しながら考えていたのが、やはりこの「ていねいに暮す」ということだったのだ。

最近のぼくは特別の支障がないかぎり、夜、風呂から上がると、床につくまで仕事部屋にとじこもって、仕事するでも本を読むでもなくウイスキーを二三杯なめて時を過すというぜいたくを日課のようにしているのだけれども、このときもやはりそうであった。

　読み返すたびにグラスが空になっていったから、いつもの倍以上飲んでいたことになる。

　こだわっていたのは例の二ヶ所である。

そんな風なことばを吐いてしまう心境を最近のぼく自身が共有しているからなのだろう。そして、そうでありながら、こんな工合にはスラッといいきれはしなかったからなのだろう。

　ぼく自身、昔は見えていたつもりのことが見えなくなったこととひきかえに、今になってようやく見え始めてきたことがいくつかある。確かに年をとるのも存外悪くはないという風に思える。「遂にしてこうでしかあり得なかった自分」というのは、まるでぼく自身のせりふではないか、と思う。だが、それにしても、「ていねいに暮す」ということは……?

　まともに考え込んでいるわけではなかったが、そろそろ酔いを感じながらも読み返していたのは、そこに自分自身を読みこんでいたのだろう。そして、いつも最後の「ていねいに暮す」という文句でひっかかってしまうのだ。自分を読みこめば読みこむほど、目が最後の一行に来たとたんに醒めてしまう。「ていねいに暮す」ということはオレの場合ではどういうことなのか……?

　オレはていねいに暮しているのか。いくつかのイメージが思いつく。確かに最近のオレは余分のことに凝るようになってきた。「月報」の見出しのつけ方、ガリのきり方、それにしても、一人の人間にとって「ていねいに暮す」とは……?

　気がついてみれば、「遂にしてこうでしかありえなかった自分」といわれても、ぼくは彼女をそれほどには知らないのである。三年間の父兄会で何度か会っていて、ぼくの方で勝手に気の合う面白いオフクロさんだと決めてはいても、実の所は何もしらないのだ。「遂にして」の一語に込められているだろう彼女固有の試行錯誤と紆余曲折については、それこそ何一つ知りはしない。

　酔いにまかせて、ということにでもなるのだろうか。ぼくは突然に葉書を一枚とり出すと書きはじめたのだった。とにかく、あなたにとって「ていねいに暮す」とはどういうことか、の問いを一番かきたかったのであった。

　ところが、男というものは因果なもので、かなり酔いはじめていても、たとえばグラスが空になったときとか、息を大きく吐き出したときとかに瞬時醒めてしまうのだ。醒めた眼で今書いたばかりの葉書を見直すと、なんとも乱暴な字で、なんとも不出来なラブレターと見まがうような文句が書き連ねてあったというわけだ。

「まさかネ」とつぶやいて引き裂いたという茶番をひとりで演じてしまったわけだけど、そのとき、こんな風に突然思ったのである。

かっこいい母親からの一枚の葉書を目の前において、二時間余もひとりでグラスを傾けるなんていうのが、「ていねいに暮す」ということの今のオレにとっての実体じゃないのか、と。

それが何ともいい気な思いつきであることは醒めてる半分の自分が承知していた。そして、残りの半分がその思いつきにのめり込もうとするのを一種のいとおしさの情をもって許していた。

そのことに気づいたとき、「年をとるのも存外悪くないもの」ということばの底がもう一つ見えた気がしたのである。それは、居直りというにはほんの少しいじましすぎる、自己催眠の一種ではないのか。現にそうあってしまう自分を得心しながらしか、人は生きられないのではないか。そして、かくいう、このオレも、ということだ。

この思いつき、どうやら、二、三ヶ月はもちそうである。

（一九七三年一月）

（**付記**）「教育労働研究」という名のいかがわしい雑誌をつくるという村田栄一との付き合いで、一九七三年一月（「月報」を十号まで発行していたころ）に書き同誌創刊号にのせたものだが、今読み返してみると、ぼくの側のモチーフじみたものをかなりな程度まで掬いとっているので、「ヒロシマ」にかかわる下巻に入る前に収録しとこうという気になった。

（出典）『きまぐれ月報』上（社会評論社、一九七五年）

もどかしさの旅

I

どんな体験であれ、非体験者がそれをわかっていく、ということはどういうこととしてありうるのか。たとえば、戦争体験の場合にどういうこととしてありうるのか。

修学旅行では中学三年生を広島に連れていったのは今年で三度目だが、そのたびにぼくの中にありつづけたテーマを一言でいうとすればこんなことになるだろう。

ぼくが今の学校に来てから今年で十四年目、その間に修学旅行に付き添ったのは六度目だ。修学旅行はクラス別の行動を前提にして、関西方面のいくつかのモデルコースの中からクラスが自主的に選ぶシステムになっているが、八年ばかり前に広島に行くコースをつくってからは、今年をいれて三年の周期で三回つづけて広島コースだけをぼくは選んでいる。（クラス担任は主副の区別なしの複数担任制なので、当然相棒とは相談の上だし、生徒にも主旨を説明してコース選定についての納得はとることにしている。）

現在大学の三年生になっている連中と六年前にいったときは、ぼくにとっても資料館の見学は初めてのことだった。見当もつかぬままに『原爆の子』から数編選んでガリを切り、事前にそれを配って、あとは最終日に話し合いをやり、帰京後、旅行の感想文集をつくっただけだった。このときはいわば旅行の常道にしたがって、先に遠方の広島にいってから、倉敷や姫路をまわって京都が最終日というコースだった。

三年前、現在高校の三年生とでかけたときは、いくつかの主体的要因もあって、今までにない取り組みをしてみた。事前にアンケートや意識調査をして彼らの自主的な関心に刺激を与えたり、親に要請して戦中体験記を書いてもらったりして、それをどんどんプリントにして彼らに打ち返していったのである。コースも最終日の話し合いを名実ともに旅行のハイライトにすべく、従来とは逆に、広島を最終日にするコースをこのとき開発したのだった。テープを事前に用意して話し合いを録音し、それを再びプリントにして彼らにはね返し、最後に感想文集をつくった。四つの文集は後に『ヒロシマ訪問』と題して合本にとじこんだ。（このときの座談会記録は『望星』一九七一年九月号に転載されている。いささかかっこよすぎるのがタマにキズだが、『ヒロシマ訪問』の内容は村田栄一『無援の前線』第五章の中で紹介されている。）

今年の場合も、コースは三年前と同じで、広島が最終日であった。特別の文集のタグイは作らず、彼らが一年のときからひょんな動機で出しつづけている『きまぐれ月報』（やはり「学級通信」ということになるのだろう）にすべて収録していった。

修学旅行前後の『月報』には、たとえば次のような内容がのっている。

22号（一九七四年一月）には、「父母の皆さんへのおねがい」と題して、戦中体験記執筆の要請がのっている。

25号（一九七四年四月）はこの要請に応じて十七名の父母が寄せてくれた戦中体験記を特集。「体験と想像力」と題したぼく自身のモチーフの説明と、思いつく限りの参考書のリストを挙げておいた。

旅行に旅立つ二日前に配った26号には原民喜の「水ヲ下サイ」をのせ、井伏鱒二の『黒い雨』、エドウィン・ランハム『ヒロシマ八時十六分』、原民喜『夏の花・心願の国』のぼく自身の読書ノートを中心に、「続・体験と想像力」と題した文章をかいた。

旅行から帰っての27号には、座談会の記録をのせ、28号には、彼らが国語の作文の課題として書いた修学旅行の作文を借りてきて特集した。

そして、こういった作業を支えている内的モチーフこそが、冒頭に述べたように、非体験者がどのように一つの体験に肉迫できるかということの興味だったのだ。

原理的にいえば、体験とは体験者ひとりひとりの固有な生に不可分に織り合わされたもの、あるいは、ある時代に固有の彼の生そのものである以上、非体験者がそれをそれとしてわかるというのはそもそもから無理なはなしである。だが、それが原理的に不可能であるからこそ、無限に肉迫することが可能なのではないか、とも思う。そして、その肉迫を可能にするのは一つにはその体験の周辺の具体的な知識であり、もう一つは想像力である。具体的な知識と想像力は最良の場合には相乗効果を生み、相互に拍車をかけあって進行する。知識は授受できても体験は授受できない以上、体験と共有しうるのは一にかかって想像力の世界においてである。知識はそのための足がかりだ。

ぼく自身小学校六年で敗戦だから厳密にいえば戦争体験はない。しかし、戦争の空気を肌で感じ、集団疎開児童として、戦争の一端には否応なく触れている。それを自分にとっての戦争体験＝国家体験の原型としてつかみとるために「最年少戦中派」を自認したこともあるくらいだ。勿論、これには半分以上の背伸びが含まれていることを認めざるを得ないのだが。

現在の生徒の親の多くは年代的にぼくに近い。生活条件が違って、現在の生きざまが大きく違っているのは勿論としても、少年少女時代の世代体験としてはかなり等質なものを共有しているわけだ。それを発掘することは、ひいては親の一人一人が生活の埃にまみれた自分の三十年前の世代体験に改めて向き合うということでもある。そのとき子供たちは歴史の教科書にとじこめられたノッペリした一つの時代が実は個々の固有の顔をもった生活で埋められていた時代であることを否応なく知る……理想的にいえばこういった思い入れで、修学旅行でヒロシマを訪れる前には、父母の戦中体験記文集をつくることが、ぼくには不可欠になっているのである。

父母にあてた執筆要請から引用してみる。


「『あの頃』からそろそろ三十年経ちます。菊組の子どもたちの生まれる十五年も前のことです。

社会の仕組みもずい分変っていたし、時代の雰囲気も変っていました。なかんずく、その中で生き死にする一人一人の『生』の中身、それを規定した社会的条件が大きく変っていました。まるっきり異なった社会的条件の中で生まれ、育った今の中学生が『あの頃』をわかるというのは並大抵のことではありません。ぼくが大正時代や明治時代のことを結局のところはわからないようなものでしょう。

にもかかわらず、『三十年前』のことが今の中学生にとってまったく無縁であっていいとも思えないのです。なぜなら、ぼくらにとっては、それは自分の『生きざま』をどこか根元で規定している体験だったのであり、そういうぼくらと、今の中学生が否応なく一つの時代を共有し、かかわりあっているからです。

中学生が『三十年前』をわかるとすれば、それは彼らの想像力のキャパシティに見合ったものとしか有り得ないでしょう。

『あの頃』をそれなりに物心ついた少年少女（ある

いは青年、成年）として生きていたぼくら（中年教師と父母）のできることは、その想像力の条件を用意することに尽きると思うのです。」（『月報』22号）

かくて、その「想像力の条件」として、「歴史の本とは異なった一人一人の生身の人間の一こまを菊組全員に公開してほしい」ということになるのだが、ここで大事なのは、ぼくらがどこまで中学生と一つの時代を共有できているのか、ということだと改めて思うのである。原稿には遂にならぬまま、夕食どきの家の中での話しまでも含めて、親が自分の体験を深夜大変な努力をして一つの手記にまとめあげた営為そのものが、実は一つの時代を子どもと共有するための努力だったのではないか、と思うのである。なぜなら一つの時代を異なった世代が共有するという場合、ただ同じ時代に暮しているというだけでは充分でなく、それぞれに固有の質をさらけ出しながら向かい合う、かかわりあうということを要求するように思うのだ。

実際に、自分の戦中体験の一こまを選び出し、それを文章にするということは大変な精神的努力を要求するものである。特に筆者の大部分が、学校を卒業してからは手紙以外は文章など書いたことがないという場合、書かれていくことと自分の心の中の像はなかなか結びつかず、さぞかしはがゆい思いをしたことだろう、と我が身に即して推察するのだ。しかし、担任教師の思い入れに協力して深夜重いペンを握りしめたという行為そのものが、親と子どものあいだにある種の共有感をつくったのではないかということは充分推察できるのである。仮りに、体験の継承ということがありうるとすれば、こういう共有感の中で、しかも媒介的にのみ成立するのではないかというのがぼくの考えだ。（詳しくは、『婦人教師』一九七二年八月号に「〈断絶〉と〈継承〉の構造」と題した小文でこのテーマを扱ったことがあるので、機会があったら参照して下さるとありがたい。）

Ⅱ

ヒロシマを訪れる上で、ぼくはくどいほど、想像力の重要性ということを強調して来た。たとえばこんな工合にだ。

「ぼくらは十六日の午後の二時間ばかりを広島の原爆資料館ですごすわけだけども、ぼくらが資料館で手に入れることのできるのは、前号にも書いてややくどいかもしれないが、原爆の威力と被害に関する知識であって体験そのものではない。そういった知識の群の中から、このような事実を背負わされた個々の生身の人間（その多くは背負わされたことが即、死を意味した）の体験を見とるのは、一にかかって、君ら自身の想像力である。」（『月報』26号）

実際には多くの場合、想像力は空転し、もどかしさに堪えるというかたちでのみ実現するようである。

三年前のときにも、ある一人がこのもどかしさを次のように表現していた。

「つまり、なんていうか、自分の頭の中に空間があって、それが戦争とか原爆についての空間なんだ。だから考えようとしても雲をつかむような感じなんだ。その空間へ通うものが自分の何からなのかわからないんだ。想像しても、原爆の被害がひどくとてつもなく大きいもの、そしておそろしいもの、それしか考えられない……」（藤本和子）

「資料として残ってないものまでも想像力で見てこい」というセリフは、彼女らが三年前、資料館の前でバスをおりる直前にぼくがいったことばだったが、この時の「想像力」ということばには、いささか具体的内容が盛られていたように思い出すのだ。

それはまず資料館が資料館なるがゆえに宿命的に持たざるを得ない逆説性によっていた。それは、原爆の一番の威力は、何の資料を残すことなく一瞬のうちに数万の生命を蒸発させてしまったということにあるのに、資料館はひたすら資料だけを展示する以外にないからである。せいぜい死者は数字として記録される以外にない。

さらに資料館には出口があるのだ。重苦しい場から人は出ることができる。痛ましい写真から目を外らして窓の外を見れば鳩が遊んでいる芝生が見える。現実のヒロシマは、出口も目の外らしようもない生地獄であったにもかかわらず、である。六年前、初めてぼく自身が資料館を訪れたとき、この異和感が極めて印象的だった。その異和感を当時次のように書いたことがある。

「とてつもない想像力がこの決定的な断絶を補なわない限り、広島においてヒロシマと対決することはできないのだろう。逆説じみるが、ある意味では、資料館を含めて広島は最もヒロシマ的でない、ともいえるからである」(「ぼくらにとってのヒロシマの意味」六年前の文集『ヒロシマ』)

いわば、この時には「想像力」ということばは、主要に資料館なるがゆえの限界を自覚し、その自覚の上に立って、たとえば数字を一つ一つの固有な生活と読みかえ、出口なき地獄を幻視するという内容で語られていたのだった。

だが、それにしても、そのことはなんとも難かしいことなのだ。先の藤本和子のことばを借りれば、自分の頭の中の空間への通路を見つけられぬままに、ひたすらとてつもなく恐ろしいものに戦慄するのが精一杯なのである。そのもどかしさに堪えつつ、藤本は原爆ドームを見て何かを感じたことを手がかりに、さらなる混沌の中で思考を重ねていたのだった。

「原爆の落ちた時、この場所で、このドームがこんなになったということこの場所での出来ごと。自分が今立っている場所が……。こんなことを何かの形で肌に感じた気がした。ドームからバスの所へ歩いて行く時、平和の鐘かな、そんなのがあって、そこらへんが土だったでしょう。その下には、もしかして原爆のため蒸発しちゃった人間のしずくがしみこんでいるような気がして、歩いちゃならない、そんな気持になった。そして頭の中の空間が何かのためにいっぱいになった。この原爆や戦争で死んでいった人達や傷ついた人達に、私は何をしたらいいんだろうか、わからない。ただ戦争を起こさないようにすればいいのか、それだけでいいのかわからない。もっと何かが必要じゃないのかと思っても、何もわからない。(後略)」

今年度の作文の中から同種のものを二、三拾い出してみる。

「原爆の被害が、考えられないような大きいもので、恐ろしいものということがわかっても、やっぱり手のとどかないところがあるような気がします。戦争体験の話や記録を見ても、考えられることはばくぜんとしたことで、一つ一つを一生懸命考え

ようとしても、頭の中がこんがらがってしまいます……」（関根尚子）

「話は前にもどって、原爆ドームを見ても、その瞬間にぼくが行く前に想像してたよりも感動を受けなかった。平和公園の中のすべてのものにそれは言えた。資料館でもそうだった。

勘違いをしてもらいたくないのは、僕はただそれらのものを無感動に見すごしてしまったわけではない。ちゃんと人並みに、原爆は恐ろしいものだ、二度とこんな戦争は起こしたくない、と考えた。でも、悲しいかな、僕らが広島を見てわかったような気でいる原爆の悲惨さ、戦争の恐ろしさは、僕らがちょっとわかりかけたところの数十倍、数千倍は恐ろしい（単に恐ろしいではすまない）事実をもったものなのだろう。

いろいろな物を見てあまり実感がわかないと思った僕は、やっぱり感覚がどうかしているのだろうか？

それとも『戦争を知らない子供たち』などと歌っていた世代よりももっと新しい戦争を知らない子供たちの悲しい事実なのだろうか」（近藤一弥）

勿論、こういったもどかしさとは全然別のところで、極めて直接的に何かを感じてしまったものも多い。

「〝おそろしい〟〝むごい〟、そう書いてしまえばそれまでだけど、その死んだ人、ひとりひとりにそれぞれみんな違った人生があったのだ……。」（吉本晶子）

「小さな子が、ベッドの上で母を呼んでいる。二度と再び笑わない。……広島で原爆資料館に足を踏み入れた時は、まるで〝ホンモノ〟を知った様にボーゼンと立ちすくんでしまった。」（田中恵美子）

「外に出た時、おもわず目を細めました。子どもが芝生でハトと遊んでいる姿が、あたり一面照らしまくる太陽の日射しが、なにかとってもわずらわしく感じたんです。」（椎名潮）

「映画が終り、外へ出ると、またムッとはきけがして、たえられそうもないのでトイレに跳びこんでザブザブと顔をあらいました。人間が人間にしたしうちなのだということを認めるのに、少しめまいがしたのかもしれません。」(深川篤子)

座談会の最後のところでぼくは「考えてたことをバクロしとこう」といってやや性急にまくしたててしまったけど、必ずしもそのように感じ考えることを彼らに期待していたわけではなかったのだ。もしぼくが何かを期待していたとしたら、内容が極めてアイマイなのだが、〝もう一歩踏み込むこと〟とでもいっとく他ない。〝もう一歩〟というのが何に対しての〝もう一歩〟なのか、どう考えることが〝もう一歩踏みこむ〟ことなのかということについてのイメージがあったわけではない。ただ、あまりに即自的なレベルだけで「可哀そうだ、ひどい」と感じただけでそれ以上何も進まない場合や、逆にあまりに早い段階で「どうせ体験者じゃないのだから自分達にはわからないこと」というようなところで止まってしまうときには、〝もう一歩〟という不満がはっきりとぼく自身の中にあったように思うのだ。

何か核心がありそうで、そのくせ何か堂々めぐりをしている——実は、彼らとともに共有していた一番はっきりしたものは、このもどかしさだったのかもしれないのである。

Ⅲ

「そういった知識の群の中から、このような事実を背負わされた個々の生身の人間の体験を見とるのは一にかかって君ら自身の想像力である」とは、われながらかっこいいセリフを吐いたものである。しかし、このセリフがかっこいいものとして見えるのは、他者に対して、それも特に生徒に対して自分自身がやや一段高いところにいるような気でいっている場合に限られる。

今年の八月、ヨーロッパを歩いてワルシャワまで辿りついたとき、クラコフに飛んでアウシュヴィッツまで足をのばしたのだが、そのとき、このことばは直ちにぼく自身にはね返って来たのだった。

帰りの飛行機の時刻が決まっていて、時間は充分にとれず、従って、アウシュヴィッツ基幹収容所跡の博物館を二時間あまり歩きまわったのと、アウシュヴィッツ・ビルケナウ収容所の入口前でしばし立ちすくんだというだけが、ぼくのアウシュヴィッツ訪問だったのだ。この間にそれではぼく自身の想像力が何を見とることができたかと直接的に尋ねるのはわれながら酷にすぎるというものである。感じたことをたしかに感じたと自覚できる以前に、圧倒的な疲労感にうちのめされそうだった。というのがもっとも正直な答だからだ。

一年間でせいぜい一週間位しかないという暑い夏の最後の日だった。樺の木が道の両側に並び、学校の寮を思わせるようなレンガ造りの収容所に夏の陽が当ってた。参観者が三々五々と歩いている。現在博物館になっているブロックの中に入ると、ひんやりと涼しかった。この一画をのどかに家族連れで散歩していたとしても、それは平和な光景以外の何ものでもない。三十年前の地獄をここに見るのは幸いなことに今では不可能だ。

だが、一九四二年から四四年にかけて、ここは単に強制収容所だったのではなかった。その名も絶滅収容所だったのである。ヨーロッパ各地から狩り出されて来たユダヤ人が、「ユダヤ人問題の最終的解決」をうけるために列車で運ばれてくる。〝ARBEIT MACHT FREI〟(労働は自由をつくる)とかかげられた門を一旦入ったら囚人にはもう一切の出口はなくなる。後にアイヒマンが認めているように、火葬場の煙突を通っていく以外には、ということだ。樺の木の美しい並木道は、三十年前には囚人達が自分たちの衣服を永久に失ったところだ。自分達の名前を失い、直ちにガス室に入れられない場合(アウシュヴィッツ収容所所長のヘスは、その比率は15～20%位といっているが、そのパーセントは高すぎるという訳注がついている。――サイマル版『アウシュヴィッツ収容所――所長ルドルフ・ヘスの告白遺録』)には、以後囚人番号で、呼ばれるところだ。毎日、朝晩点呼が行われ、僅かの過失でガス室に選別されていた所だ。

三重にはりめぐらされた高圧電流が通った有刺鉄線、いたるところに四、六時中機関銃の銃身がのぞいていたという番兵の詰所、こののどかな緑濃い場所に三十年前をかすかに透視しうるとすれば、いささかの前知識をテコにした注意深い視力が必要なのだろう。

やがて、たとえば『夜と霧』(フランクル著、みすず書房)のグラビアなどで見知っている光景の実物がいくつものブロックを埋めて目の前に迫ってくる。囚人達の無数の靴の山、洗面器の山、食器の山、婦人の髪の毛の束の山、衣服の山、ひげそりブラシの山、歯ブラシの山、櫛の山、義手と義足の山、ユダヤ人の生物学的絶滅を実行しつつ、いくらかでも役に立ちそうなものは人間の油まで役に立たせようと、(人間の油で石けんをつくる研究が事実行なわれていたことがニュールンベルグ裁判でも表に出ている！）という、これも合理主義というべきなのか、それをそのままゴッソリと文字通り山のように積みあげて何かを語らせようとする展示のし方、そこに込められている執念がぼくを圧倒し、気力を急速に奪っていく。だが、その時、ぼくはもう一つの山の前で思わず立ち止まってしまい、しばらく動けなかった。トランクの山である。型がすでにかなり崩れ、ひしゃげたそれらの山が、たとえば靴の山や洗面器の山に比べてとりわけ異常だったというのではない。異常といえばすべて異常なのだ。ぼくが思わず引き寄せられたのは、そのトランクの一つ一つに、白ペンキで持主の名前ともとの住所らしきものが大きく書かれていたからだった。ぼくには読めないのだが、それらの名前が語りかけてくるメッセージはきわめてはっきりとしたこと、つまり、一つ一つのトランクにしみついた一人一人の固有のかけがえがなかった筈の生活の実在感だった。勿論、同じことを無数の衣服や靴や、ブラシの山も同じように語りかけていたに違いないのだが、ぼくはその膨大な量に圧倒され、全体としての不気味さを感じることはできても、その中の一つ一つを、まさにかけがえのない一つ一つとしては見ることができなかったのだった。膨大な量の中には決して埋もれきれない固有の一つ一つの生にからくも向きあった気がさせられたのは、このトランクにかかれた白ペンキの名前によってだったのである。

全ヨーロッパで、第二次大戦中、ナチの「ユダヤ人問題の最終的解決策」によって約六百万人のユダヤ人が虐殺されたという。詳しい数字は確かめようもないらしいが、アウシュヴィッツ（ビルケナウ等を含めて）だけで二五〇万から四百万人のユダヤ人が〝処理〟されたということだ。ヒロシマの犠牲者数の十倍から十五倍のユダヤ人がこの殺人工場で殺されていったということは、容易ない方になってしまうが、やはりぼくの想像を絶してしまっている。二五〇万人から四百万という、このとんでもない誤差そのものが既に気の遠くなるような誤差だ。こんなときに、一人一人の固有性ということにこだわり、それに向きあったときに改めて何かを感じられたような気がしている自分自身がすでにどこにも位置づけないような、そんな途方もない異常さともどかしさなのだ。

四、五十人で一杯になるような広さに二百人もが寝起きしたという部屋、銃殺が行なわれた壁がおかれている「死の庭」、脱走をはかった囚人が餓死と窒息で死ぬまで入れておかれたという一米四方位の「死の部屋」(ここに十名以上が押しこめられ、通風は五センチ位の孔が一つあいているだけだ)、そして、シャワー室に偽ってつくられたガス室、もうたくさんだ、これ以上何を見ても、すでにオレの神経はマヒしかかっている、オレはすでに驚く能力も失いかけてしまっているのではないか——という不安じみたものを背負って、構内をさまよったものだ。

基幹収容所の第一火葬場を見る。(ビルケナウの方に第二～第五まであり、規模ははるかにその方が大きい)一日の〝処理能力〟、三五〇体と聞いて、同行の若いS君が「少ないんですねェ」という。とてつもない大規模な虐殺工場をまわっているうちに、数をただ数としか感じないようにぼくらも多少はなってしまったのかもしれない。「三五〇という数を少ないと感じるか多いと感じるかというのが一つの問題だぜ」とぼくは答えたのだが。

やや異質かもしれないが、広島を訪れたときの最初の印象を次のように書いている生徒がいた。

「広島市にはいって初めて原爆ドームを見たとき、正直いって『なあんだ、こんなものか』と思った。……以前、百科辞典《ママ》かなにかの写真で見たことがあるが、その方がずっと恐ろしくて、ずっと悲惨で、もっと大きな建物のような感じにさせた。そんなわけで、私は何か期待を裏切られたような、失望したような、変な気持になっていたのだが、いよいよバスを降りて記念館や資料館などを見ようとした時、はっとした。『私は何に失望なんかしているんだろう?』と。私はひどくはずかしくなって、そんな自分が悲しくなった。」(亀谷美和子)

基幹収容所の他にはるかに大規模なビルケナウ収容所があったこと(一九四三年の最高時には十四万人が収容されていたという)、そしてその機能を知らぬまま、ただアウシュヴィッツ全体の虐殺規模に比して、ぼくらが唯一そのあとを実見できた火葬場の〝処理能力〟が小さいという疑問を、おそらくは単純にS君は口にしたのだったろうが、それにしても、ぼくはそのとき、「数字がわれわれから人間性を奪ってしまった」というドルトン・トランボのことばをもう一度思い返していたのだった。

トランボが「人間性」と呼んだものは、ほとんどぼくのいう「想像力」と同義のような気がする。一万人、あるいは百万人の虐殺ということばにひとたび驚いてしまったぼくらの神経は、そのあとの千人、五十万人の虐殺ということばには驚かなくなってしまうのだ。心のどこかで、もっと大規模の、もっとひどい事実を期待してしまっているのだろうか。

勿論、ぼくはS君の疑問や、亀谷の「失望」を責めているのではない。逆に、正直な述懐だとすら思うのだ。人は往々、この種の「失望」を正確に意識することすらできはしない。いわんや、表現することはなかなかできないのだ。(実際には、広島のビルの合間にドームをチラと見たとき、なんだ、こんなものなのか、と思うものの方が多いのではないか。その感覚がそれ自体まちがっているなんて到底ぼくにもいえない。)

「想像力で見る」ということは実は一様なことではないのである。勝手に自分がつくった虚像との落差で、見当ちがいの失望をしてみたり、時には数字に驚いているうちに質を見落してしまう場合の方が多いのではないか。〝もう一歩踏みこむ〟ことが必要だったのは、逆にぼく自身の方だったような気がするのだ。〝もう一歩踏みこんだ〟助言ができなかったものか、と。だが、事実は、ぼく自身もまた、疲労感でどうしようもなくさまよっていたにすぎなかったのだ。半ば以上驚く能力をすでに失ないかけて——。

Ⅳ

ワルシャワを発つ日の午前中、ぼくは一人でヴォルスキ墓地に出かけた。ここに一九四四年夏のワルシャワ蜂起の際に殺された多くのレジスタンス兵士の墓があることを知って急に訪れたくなったのだ。広い墓地の一角に、同じ石材の同じ規格の墓石がおよそ二百ばかり並んでいる。墓石のアパートのような感じの、一つ一つには十人近くの名前が彫られている。墓碑銘の読めないぼくに対しても、一九四四年八月という共通した日付けだけが何かを語りかけてくれた。小さな林があって下生えの草に腰をおろす。前日とうってかわって急に涼しくなっている。夜のうちに雨が降ったらしく、草が少し濡れていたがかまわず腰を下ろし、ぼんやりと前夜来考えていたことを反芻していた。レジスタンス兵士の墓の傍にいながら、その時考えていたのはレジスタンスのことではなかった。むしろ、アウシュヴィッツをもう一度反芻していたのだ。「残酷とは……?残酷とは……?」と考えは堂々めぐりをしていた。日曜日の平和な墓地の雰囲気が、頭の中の堂々めぐりから現実感をすでに奪ってしまうのだ。

アウシュヴィッツを訪れる前の晩、遅くまでかかってぼくはルドルフ・ヘスの告白遺録を読みつづけていたのだが、その中で特に印象的だった箇所がある。アウシュヴィッツではじめて青酸ガス・チクロンBを使用したときのことだ。たまたまヘスが外出しているときに副所長がロシア軍捕虜を殺すときにチクロンを試用したという。〝成績良好〟ということなので、次からはヘス立ち合いの上で何度かこのガスが〝試用〟された。虱《しらみ》を駆除するという名目で九〇〇人のロシア人を屍体室に入れ、ガスを噴出させる。死の寸前のうめき声と屍体の山を少し描写したあとで、ヘスは突然に次のように書いている。


「ただ私としては、このガス殺人が私の心を落ちつけさせてくれたことを、はっきりといっておかねばならない。

つまり、遠からぬ時期に、ユダヤ人の大量虐殺が開始されねばならぬことになっているのに、そのころまで、アイヒマンも私も、予期されるこの大量殺害の方法がつかめないでいた。ガスを用いることはたしかだったが、さてそのガスの種類と方法は?だが、今や、われわれは、そのガスと方法をも発見したのだ。」(サイマル版、一三九ページ)

この遺録は一九四七年二月クラカウの収容所で「すすんで誰に強いられもせず書いた」ということだが、これはまた、何と正直な告白だろう。そして、また何と残酷な告白だろう！　この先をもう少し引用してみる。


「私は、銃殺に関しては、群衆や女子供のことを考えると、いつもむごたらしくて嫌悪の気持にかられた。私はもう、ヒムラーや国家保安部に命じられた人質処刑や集団的銃殺には、うんざりしていたのだ。

だが今は、われわれもこの血なまぐさい光景をはぶけるし、一方、犠牲者たちも最後の瞬間までいたわってやれるので、私としては心安らかになった。特殊任務部隊が、機関銃や自動拳銃でユダヤ人を掃討したときのことについて、アイヒマンが述べているのを思い出すたびに、私は、そのことが最大の悩みのたねになっていたものだが。

その時には、むごたらしい光景が展開されたにちがいない。射たれて逃げまどう者、そして負傷者、ことに女子供の殺害。血の海の有様に耐え切れなくなって、ひんぱんに起る特殊任務部隊員（抑留者からなる）の自殺。また、ある者は気が狂った」

この一節はぼくにはかなりショックだった。そのショックをどううけとめていいかもわからぬままに、「心優しき虐殺者よ！」とページの余白にかきなぐってある。そして実にやりきれないのは、実際ヘスが個人としては心優しい人間であったらしいということである。文章をかくことを特に趣味としていたわけでもないのに、彼の文章は人並以上の感受性と視野の広さを感じさせるものだ。はっきりした義務感をもち、ある種の正義感ももちあわせ、職務には忠実、家庭では良き父、良き夫、しかるべき教養もそなえているといったたぐいの、いわば異常なところなどほとんどない一人の平凡人、それもどちらかといえば出来の良い方の平凡人の姿が否応なく浮かび上ってくる。多少の自己修飾を割り引いたとしてもだ。そして、訳者片岡啓治の次のことばは鋭く問題の核心をついているといっていいだろう。

「だが、ヘスの恐ろしさ、そしてナチスの全行為の恐ろしさは、まさに、それが平凡な人間の行為だった、という点にこそある。それが、はっきりした狂人、精神錯乱者の行為であれば、それはまだしも、一つの例外的な事態として片づけることもできる。しかしどこにでもいる一人の平凡な人間、律儀で、誠実で、それなりに善良で、生きることにも生真面目な、そういう一人の平凡人が、こうした大量虐殺をもあえてなしうるということは、誰でもが、あなたであり、私であり、彼であるような、そういう人物が、それをなしうるということにほかならないからだ。」

ぼくはこの点について片岡にまったく賛成である。賛成であるどころか、ヒロシマ訪問を通じて、常にぼくの中にもありつづけた問題意識の一つでもあった。

ヒットラーを一種の性格破綻者だとする見方がある。そして他方、収容所で直接囚人達と接するカポの多くが各監獄から送られた職業的犯罪者であり、その多くは性格的にもサディストであったという記述をよく目にする。だが、実際にナチスの組織、巨大な虐殺機械の中枢を動かしていた連中は、どこといって目立たないいわゆる平凡な（あるいは多少有能な）実務官僚たちだったのである。

たとえば国家公安本部ⅣＢ４課長としてユダヤ人移送の全責任を負っていたアイヒマン（つまりアイヒマンが送り込んでヘスが始末するという関係にあったようだ）にしても、彼が特別な反ユダヤ主義者や殺人マニアであったわけではない。それどころか彼はむしろ物事を数字でだけ考え、自分の管理する数字がきちんと処理されていくことだけにひたすら技術家的情熱を発揮するといったたぐいの、実務型官僚の典型であったらしいのだ（『アイヒマンの告白』番町書房）。その彼がユダヤ人の大量虐殺に関しては「死の調整者」「死の転轍手」（ピエール・ジョッフロワ、前掲書）と呼ばれるにふさわしい、決定的な役割を果したのである。

ヒロシマの「座談会」では、人間が人間を平然と殺すことのできる恐ろしさ、そういった残酷な地点にどうということなく人間を立たせてしまう〝人間のかたまりの恐さ〟ということが期せずしてテーマの中心になってしまった。それはまさにぼくにとっても核心であったのだ。

人間って、そんなに他愛ないものなのか？という問いをさらに徹底して我が身に引きつけて考えさせるために、ぼくが「〝その場〟になったら、自分もまた原爆投下のスウィッチを押すか？」とたずねて、全体の三分の二が手をあげたところがある（二五ページ）。この箇所は、あとでテープを起したとき、われながらガク然とした箇所だったのだ。それは、彼らの多くが肯定の答えをしたことに対してというよりも、そういうショッキングな事態が起きているのに、そのことをもう一度彼らに打ちかえして一歩踏みこませることをしないで別の方向に話題を移してしまったぼく自身の司会の鈍感さに対してだった。

『月報』27号には、あまり口惜しかったので座談会記録のすぐあとに、「くたびれていたとはいえ、心残りだったこと」と題して後記を付した。あの多くの挙手を「君らが今の自分達の感覚を絶対化しないで、自分を含めての人間が極めて危なっかしい存在であることを必死に想像した挙句の挙手だと思い」と一定の評価を与えたうえで、司会者の自己批判を含めて、次のようにぼくは書いたものだ。

「だが、それにしても、これは重大なことではないのか？ヒロシマをそれなりに見知ったその晩に、にもかかわらず、自分もまた原爆を落すだろう、と思ってしまうということは！

人間の危なっかしさを考え、自分もまたその危なっかしい人間の一人だと自覚しておくことは、オレにはとても大事なことに思える。しかし、このことは結論であるべきよりも、出発点であるべきだったのだ。自分を含めて人間なんて危ねえもんさ、というう結論に安住するとしたら、かなりのタイハイで、問題は、危なっかしいからこそどうしていくのか、ということにある筈なのだ。自分の危なっかしさを認めるのは、その危なっかしさに挑戦するためにであって、そこにアグラをかくためにではない筈なのだ。

原爆の被害の恐ろしさを見知ることと、みずからもその虐殺の加害者になるのではないかと考えることの恐ろしい矛盾をもっとズバリと切り裂いて話を深められなかったのは、くたびれていたとはいえ、司会者の責任だ。いささか残念だが、せめてこの恐ろしい矛盾をもう一つの出発点にして考えを深めて欲しいと要望しておこう」

自分自身のガク然の度合いに見合って、いささか性急なアジテーション的な調子をもってしまっているが、結果的にはどうやら一人相撲におわったようだ。その後彼らが書いた作文にはいくつかの問題が触れられてはいたが、この問題についていえば、中井岳郎が「その時はすぐ投下ボタンを押さない方に手をあげた。しかし今考えてみるとわからなくなった」と触れているのが唯一だったからだ。

だが、ぼく自身だったら、この「危なっかしさ」を出発点にして、一体どう考えられるというのか、ヘスやアイヒマンに、どこか自分自身に共通する平凡人を見出すことによって戦慄する以上のことができるというのだろうか。

V

問題は、単に一般的に自分自身、あるいは人間が危なっかしいということに尽きるのではなく、国家のありよう、生徒たちのことばによれば「人間のかたまり」のありよう、あるいは「人間のかたまり」と自分とのかかわりかたといったことにこそあるのではないか。「座談会」で語られた、教育による洗脳も、権力による弾圧も、あるいはもう少し原初的なところで、生きることが戦争すること以外になくなってしまうといったたぐいのありようは、すべてつまるところ「人間のかたまり」との関係で出てくる問題だろう。

作文の中にもこの点にこだわっているのがいくつもあった。

「私は、こんなに哀しい、こんなにむごい事実を生んだのが、アメリカ人とか日本人とか、そんな問題ではなくて、むしろ同じ人間、しかもごく正気の人間なのだということ、戦争という極地に立たされた時に、弱い人間がうじうじとかたまって、どんなことでもやりかねない、おそろしい人間というかたまりを作り、そして、そのかたまりがあの原子爆弾のスイッチをおしたのだということ、それが一番残酷で、それが一番の真実だと思うのです」(深川篤子)

「しかし、そこで頭に入れておかなければならないのは、まわりがそういったような教育を行い、みんながそういう教育をうけていたので、染められずにはいられなかった、そのころの人達の心だ。もしかしたら、戦争なんておそろしくて、絶対反対という人だっていたと思う。だけど、もしそんなことを少数でがんばって主張しても、勢いが上がった多数の中では、ガブリとのまれてしまうという事だ」(桜井教之)

「でもその人々の上に立ちはだかっている人間、この人間たちがいちばん恐ろしい。人々はこの人間たちの命令によって戦争することを強いられ、ポイポイ死んでいったのではないか。そして人々はこのことが常識だと考え、自分たちで考えて行動することなく戦争を進めていった、というのが本当じゃないのか。

そしてそんなバカげたことを考える指導者を人々がうけ入れたのはなぜだろう。それは、人々がなにも考えなくなって、『みんなが支持しているのだから正しいのだろう』などと思ってしまうからではないのか?」(芦川和宏)

「そりゃ、自分の国を強くしたいという気持はわかるが、戦争をして何になる。勝ってよろこぶのは一部の人々、それもつかの間。あとに残るのは、勝つために失われた数知れぬ尊い人命、苦しむ重傷者、メチャクチャな町、町、これで何が喜こべだ！」（林真理子）

「もし戦争が起こって、お国の為に死にましょうと言われても、死ねるでしょうか？国というものは、自分に対して何なのでしょうか？国の為に死ぬということは、国が自分のすべてより大事な何かだということでしょうか、国と自分の関係さえわかりません」（関根尚子）

三年前のヒロシマ訪問に取り組んでいたときは、ちょうどベトナム戦争のソンミ村虐殺事件の執行責任者、カリー中尉の裁判への賛否でアメリカがゆれていた頃だった。当時の杉組に、「最近、ベトナム戦争のソンミ村の虐殺に関するカリー中尉の裁判が問題になっているが、その中に『カリーは命令にしたがっただけだから罰するべきではない』という意見がある。原爆投下の責任とあわせて、この意見についてどう思うか」と問うたことがある。（三年前の『ヒロシマ訪問』第一部）これは当時のぼく自身にとっても「難問中の難問」だったのだが、すべての問題は結局のところ個人の問題に収斂されうる以上、彼らと一緒に考えてみたかったのである。結果はかなりバラバラに分かれたが、「命令にしたがうだけならロボットだ、命令は命令でもカリーを罰するべきだ」という主旨のものが八名、「むしろ悪いのは命令を出した上の奴、あるいはアメリカ国家、あるいは戦争」というかたちでカリーを免罪するニュアンスをもっているのが十一名、あとの二十名ほどは、たとえば、「意見はない。そういうことを『責任』としてしたがわねばならないということの現代が悲しい」（増永明人）というのも含めてどちらとも分けられない地点で迷いを見せていたということがあった。

アイヒマンやヘスにしても、総統命令の絶対性を語り、命令に従わないということは愚か、当時においては、命令に疑問をもつことすらありえないことだ、SS隊員の一人としてそんなことはありえなかったろう、と語っている。要するに自分自身もまた巨大な殺人機械の中の一つのネジでしかなかったといいたいわけだ。

それは、東京裁判でも、ニュールンベルグ裁判でも、一つの焦点、もっと正確にいえば、焦点でありながらも遂にすれちがったままで終り、多分に勝者の裁判的色彩を帯びたまま、論理よりも権力が結末をつけた問題であった。

単なる命令の執行者にすぎないというアイヒマンの自己弁護は、イスラエル法廷には通用しなかった。アイヒマン裁判の四年前、シナイ戦争の前夜、イスラエル軍将兵が夜間外出禁止時刻後戸外にいたアラブ系村民を射殺した事件があったが、後にその将兵たちは裁判にかけられ、禁錮五年から十五年の刑に処せられたということがある。その折りに判決理由には次のように述べられていたという。

「国家の、もしくは大臣の、もしくは将校のすべての命令よりも高次の掟がある。それは人命尊重の掟である。この掟にそむく命令に従ってはならない。ただの人間が許されていることと許されていないことをどのようにして区別し得るかと今君が訊くならば、私は次のように答える。残虐行為とは目をくらませ心臓を押しつぶすほどの明証性を持ったものである、と。」(P・ジョッフロワ、前掲書)

かくて、「上からの命令などは何ら情状とはなり得ない」と一蹴された上で、彼もまた「ユダヤ民族に対する罪、人道に対する罪、彼が犯したと認定された戦争犯罪の廉《かど》によって」死刑を宣告されたのだった。

だが、自分が属する(ということは、自分を生み、育て、自分に血肉化された、といいかえてもいい)「人間のかたまり」を越える「高次の掟」の存在、その内容は決して普遍的ではあり得ぬということは、わざわざ指摘するまでもない位だろう。実に「人命尊重」が全人類を律する最高の掟たりえていれば、そもそも戦争すらが、起こり得ないのだから。

「人間のかたまり」と個人の関係は極めて多様である。同様に「人間のかたまり」のありようそのものが多岐多様なのだ。国家、企業、地域共同体、政党、組織、軍隊……それらは個人に対して時に桎梏であり彼を翻弄するものでありながら、同時に、彼を生み、彼を育て、彼を彼たらしめている土壌といったものに、いかにも微妙に重なりあっているのである。社会と国家が必ずしも明確に分化していない島国日本においては、特にこの重なり工合は微妙なものだろう。

実はぼくが自分自身を「最年少戦中派」と自認しようと思い始めた根っこには、少国民としてのぼくが骨のずいまで戦争と天皇制国家にからめとられていた時代の体験を直視したいということがあった。本音がありながら、それがねじまげられていたとか屈服されていたというならまだしも救いがあるのだが、文字通り、根こそぎからめとられていたのだということ、その外側に何らかの意味で自分の生のありようなどを、夢想することすら心のどこにもなかったほどにからめとられていたのだということをしっかりと踏まえておきたいからであった。国家とか戦争とか、総じて強力な「人間のかたまり」とはそういったものではないのか、というところから出発して、何年来もの最大の関心事は「反ナショナリズム」というテーマの我身に即しての具体的なありようだった。多少の勉強と思考を重ねて来ながらも（「反ナショナリズム論ノート」1〜3）、依然として今いえることは、まことに容易ならぬ難題だなアというだけというダラシなさなのだ。

「人間のかたまりの恐ろしさ」に戦慄し、たとえば、「私はいつも〝人間〟でありたいものだと思っています」ということを唯一自分の「経験のないというもどかしさの中で見つけた、結論のように思います」（深川篤子の作文）と結ばざるを得ないふっきれなさと、人間の二字に〝　〟を付した思い入れをかなり共有しながらそう思うのである。

Ⅵ

「仮りに体験の継承ということがありうるとすれば、それぞれ固有の質をさらけ出しながら向い合い、かかわりあう、そういった共有感の中でこそ媒介的に成立するのではないか」という工合にはじめの方で書いたが、「それぞれ固有の質をさらけ出しながら」何かを共有するということは、むしろかなり厳しい緊張をともなう精神的な格闘関係ということになりはしないか、と思うのである。それは、ぼくの方からすれば、否応なく生徒たちに一種の背伸びを要求するということでもあったように思う。ぼくが修学旅行の前後を通じてかかわったことは、ぼくの側に直接その意図が明確にはなかったとしても（つまり、ぼくは書きたいこと、いいたいことをやって来ただけなのだから）、そのことの彼らへの影響があり得たとすれば、彼らの背伸びへの挑発力として作用したという以外にあり得ないだろうと思う。ぼくは、中学生ぐらいの年齢にとっては、背伸びということが一つの貴重な能力ではないかと思っているのである。

丁度「座談会」のテープを起こして『月報』27号のガリを切っているときに、三年前に背伸びをした一人の滝沢和子から久し振りの手紙が来た。彼女、中間試験の政治経済の勉強をしながら、ついつい脱線してしまい、三年前の合本『ヒロシマ訪問』をひろげて読んでいるうちに、久しぶりにいろいろ思い出して手紙を書き出した、というわけだ。三年前の修学旅行がとてもキョーレツだった、もう三年たったなんてとても思えないほどだと書いたあとの述懐が面白かった。

「それからもう一つ、読み直してあらためて気づいた事は、バカみたいな事だけど、中学時代って、13、14、15歳の時なんですね。つまり、広島には15歳の時に行ったわけなんです。よく昔の事を思い出して、あの頃は幼なかったなあなんて思うのですけど、なぜか今中学時代の事で幼なかったって思うことは……すぐには出てこないのです。そう思うことには広島が大きくかかわっているらしい事が感じられます。とにかく、あらためて13、14、15と数字をならべてみて、若かったのになあと思うのです。……」

成長と起伏の激しいその後の高校三年間を経ながらも、自分たちの三年前の思考や表現を「若かったのになあ」と感心しながら見直せるということは、自分達の精一杯の背伸びが生んだ効果に違いないだろう。背伸びを一つの貴重な能力と見なす根拠の一つがここにもある。

ところで、今年度の試みが、生徒達の一人一人にどのように位置づいていけるか、ということになると、それはわからない。三年前に比べてかなり心身のスタミナの衰えを自覚せざるを得なくなったぼくが、白状してしまえば「二番煎じが出来ればもっけの幸い」と居直ったうえで息切れしいしい取り組んだ今年の試みが、彼らの背伸び能力をどこまで挑発できたかは、今の所、不明である。

ただ、今報告できることは、それが未だに現在進行形である、ということだ。

十一月に学園の文化祭があるのだが、この二年間、「変身」とか「仕置き」とか、テレビの影響範囲のことしか企画しなかった彼らが、どういうわけか、ヒロシマをテーマにしたクラス展示をやろうと決めたのだ。

参加を決めたのは旅行から帰って一ヵ月も経たない頃だった。具体的には何一つ煮つまらないままに、どんなことをやるのかと尋ねれば、もう一度広島に行こうなどと突拍子もないことばかりいっていたが、いくつかの変転を経て、七月、夏休みに入った途端に、信濃追分の学園の寮で二泊三日の「文化祭合宿」という、従来クラス規模では未曾有のものが実現してしまった。広島の晩(「座談会」の後)徹夜で雑談しあったことの、夢よもう一度というのがどうやら一番の狙いだったらしい。

それでも、持ち寄った本や資料(その大半はぼくが用意したものだったのだが)を分担しあったりしながら、第一部は資料館の再現、第二部は加害者もまた人間であったということの意味を掘り下げ、自分達の考えを整理する、第三部は未来を展望する、その他、被爆二世のことも調べるとか何とか、どうまとめるのかさっぱり見当がつかない大風呂敷を並べたてたうえで、それでも、夏休み中も何度か集まっては、雑談の合間に亀の歩みにも似た特有の非能率さのなかで、何かを進行させていたらしい。時に呼ばれて顔を出してみると、あっちでは昨夕のテレビの話、こっちでは試合の話といった何ともまとまりのない雑談の片隅で、パネルの配列を考えたり、普段だったら開きもしないようないくつかの本の読書リストを整理している。

文化祭はあと一ヵ月ちょっとにせまっているのだが、今の所、文字通り、海のものとも山のものともつかない状態だ。しかし、ともかく何人かの中に、かなり自律的な自分自身のアンテナが立ち始めているということ、いいかえれば、ヒロシマが自分自身のテーマになりかかって来はじめていることだけはどうやら間違いないようだ。

背伸びはまだしばらくつづくのである。彼らの背伸び能力に対して、改めてどのような挑発をしかけることができるのか、どうやら、まだしばらくのあいだ、それがぼくの側のテーマになりつづけそうである。

(一九七四年九月)

(初出)『きまぐれ月報』下(社会評論社、一九七五年)

＊昭和五〇年（一九七五年）八月一八日（月曜日）読売新聞書評欄より

本と人

『きまぐれ月報　学級通信』の相川忠亮さん

自分をさらけ出す先行世代として生徒を挑発

〝最年少戦中派〟を自称する中年教師が、さわやかな教育実践の記録を出版した。東京は私立成城学園中学校で英語を教える相川さんである。

「生徒とおもいきり固有の関係をつくろう」と担任クラスの菊組で、三年間（72－75）毎月一回、ガリ版刷りの学級通信「きまぐれ月報」を発行し続けてきた。このガリ刷りをオフセット印刷して、そっくり復元したのが、上下二巻のこの本である。

教育実践などと言ってしまうとカタクルシクて、この本と人のイメージに合わない。記録には違いないが、記録の枠をこえて、読みものとしての面白さと深さを伝える。同時に一人の中年教師の生きざまと、入学から卒業までの中学生のありのままの姿が描きだされている。

「目のまえにこういうオトナがいる。いわば自分をさらけだす場をつくりたかったわけです。生徒にとってはそれが、きっかけになるはず。ぼく自身の肉声をつうじて生徒との間に私的な関係を、公的な教育の場につくりたかったんですが」

それで、相川さんが、月報の巻頭を毎月書いた。「英語はむずかしいか」「〝小異を残して〟ということば」「成績って、なんだ」「ジョニーは戦場へ行った」など、素材は政治や勉強の話、映画の感想までさまざま。

「戦争体験もひとつの例ですが、先行世代にはそれなりの固有の体験がある。それが後続世代にどういうかかわりをもつのか。そこでかかわりをもとうとする場合、先行世代が、あとのヤツにどれだけ挑発をかけられるか。どのような挑発力をもちうるか。おたがい、それをどう利用してきっかけをつくるか。大仰にいうと、そんなおもいがずっとあったんですよ」

ムキになって挑発をかける昭和九年生まれの相川さんに中学生たちはのびやかに応じる。だからこの月報の半分は生徒の投稿で埋まっている。ヒロシマへの修学旅行をめぐって、教師・生徒・父母がきそって戦争体験について語っている下巻は、感動的ですらある。〝きまじめ月報〟〝中年意地っぱり月報〟とひやかす友人もいる。しかし、それは日常にたえずこだわっていく相川さんに対する声援でもある。

六〇年代の後半まで〝反戦派教師〟にコミットしてきた経験をもつという相川さんだが、「学級通信」にこめられていることは「教育の当事者として、平均して一日八時間も存在する現場を、どれだけおのれに納得させるか」であったともいう。きまぐれ、が全力投球、になったわけでもある。相川さんが、これからどんなレポートをだすか興味深いところである。

（社会評論社、上下各１３００円）

「知育」と「痴育」――行ったり来たり

おかしなタイトルだと思われるかもしれませんが、本人はふざけているつもりはありません。学校の内側から学校のありようを考えるとき、さまざまな迷いを持ちますが、中でも、学校が却って子供をだめにしていないだろうかという疑問が深刻です。一般的にもよく言われることですが、一番勉強しないのが大学生で、次に勉強しないのが高校生、中学生も学年が上がるほど勉強しなくなる…、という現実だけでも現在の学校の問題性が如実に出てきているといえましょう。教師一人一人の期待や主観的な願望とは全然別に、何のことはない、学校制度の成果は、勉強しない（出来ない？）膨大な数の学生を拡大再生産していることではないのかという皮肉があるわけです。一言で言えば、「知育」が「痴育」になっていやしないかという反省が必要だと思っていますし、そのあたりのことを視野に入れながら考えて行くためには、とりあえずは「行ったり、来たり」を覚悟しなければならないだろうと思ってのタイトルです。

I　激変した教育環境

調査結果については、大筋のところではあまり意外ではありません。かなり前から塾や家庭教師への依存が強くなっている状況は見えていましたから、かなわんなという気持ちを含みながらも、まあ、こんなものだろうというのが正直なところです。

習い事というのは、学校でやっていないことを余分にやるわけですから、とりあえずはどうぞご勝手に、で済みそうですが、塾とか家庭教師への依存が強くなっているのはそれだけでは済みません。特に受験を必要としないはずの本校のような連絡校の場合には、学校での知育が一体どうなっているんだという反省を促してきます。何と言っても学校は知育を中心に成り立っているトコロですから、「勉強のことは学校にお任せ下さい」と胸を張って言えない状況は正常ではないでしょう。しかし、従来とて、それほど僕達がサボりあっているわけでもないとすれば、余りに直線的に自責の世界に短絡してしまうだけでは、かえって改善の方向すらも見えてこないのではないかという気もします。というわけで、話が若干一般的になることを承知のうえで、少し視野を広げて世の中の動きを整理しておきたいと思います。

僕も成城に来て三十年近くになりますが、成城もこの間にかなり変わりました。しかし、世の中一般の変わり方はもっと激しかった、いわゆる高度成長による大量消費社会への変化は、ほとんど「革命的」という言葉を使いたくなるほど激しいものです。そして、この中で「教育爆発」といわれるほどの急激な高度成長が学校社会の中に起こりました。せいぜい十年ほどの間に三十数パーセントの高校進学率がほぼ百パーセントに近くなったというのは、並大抵のことではありません。理工系を中心に（文科系もそれにともなって）大学も量的に拡大しました。いわば教育の大衆化が完成したわけですが、さまざまな構造的な矛盾が出てきたこともよく指摘されるとおりです。

矛盾は、第一に飛躍的に増加した高校間の格差付け、序列化という形で現われ、次に序列化した高校への「効率的な」ふるいわけ機能を要求された中学が内申成績（相対評価）と偏差値を使っての選別場になってしまったという形で現われています。そして他方では、他国に見られぬ塾などの受験産業の隆盛（企業が需要を更に拡大再生産していくという構造さえも）を生んできました。十万人を越す大量の高校中退者や、「荒れる中学校」の根は深いものがあるはずです。

変化は学校の状況だけではなく、もっと広い意味での教育環境にも現われました。従来、子供を取り巻く教育環境として、家庭、地域社会、学校の三者が挙げられるのが普通でしたが、生活の都市化が進むにつれ、伝統的な地域社会は解体され、その教育的な影響力を著しく失いました。自然に形成されていた地域の異年齢児集団がほとんど消滅したこと、よそのうちの子供にも平等に向けられていた地域社会の大人の視線が自分の子供にだけしか向けられなくなったことなどが指摘されています。

核家族化に伴って、家族もまた教育力を大幅に失ってきていることがいろいろと指摘されています。世の中の変化があまりにも急激なために、親世代がみずからの価値観に根っこのところで自信が持てないということもあるでしょうが、それ以上に個々の家庭を呑み込んだ生活構造の変化が大きそうです。もともと生活の都市化は生産と消費の分業を前提にしているわけですから、それが進むということは生活の分業化（＝さまざまな専門家への依存）が進むということであって、生活ということが本来持っていたはずの自給自足性、自己完結性を失う過程であったということを意味します。代わって現われたのは、何事であれ金を出して専門家のサービスを買ってすますということで、かくて大量消費社会の完成です。

教育もまた例外どころか、十兆円を越す膨大なサービス産業です。例えば以前なら水泳一つをとっても、親がプールや川に連れていって教えたでしょうし、それ以上に子供同士が遊びの中で身につけていったのに、今では猫も杓子もスイミング・スクールです。空き地や路地での三角ベースが姿を消した代わりに、大人の監督下でユニフォームを着た少年野球チームだらけになったのも同じ文脈で考えられるように思います。学校以外の社会までもが学校化されたという指摘もあります。

塾や家庭教師についても同じことが言えましょう。実際、何で自分で勉強しようとしないのかといいたくなるのが大勢います。確かに中には僕達が一対一でフルに付き合えないために個別に面倒を見てもらわないとどうにもついてこれない生徒もいますが、それ以上に一寸成績が下がると途端に塾だ家庭教師だと騒ぐ風潮がはっきりとあります。普段九〇点台を取っている子が八〇点台になった途端にガタガタすることさえ珍しくありません。本来なら自分の努力と頭で回復すべきなのに金でサービスを特別に買って解決しようとする、教育もまたもう一つのファスト・フードになった感がありますが、一言で言えばそれだけ自力更正に関して無能力になってしまっているということになります。これもまた、消費社会の中の生活の一つの典型なのでしょうが、「痴育」などという自家製語には、こういった苦々しさも含んでいるつもりなのです。

Ⅱ　学校の肥大化、そして空洞化

地域社会と家庭がその教育力を著しく減少した分、学校が余りに多くの雑多な機能を抱え込んできたという指摘が少なくありません。

従来も学校は単に知育だけを受け持つのではなく、知育・徳育・体育の三本柱の調和ある発展などと「全人教育」的な教育観が強調されてはきましたが、最近目立つのは徳育などとは到底言えないレベルでの生活指導的な領域が肥大化してきたことです。ほとんど偏執狂かと思いたくなるほどの校則の微細化やその遵守の自己目的化などは論外としても、やれ「安全教育」だ、やれ「給食指導」だとか、本来余分にやる事なのだから楽しいだけでいいはずのクラブ活動までが「非行防止」策になったり、勝利第一主義に汚染されて、かなりいやったらしいものになっているのも世の中には少なくありません。

ここ成城でもよくあるのは、「基本的な生活習慣」の目に余る欠如に対する苛立ちです。本来なら当然家庭の中で身に付いているべきなのに…といった具合のことが余りにもできていないと、教師たちは良心的ですから、ついついあれもこれもと抱え込んでいく構造があるように見受けられます。布団のしまい方も知らない、掃除の仕方も、紐の結び方も、ゴミの捨て方も…とほとんどきりがありません。ついには、「しつけは学校で、勉強は家庭（教師）で」という役割の逆転現象すらが冗談まじりで反省的な話題になったりします。

家庭と地域社会の教育力が著しく低下して、学校が肥大化した反面、マス・メディアの影響（教育力）が強大になりました。テレビ、週刊誌、ラヂオといったところですが、学校のタテマエ性に対してこれらはしばしばホンネ性で対立するところが、学校にとってはは余計に面倒臭いところでしょう。しかし、本当の問題は、どちらにしろ、間接体験、または疑似体験だけが肥大化していくということなのだと言う指摘には、なるほどという気にさせられます。

この辺りの社会学的な考察には種々関心をそそられますが、本論からやや離れてしまいそうで、深入りは止めますが、この前ベライターの『教育のない学校』という本を読んでいたら、学校の肥大化の内因の一つに学校教育が持っている「全人教育的な教育観」が挙げられていて、特に本学園などでは賛否はともあれ一考に値すると思ったものです。確かにぼくらはみずからの力量を越えて次々に背負い込む傾向がありますから…。ついでに言うと、ベライターの本の原題は"Must We Educate?"といって、こっちのほうが格好がいいと思いました。

こういったことへの批判、あるいは反省なのでしょうが、一九七〇年代に入って「学校相対化論」、「学校縮小論」、さらにいえば「脱学校論」や「反学校論」までもが賑やかに登場します。それぞれにもっともなところがあって、内側の当事者の一人としては何となく身の置場がなくなるような感じにさせてくれます。

ともかく、学校がさまざまの雑多な機能を抱え込んで肥大化した反面、本来の知育という機能に関しては空洞化してきているのではないかという批判や反省は重要です。欧米などの学校では、まずもって「勉強を教えるところ」というイメージの自己限定が徹底していて、フランスやドイツでは課外活動も入学式・卒業式を含む学校行事すらほとんどないなどと聞くと(『ひと』十一月号渡部淳「帰国生の海外授業体験が投げかける意味」。この特集は非常に興味深いものでした。)、日本の現状と考えあわせて妙にさわやかな感じを持ったりもします。

僕自身は狭いところでの「プロフェッショナリズム」というのが社会的分業をアタマっから前提にしたうえでの楽観主義ではないかなどと思ったりして、若い頃からあまり好きになれなかったのですが、それにしても教師は一体何を本業にすべきなのかがあまりに不明確な現状がそれほどいいとも思っているわけではありません。知育と生活指導のどちらが本務かといえば、それは知育だろう、と思います。だって、生活指導のプロなんて考えられないよ、生活なんて本人が作っていく以外にないんだから、というレベルでの単純な話です。だから、一般論として、社会のありようとしては、「脱学校論」にも賛成だし、せめて「学校相対化論」や「学校縮小論」が正論として力を持つ方がいいだろうとは思っています。

「学校縮小論」の代表かどうかは知りませんが、例えば清水義弘さんが一九七四年の『OECD加盟諸国における教育の現状』というレポートへのコメントで、次のように言っています。

「学校の機能を縮小し、単純化するという観点から、個人的社会的態度の開発は原則として学校外で行なうようにする。このため教科指導の一部と生活指導の大部分は、地域社会において実施する。学校の教育独占を禁止するために、学校を生活型学校から知識型学校へ戻す。」

世の中のありようとしては、その方が健全だと一般論としては再び賛成しておきましょう。だが、その上でやっぱり「しかし」が付きます。清水さんの主張を可能にする社会的な条件については措くとしても、学校が分担することになる「知育」の中身がまた問われなければならないと思うからです。

Ⅲ　学校内知育の特殊性

というのも、当の清水さんが同じ論文で「今日の学校は、独自の文化を持つ自己完結社会である。その中核とされる一群の教科は、学者、教育行政者、教師たちが作り上げた一個の観念体系であり、社会の実践行動体系とはほとんど無縁である。」(『現代社会の教育』)といっていますし、四年後の一九八〇年には「学校教育の要とされる教育課程は、専門の学者や教師が作り上げた記号文化の履修手続きの体系であり、現実の社会生活とはほとんど無縁です。教科とは、要するにダイジェストされた記号文化です」(『今なぜ学校改革か』)などとスパッと言っているんですね。確かに僕も担当している英語教育だって、言葉が本来持っている生活感をほとんど捨象する事によってカリキュラム的反復に耐えるといった、記号文化を記号の約束に従って練習させているのが大半ですから、ズキッと来るのです。

よく数学科の人と理科の人との間で話題になる事ですが、同じ数式でもxやyを使ったのとvやtを使ったのとでは子供達の多くにとって全然違うものとして受け止められているらしいという事があります。教師にとってはそれなりに明白だと思われる意味が子供達には全然通じないままでは、記号文化ですら単なる意味不明の記号を教え込んでいることにもなりかねません。「なんでこんなことをしなきゃいけないの?」という子供達の正直な疑問にどう対応できるのか、ひょっとすると一番大事な問題がここにありそうに思えます。

知育が成立するためには、客体としての知識なり技術なりと、それを知りたい、身につけたいという主体が出会い、関わらなければいけませんが、この点で学校内知育(もっとも学校以外では知育などという言葉は余り聞かれませんが)は極めて特殊な条件を負っています。

「学校は教えられる必要を教える」というのはイヴァン・イリッチの言葉ですが、とりあえずは生徒を徹底的に受動的な立場に置くところから学校内知育が始まっていることは充分に自覚しておくべきでしょう。生徒の大半は何となく学校に来るわけですが、仮に心から希望してきているとしても、それがそのときその教科のその内容を勉強したいということを直接に意味するはずもありません。始業、終業、時間割、学年別教科の組み合わせと個々の教科内容、こういったこと(広義のカリキュラム)がすべて個々の学習者のその時々の関心やリズムとは無関係にあらかじめセットされているわけですから、生徒の学習は、受動的に与えられたメニューを受動的に区切られた時間で消化するという役務に適応することからしか始まらないということになります。

学びたいこと、習いたいことは本来個別的なものでしょうが、仮にある特定の教科を学びたいと思っていたとしても、学校では同時にほかの教科群も学ばなければならない仕組になっています。学年制に基づいた教科配当ですが、いわば食欲に見合ったア・ラ・カルトではなく、極めて盛沢山の定食が食欲には関係なく口元に供されているのが特徴です。

僕達は生徒のやる気のなさをよく愚痴の種にしがちですが、改めて考えてみれば、学校教育の名の下に一方的にこういった適応を強制しているだけの話ですから、「やる気」を前提にするのはかなりの身勝手というもので、むしろ、こちらの都合によく合わせてくれているものだという気さえしてきます。実際、例えば体育で汗だらけでくたくたになって教室に戻って来た生徒たちに自分の授業への集中を求めるときなどは、さすがに随分ひどいことを強制しているもんだと思うこともしばしばあるわけですから。

もっとも、実際には、このあたりに余りに過敏になってしまうと一時間の授業も成立しなくなりかねませんから、よく言えば「やる気」を引き出そうとしながら、客観的に言えば「適応」を求めて、時に脅したり、すかしたりしながらやっているというのが現実でしょう。

こういった条件は多分に構造的な矛盾ではないかと思うのですが、おたがいの工夫で多少は軽減できるものでしょうか。

学園の中でも随分前から「3マイナス人生」という言い方で、高校生の勉強意欲の低下が話題になっていました。中学生はもっと勉強するよ、などと以前は思っていたのですが、最近では似たような風潮が中学生にも下りてきたというか、勉強しない層が増えてきたように感じます。年をとった分、気になりだしたのかもしれませんが、一種の危機感といっていいでしょう。僕自身は、学校内知育がかなり特殊な条件を背負わされているにしても、しかもそれが学校制度の階梯を上っていくためにしか余り意味のない内容のものであっても、どうでもいいとは思いませんし、せっかくやる以上はもう少し生き生きとした形の勉強をさせたいと思っています。

では、どうしたらいいと思っているのか、様々な条件に足を取られながら多少とも可能性のありそうなことを考えるとすれば、たいした名案は見えてきませんが、以下、せめてヒントでも探してみたいと思います。

Ⅳ　改善のためのヒント

『成城教育』15号所載の、もうお亡くなりになった遠山啓さんの講演記録「未来の学校」は今読み返してみて、非常に新鮮です。一九七三年五月に初等学校がお招きしての講演でした。

詳しくは現物に当たって頂くことにしますが、先ず、学校制度が完備した結果、価値観が一元化しての弊害をいくつもの例を挙げて語った後、授業時間が多すぎる現状に言及します。土曜日は自分の好きなことをやらせればいい、そうでない日も授業は午前中だけにして、午後は好きなことをやるほうがいい、というのも「学校というのは、確かに一定の知識や技術を大勢の人に授けるのには一番いい制度だと思いますが、しかし何といってもこれは一人一人の個性を伸ばすという点では、どうしても限界がある。そういうのはやっぱり学校の外で養うというふうになったほうがいい」というわけです。

授業時間を大幅に減らして、学力低下の心配はないのか。この点に関しても至極明快に「心配ない。」と語ります。今の学校は要りもしないことを一生懸命教えすぎている、必要なことだけにしぼればそれで十分だ、だいたい午前と午後もそんなにたくさん講義を聴いて頭に入るはずがない、映画だってそんなに見ていたら一日でくたくたになっちゃうのに、それを毎日やっているのは、映画を見るだけの集中力を持って聞いていないということだろう…というのは説得力があります。要するに、「時間を短くして、集中的な授業を工夫してやるほうがずっと効果がある」、少なくとも数学についてはは自信を持ってそういえるというわけです。

次いで、教科間のつながりがばらばらに分かれすぎていて統一的総合的に物事を考える機会が余りになさすぎることへの批判から、総合学習の勧めがいくつもの例で語られていますが、先述の「意味不明の記号文化」のアンチとして刺激的で、こういう授業ができたらそっちのほうがずっと面白い、自分もやりたいものだ、と思う人も少なくないでしょう。

その上で、遠山さんは、「総合性ばかりではやっぱりだめだ」として、「やっぱり一つのことを集中的にやる時間が必要です。例えば計算練習だけを集中的にやる時間が一方にないと、そういう力は養われない。字を覚えるとか文法をやるとかいったことだけを集中的にやるという時間が並行的にないとだめだろう」と、最後のほうで付け加えていますが、このあたりは異議のないところだと思います。

ところで、遠山さんの自称「空想」に、今のように無駄の多い学校は二つの型に分かれていくだろう、というのがあります。(『かけがえのない、この自分』６「未来の学校」前述の講演と時期的には一致する。)

一つは自動車学校型、もう一つは劇場型ですが、前者は、一定水準の技術を身に付けるという目的がはっきりしていて、基準は厳しく結果は合格か不合格だけ、当然年限はない。後者の目的は、楽しむために勉強することで、テストも成績も卒業証書もない。金さえ払えば出入り自由、当然年齢は関係ない…というわけですが、「今の学校は自動車学校的なところと劇場的なところがあいまいに混ざりあっていて、どちらにも徹底していない。だから、自動車学校のきびしさもないし、劇場の楽しさもない」という指摘は真剣です。

やや紹介が長くなりましたが、以上のような遠山さんの意見を部分的にであれ、僕達の現実に生かすことは出来ないだろうかと考えたくなります。

特に新しいことではないのですが、重要だと思われることを二つ取り上げたいと思います。

一つは大幅な時間短縮意見ですが、単に減らせばいいというものではなく、学習者の利益を第一義に考えようとする視点で説かれているのが大切な点でしょう。この視点は、生徒の側に少しも身に付かない、少しも定着しない授業にどれだけの意味があるのか、せいぜい教師の側のアリバイならぬ存在証明か自己満足以外には意味がないのではないかという反省を促します。特に目新しいことではないのですが、実際には僕達はしばしばこの視点を忘れて、あれも教えておかなきゃ、これも教えておかなきゃと、主観的には良心的に次から次へと総花的に用意しがちです。教科の整理、統廃合は今の時点では不可能に近いでしょうが、せめて、教科内の授業内容の精選(もっとはっきり言えば削減)に本気で取り組んだ方がいいと思います。

授業法についても、この視点をもっと自覚的に取入れることが可能でしょう。

二十年も前のことですが、アメリカで教師再研修プログラムに参加したことがあります。そこでシカゴから来た助教授が「生徒はその時間に自分が実際にやったことしか学ばない」と繰り返し力説していたのを思い出します。もし生徒が一時間椅子に座って教師の話を聞いていたとすれば、彼が学んだのは黙って椅子に座って教師の話を聞くということに過ぎないのだ、というのが彼が好んで行なう極論で、日本の英語教師は〝teach about Englich〟はよくするけども、〝teach Englich〟はあまりやらないようだと続くのでした。これはやや極論としても、単に英語教育だけの問題ではなく、あらゆる教科で改めて考え直していいことではないかと思っているのです。その時間に本当のところ何を身に付けさせたいと思っているのか、何を訓練させようとしているのかについて、僕達教師はもっと自覚的であるべきだということです。実際にはかなりいい加減という語弊がありますが、そのあたりの目的があいまいなまま授業を消化していることが少なくないのではないかと反省してみるのです。

もう一つ取り上げておきたいのは、知育を形成する二つの領域が区別されて提出されていることです。基礎的技能の集中的な訓練と総合的な知的活動がそれに当たりますし、将来の空想としての「自動車学校型学校」と「劇場型学校」の分化もそれに対応しているように思われます。

この点では「技能の教授」(skill instruction)と「習得した技能の開放的かつ探求的使用を奨励するような環境の整備」を意味する「自由教育」(liberal education)の二つの側面を学習の本質として認めるI・イリッチのほうがもっと明確かもしれません(『脱学校の社会』)。しかし、「ちょうど技能を教授することがカリキュラムの束縛から解放されなければならないように、自由教育は学校に通う義務から解放されなければならない」とするイリッチは、「両者は本質的に異なり、しばしば対立する性質のもの」ととらえています。というのも「技能」は「定義をし、かつ予測することのできる行動を習得することを意味する」から、技能の教授はその技能が使われる環境の模擬(simulation)に頼ることができ、反復的練習(drill)で習得、向上させることができるのに対して、「自由教育」は反復的練習に頼ることは出来ず、教育者と学習者の関係がどうなっているか、批判的意図を持つかどうか、思いもよらない問題が突然生じて知識の新しい扉を開くかどうかなどに主要に依存しているからだ、というわけです。

イリッチも遠山さんも両者を区別することの必要性を説くわけですが、このこと自体は現在の僕達の仕事に取り入れることが必要であるばかりか、ある程度までは可能なのではないかと考えるのです。一言で言えば、技能訓練に関してはもっと目標を明確にしたうえで意識的、集中的に、「自由教育」に関してはもっと自由選択的に、ということになりましょうか。

V　再び現実の中で

このことは、知育が知育として生き生きと成立するための重要な条件ではないかと思われますが、実際にはかなりの障害にたちまちぶつかります。

例えば、遠山さんの「自動車学校型学校」のように年限なしというわけにも行かないでしょうし（学年制を完全に撤廃したうえでの完全な独立単位制が見合うかもしれません）、「劇場型学校」のように完全に出入り自由というわけにもいきません。また、イリッチの説く「カリキュラムからの解放」も現実には無理でしょう。

授業時間の大幅な削減も、遠山さんが言っているような週五日制でしかも午前中だけで終るようなレベル（週二〇時間）は認可の枠を飛び出さない限り到底不可能です。いや、仮に認可されたとしても公立中学校の三分の二しか授業をしない私立中学校に高い授業料を払ってまで子供を通わせる親が何人いることか、こういったことは本来の教育問題とはかなり筋を違えた問題なのでしょうが、実は大きな規制要因です。

このことは学校のもう一つの役割に改めて気付かせます。というのも、平均的な親にとってみれば、子供が学校でどんなことを習ってくるのかということ以上に、一定時間子供を無事に預かってくれていて、学校制度の階梯を順調に上らせてくれること自身に一番の意味があるのだという事実を無視するわけには行かないからです。換言すれば、学校はまた「託児所」の役割も期待されているということになりましょうか。子供は元気で留守がいい、というのは全くの冗談ではなく、少なからぬ親のホンネです。

初等学校は公立に先駆けて隔週ながら五日制に踏み切ったわけですが、例の澤柳『設立趣意書』の中には「本校は他の小学校に比べて、よりたくさんの時間を面倒見たいと思います。」などというセリフもあるんですね。本来よそより面倒見のいい学校として始まった本学園が、子供が育つという全体性に棹さして、どこまで「家庭に返す」のがいいのか、決して初等学校への皮肉でいっているわけではなく、学校の中で教育を考えることの難しさが、このあたりにもかなりありそうに思うのです。

中学では現在公立が週三〇時間なのに三四時間の授業を行なっています。特活や道徳なしですから授業（特に座学）の絶対時間数が公立に比べてかなり多いことになりますが、他の私立校（例えば四学園）と比べて見ると特に多いわけではありません。受験が勉強への動機にならないわれわれのような連絡校では、ある程度の基礎学力を授業時間内につけていくために、いくらか多い時間数を用意しなければならないだろうというのがおおかたの理解です。もっとも、中学では、それにしても多すぎるのではないか、せめて必修は週三二時間に減らし余分の二時間は別の有効な利用が考えられないか、という案が出されていて現在検討中です。

週五日制も文部省では実験的な検討を始めるという話ですから（週三〇時間なら、六時間ずつ五日で、その気になれば実行は簡単でしょう）、このあたりのことを視野に入れながら、学園でもまともな論議がそろそろ始まってもよさそうに思えます。もっとも、個人的には、世の中が週五日制になっても、「面倒見のいい学校」としては六日間とも面倒を見ることが当分必要なのではないかとすら覚悟しているところがあります。ただし、現状のままでいいわけではなく、必修はずっと少なくして、自由に選べる柔らかな構造（例えば余分の一日は学校側の態勢だけは用意しておいたうえでの自由登校制にするとか）を考えなければいくらなんでもひどすぎると思っています。

Ⅵ　選択制の周辺

最後に選択制について触れておきます。

七〇年代以降、日本の国内でも画一教育批判が教育ジャーナリズムの主流になったようです。真摯な提言ももちろん少なくありませんが、中には戦後教育の創造的な活力を圧殺して「画一教育」を仕上げてきた側からの「戦後教育は悪平等」という批判までもがあり、「画一」的にうなずくわけには行きません。鳴り物入りの臨教審でも「自由化」とか「個性化」という言葉が飛び交いましたが、その問題点に関しては『成城教育』六〇号に磯田一雄さんに書いて頂いた論文が参考になりますので読み返して下さい。

今回の指導要領改訂でも、選択幅の若干の拡大が習熟度別授業のニュアンスを含みながら、「個性化」という修飾を得て出ています。「個性尊重」を標榜する本学園がこういった世の中の動きをどう考えていくのか、以前から気になっていました。

実は、「多様化」とか「個性化」という言葉にはある種のうさん臭さがあって、よほど内容やら文脈を吟味しないと陥穽に引っ掛かると思っているのです。

高校の多様化が初めて強調されたのは一九六六年の中教審答申「後期中等教育の拡充整備について」だったと思いますが、これは前年に中間草案が出て悪評を呼んだ「期待される人間像」とコミになっていたものでした。これに先立つ六二年に経済審議会が「人的能力政策の基本的方向」というのを打ち出しています。いわば、高度成長をになう若年労働力（高校進学率の急上昇でただでさえ不足し始めていた）の育成を急務とした財界が政府の教育政策にその要求を露骨に示したもの、と理解していたものです。したがって、多様化といっても個個人の中の多様な可能性を将来に向かって育成解放するのではなく、逆に産業界の一部品という狭い将来に転轍が困難な形で個人の可能性を早期に限定するもの、とぼく自身は受け取っていました。このせいもあって、六〇年代後半の自由研究発足を含む本高校のカリキュラム大改訂にもどちらかといえば批判的態度をとっていたこと、「多様化は個人にとっては畸型化になりかねない、将来はなるたけ遅く決まったほうがいい」などと口にしていたのを覚えています。

やや個人的な感想ですが、ここには「将来なんか分りっこない」という根っこの感覚（自分では少年期に敗戦という大転換を経験した世代特有の感覚だと思っている）と、学校が社会的選別の場になってほしくないといういささか甘い願望が混在していながら、複線型から単線型への学制改革に代表される「教育の機会均等」という戦後民主主義の重要な理念に、かなり頑固に依拠していたといっていいでしょう。

転轍の可能性を保留し、将来を特別に限定しない（と考えられた）教育の普通性を大切に思っていましたから、選択の自由さより共通必修として課している授業の充実を含めた検討こそを重要視していました。もっと言えば、現在の学校の設備やスタッフや教科設定などを基本的に所与の条件とするならば、選択といっても多寡が知れていて、むしろ量的にも圧倒的な共通必修という「定食」を工夫吟味することが先決だろうということにもつながります。この点はいまでも基本的に変わっていません。

しかし、改めて『成城教育』11号（一九七〇年）所載の工藤信彦さんの「はなのあとさき」を読むと、多くの問題性を視野に入れつつ「本を読み、ものを考える人間を教育しよう」という理想を「成城カリキュラム」にどう実現しようとしたかをある程度たどることができ、いささか自分の外在的に過ぎた不明を恥じる気にもなります。結局実現は無理だったようですが「午前必修・午後選択の時間割」という願いをほとんど全員の高校教師が持っていたらしいこと、「受験する者への対策と、成城大進学者のノンビリムード対策と、徐々にひどくなりつつあったロア対策」の「三層の学習状態に応じた必要性」という現実との格闘関係が述べられていたこと、そして何よりも、現実変革のロマンの熱っぽさすらもが感じられたことが特に印象的でした。

　どちらにしろ学校を望ましい教育制度とは思っていないI・イリッチですが、こんなことも言っています。

「学校は最悪の状態にあるときには、学校の仲間全員を同じ部屋に集め、数学、公民、および綴字などを（個人差を無視して）全員に全く同じ順序で教えるのである。学校が最良の状態にあるときは、個々の生徒は、いくつかの限られたコースの中から一つのコースを選択することが許される。」

　工藤さんが書かれているように、「生きることは選ぶことであり、選ぶことは他を捨てること」である以上、生きながら選ばないこともまた「一回性」というフィルターをかけてみれば、結果的には一つの選択であり、日々何かを無自覚に捨てていることになるのでしょう。

　かくて問題は、学校は（われわれは）どのような役割を選び直すのかということに再び帰着しそうです。

（初出）成城学園教育研究所『成城教育』第67号（一九九〇年）

理念の周辺

1 「うそをしりぞける」学校

学園の創立者・澤柳政太郎は大正十五年（一九二六年）四月の旧制七年制高校の入学式訓示のなかで、次のように話したと伝えられている。通称「澤柳教書」、全文を学校案内にも生徒手帳にも載せているから、中高では「四綱領」の「私立成城小学校創設趣意」以上に重要な文書として扱われているといってもいい。

「虚偽は真理に反し、道徳に反する。ウソは最もしりぞくべきものである。進歩の過程にある世の中には虚偽が多い。わが成城学園にはウソイツワリは最大の禁物である。極力これをしりぞけたい」

たったこれだけの文の中に、「最も」「最大の禁物」「極力」という最大級の修飾語を三つも使っているところから考えると、よほど強調したかったことと思う。新入生への訓示だから、直接には学生への要望だが、この文書全体に「校長・主事・教員」を学生と同列において語っている箇所が二回も出てくることからして、列席している教員同人たちの耳も意識していたにちがいない。

澤柳政太郎のいくつもの偉さの中には「ウソイツワリは最大の禁物」ということについての有言実行も含まれているのだと思う。正しいと信じることは実行する。理念と実際の間の壁を高くしない。現実感覚も鋭く、実現できていないことについては「研究課題」として提示するに留め、大言壮語はしない。いたずらな夢にも酔わず、しかも志は高い。

冒頭にこんなことを持ち出したのは、時に学園の中学校の教育を代表するかたちで話さなければならない場に立たされて、「ウソイツワリ」を交えずに教育を語ることの至難さを改めて感じているからである。教育の理想と現実との乖離を「ウソイツワリ」視するのは小心に過ぎるのかもしれないが、できれば「羊頭狗肉」はしたくない。せめてなるたけ少なくするように努めるしかないのだが、それすらもとても難しい。こんなところにすら教育の難しさを感じてしまうのである。

2 「学校案内」を作りかえる

一九九一年度、中学は「学校案内」を全面的に作り直した。従来のそれは一枚の紙を三つ折にしただけのもので、これはこれで素朴でつつましく捨て難い味もあったのだが、情報化社会の中の学校情報の提供物としてはあまりに寂しく、しかもその原形は私自身が赴任する前からのもので、全体の感じがあまりにも時代がかっていて、何年も前から気になっていた。中学の教員集団自身にとって、なかばよそよそしいものになっていたのだから、結果的には無責任な外面《そとづら》になってしまいかねない。

初等学校や高校のそれを参考にしながら写真を多用して、当初は三年分作ってしまうつもりだったが、時間に追われて編集しているうちに、すぐに改訂版を作りたくなることが予想され、とりあえず一年分だけを作った。つまり、作ったとたんに不満が出るという体のもので、内容は実物を見て頂くしかない、というのも気が差す。

しかし、その中心部分にあたる「中学校の教育」を紹介する一ページは文案そのものを職員会議で二回討論した。その討論は、いわば、成城学園中学校をどのような学校として世の中に示していくかという問題を直接考えるものであり、「看板は看板、内実は内実」という不誠実をとらないとすれば、学校としての努力目標、したがって、教員集団としての共同性の根拠に直接かかわるものであった。それは、それ以前の数年間続いたカリキュラム論議の中でも何度となく指摘されてきた「理念がはっきりしない」という不満に、自分たちなりに答えていく作業であったし、その意味でも必要なものだったろう。

今年度は多くの新任の仲間を迎えることになったのだが、赴任早々こんな論議に加わらざるをえなかった人の中には、何をいまさら、のんきな学校だね、と驚いた人もいたかもしれないが、こういう根本的な討論をする機会というのは、よほど意識的に用意しない限りなかなかできないものだ。「学校案内」作成は否応なくその機会を作ったとも言えよう。

成城学園の教育を今まで表していた「個性尊重」とか「一貫教育」とかいう言葉だけでは、そこで実際に教育に当る我々自身がその内実に自信がもてず、教育目標としても明確でないと感じ続けていたことが根にあったし、「理想」あるいは「願望的な目標」と現実に行なっていることの「内容」が混然一体になったような叙述では、当の我々自身にとってすら「うそっぽく」感じられてしまうということもあった。

結果として、次のように「教育の理想」と「内容と特色」を分けることになった。

前者は、「学習を通じての人間形成を第一義に、次のような教育を念願する」として、

＊ひとりひとりを尊重し、ひとりひとりが伸びる教育
＊自学自律の精神と力を育てる教育
＊たくましい意思と、豊かな心情を養う教育
＊将来への基礎となる学力をしっかり培う教育

そして、「次の二つの領域に配慮しながら実施されている」点を「内容と特色」とした。

＊すべての生徒が大学教育を受けることを予想して、中学高校を通じ長期にわたる教育計画を立て、基礎的な学力を充実、定着させること。
＊中学時代という多感な成長期にこそ望ましい、多様で豊かな経験の機会を用意すること。

それぞれの内容は省略するが、最後には大部分の生徒が内部推薦制度で学園高校に進学することを明記した。

当然といえば当然なのだが、心がけたことはできるだけ現実に即した平易な説明であった。現実からあまりに遊離した美辞麗句は極力抑えようとしたが、同時に、現実から多少離れていても、我々にとっての共通の目標を、「念願」としてでも明確にしておきたかった。

もちろん、個々の内容についての討論が充分に尽くされたなどとは到底言えない。

たとえば「学習を通じての人間形成」という言葉は、従来のパンフにゴシック文字で印刷されている言葉の中から学校として外すわけには行かないものとして引き継いだのだが、「学習拒否」に近い子供たちが目立ち始めてきたこと自体が現在の最重要問題である以上、単に言葉として引き継いで済むというものではない。内容的にも、「修身」を必ずしも独立させずに知育と徳育の相互浸透的な関係に着目した澤柳『実際的教育学』の考え方に立脚しているもののようで、これ自体一つの大きなテーマになりそうだが、討論には至らなかった。

また、「自学自律の精神と力を育てる教育」を自分たちは本当に志しているのか、そのための方策をどれだけ練っているのか、というもっともにして痛烈な疑問が一人の教員から発せられたが、それ以上に深めることはできなかった。これも現在の一番重要な課題であることは

間違いない。

「すべての生徒が大学教育を受けることを予想して」ということにも、中学の教育は上級校への準備教育に過ぎないのか、大学に行くことだけが人生ではないはず、といった意見も出され、かなりの議論を呼んだりもした。私自身は、個々の生徒が自分の適正と希望によってその後どのような将来を選ぶにしても、高等教育に進めるだけの学力をつけさせることを我々自身の努力目標にするのは、成城のような「一貫校（連絡校?）」では親からの付託に応える上で当然のことだと思っているし、それ以上に、ややもすれば「勉強は二の次」的な安易な風潮に流されかねない我々自身の歯止めとしてでも外すわけにはいかないと考えていたので、その点を強く主張した。

「全人教育」という言葉は敢えて使わなかった。以前に『成城だより』99号に触れたように、学園の中では中学だけが学則第一条に「全人教育の実現につとめる」と謳っているということもあって、個人的にはかなり気になっているのだが、全面的に再検討するのは今の私の手に余る。ただ、職員会議がよほどこだわるのなら別だが、自分としては違和を感じる言葉を自分から掲げる気はしなかった。「学校という制限」（澤柳の言葉である）の中で現実の我々がやっていること、この先もやりたいと思っていること、その意味付けとしては、前出「二つの領域」の後者のように提出するのが「ウソイツワリ」の少ないところだと思う。

討論不足の問題や保留している問題を改訂の度にどのように深めたり明らかにできるだろうか。言葉にしてしまうと身も蓋も無い感じになってしまうのだが、もともと「学校案内」の作成自体が、外を意識することを媒介にして我々自身の日常の仕事を改めて考えることを意図していたのであって、そのことを離れて、たとえばどこかに委託して一見かっこいいパンフが作られても我々自身には意味があるわけではない。

やや我田引水をする。『成城教育』73号の合同研究会特集に一文を寄せた際に、日頃の若干の違和感の表白に続けて私は次のように書いてしまっていた。

「学校とか教育というのは、ひとつの理念だけで出来上がるものではなく、何度でも再考しながら現在を生きていくものでなければ、伝統もまた背負うこともできないのだろう」

「伝統を背負う」ことになっているかどうかは自信の

限りではないが、ささやかでも、不充分でも、こんな討論を職員会議で続けていくことも「現在を生きていく」うえで不可欠なのだと思う。

3 「天分の発揮」の陥穽

怠慢を告白するだけなのだが、『澤柳全集』の拾い読みを始めたのはせいぜい二、三年前からである。第四巻がとりあえず親しみやすく、特に一九二〇年に書かれた「自学自習法の建設にまで」①、「教育の発育観と器械観」②、「天分の発揮」③の三論文にはいろいろ考えさせられたり、僭越ながら創立者を身近に感じたりもした。

教育を注入的・人工的に考えるのではなく、開発的・自然的な成長への助力として考え扱うべきだという文脈での①の次の文などは、入学式での「歓迎の辞」で使ってしまったほどである。

「之を例ふれば教育は地面に蒔かれた草木の種子がその種子に内在して居るいろいろの生能が自己の力によって、発芽し成長し花を開き実を結ぶが如きである。但し種子の発芽なり、成長なりに外来の力を借りなければならぬ、即ち種子は適当なる季節に土質の中に蒔かれ、適当の温度と湿度との力を借らなければ発生しない、併乍らこの種子をして発芽し、成長し或は美麗なる花を開かしめ、沢山の大なる実を結ばしむるものは、主としてその種子に内在して居る生能の発揮に外ならないのである」

「人工的」と「自然的」の違いを明らかにするために澤柳は好んで教育を植物の成長に例えて語っている。②の次の文などは、教育という作用の意味を直接性にではなく媒介性に見ている点でも、きわめて示唆に富んでいる。

「紅梅の造花を作る為には紅ひの布片を梅花の形に切りて糊り付ける必要がある。しかし生きた紅梅の花を開かせんとしたら、何も紅ひの肥料を施すにも梅鉢の形になるように人工を施す必要も無い。紅ひの花とは一見何のゆかりもない豆槽なり堆肥なり適当の肥料を施し、相当の湿度と温度とを與ふれば美しい梅花は自ら綻びる。」

しかも、この論文には「教育は実に環境中の一面一要素たるに過ぎない」と明確に言い切っているところもあって、凡百の理想主義者や教育至上主義者とは全く違う卓越した現実認識を示している。この部分は、十二月の「学校説明会」でも使わせて頂いた。

「教育」を含めた「環境」を自らの成長の糧として消化吸収して活用するのは、「その種子に内在している生能の発揮」ということであった。さらにその根っこにあるものを「遺伝」とか「天分」とかいう言葉で語られている。

天分というのは文字通り「天に分けてもらったもの」という程度の意味なのだろう、手近の辞書には「天から受けた（生れつきの）性質・才能」とある。③に有名な一文がある。

「一の天分を有する児童をして一の天分を発揮するやう指導したなら、其の教育は完全の教育である。若し十の天分を有する児童をして五の天分を発揮するに止まったら其の教育は失敗である。」

「開発的教育」あるいは「天分教育」のひとつが成功か否かがきわめて明瞭に語られているわけだが、同じ論文の二節ばかり前に次のような文章もある。

「全體各人の天分、各人の能力は何であるか、何程であるかは、其の発揮せざる前に量り知ることは出来ない。少くとも其の方法はまだ知られてゐない。それ故に発揮された所を見て其の能力の潜在してゐたことを知る外はない。」

引用を重ねたが、個々の引用箇所についてはかなり強い共感を持って賛成できるものばかりだ。にもかかわらず、並べた文章をまとめて読み返してみると、困ったことになる。我々の教育観をこういった原理レベルだけに閉じ込めて事足りるとすると、よく言って堂々巡り、要するにひとつの教育的実験が成功か失敗かの総括が論理的には不可能になるからである。澤柳は、先の引用に続けて、各自が自己の天分について静かに考えてみたらそれが十分に発揮されていないことを自覚できるだろう、と述べているが、もともとこの部分は成城小学校の同人に向って、自分自身の「学識」「教育者としての努力」「教育上の見識」「児童に対する感化力」が「天分一杯か」と問う文脈の中のことであって、児童の天分をどれだけ発揮させたかをつかむ方法論を説いているわけではない。

また、澤柳は、同じ論文の中で、壮年中年に達している教育者自身の天分すら容易に知りえないのに、変化極まりない幼年少年時代に児童の天分を正しく知ることは最も難しいことだとして、にもかかわらず早々に「彼は優秀、彼は劣等と品定めする教育界一般の風習」を最も哀れむべき又最も恐るべきことと思う」と早目の断定を強く戒めている。

だが、ひとつの教育的な営為がそれとして総括できないとき、一方では果てしない（果てがわからない）限界へ向かっての無限の努力を要求するものになってしまいかねない（「教育とはそういうものだ」という声が聞こえそうだ）が、それも現実的には限界があってみれば、他方では「教育」の至らなさをすべて「天分の至らなさ」に帰してしまう論理にも道を開きかねない。少なくとも、その危険性は自覚しておいたほうが良さそうだ。

赤井米吉（大正十一～十三年成城小学校幹事・のち明星学園創立者）が成城に来る二年前に『教育問題研究』第四号に「教育的創造」という一文を投稿していて、その中に唐突な次の一節を見つけて私は驚いた。


「サボタージュせんが為の浅薄なる自発活動主義よ、自習自学主義よ、それは無能なる教育家の隠れ家である。デモ教育家よ、汝の隠れ家から人生の市場に出て来て、汝の真の力を示して見せよ」


なお、この投稿には同誌六号に澤柳が、教育は芸術品の創造とは異なりあくまで発生的発育的に取り扱うべきものだという趣旨の短評を書き、八号に赤井が自分の論旨を再論しているが、それはともかく、赤井は実際にはどういう「教育」を批判したのだろうか。

のちに主事小原国芳との間がうまくいかず、成城小学校内部に赤井排斥運動が起こった際に澤柳に対して行った弁明を、赤井自身が次のように書いている。（『澤柳研究』第5号一九七一年九月「澤柳政太郎先生」）


「わたしは成城の経理、教育問題研究の経理の乱脈を直すには、暫く独裁的厳密すぎるようにしなければならなかったこと、職員の思いつき、デッチアゲ、発表主義であることを制裁するには、従来の発表に対してキビシイ批判を加えねばならなかったこと、児童の自由が学習の自習をこえて、生活全面の放肆になっているので、ある程度の規則の必要性を痛感したこと、月謝が高いこと、後援会を盛んにする必要から父母のきげん取りが度をこしていること、などをあげ、この人々の非難は全面的にみとめるが、少なくともこれまではこういう態度でいなければならなかったことを弁明した。」

赤井は「澤柳先生はほとんど全部を容認して下さって」と、この先を続けているが、省略する。私は何も暴露趣味でこういう文章を取り上げたのではない。新しい学校がおそらくはその故に自らの理念と現実との距離に苦しんでいたであろうことを、むしろ同情をもって受け止めたいと思っているのである。歴史をいたづらに美化するのは、かえって先人たちの等身大の労苦を損なうものだと思うからである。

4 「自学」と「自発的奮励」

初期成城学園の「自学」問題の全体を見渡して論ずる用意は私にはない。ただ、拾い読みの中で多少の疑問が生れてきて、出来ればどなたかに教えて頂きたいと思っていることがある。

理念と実際の間の壁を高くしないことを、澤柳の偉さの一端ではないかと冒頭に述べたが、教育を開発的に扱うということは、澤柳にとって単なる理念ではなく現実の方法に直結していたことを念頭においている。理念的には「教育は開発的たるべし」ということがすでに常識になっているのに、現実には注入的・器械的に扱っている、という世の中一般への批判が、先に取り上げた論文の中にも頻繁に出てくるし、「内発的な活動」を中心に置いた方法の研究ということを自らはただちに課題化する。初等教育の実験学校として出発した初期成城小学校の自学を含めた教育研究については、『成城学園六十年』にもまとめられているし、復刻版の『教育問題研究』をめくっても窺うことができる。だが、「内発的活動の尊重」が単純に「方法としての自学」に収斂するということではないのではないか。

パーカスト女史のダルトン・プランについても、澤柳は研究に値するものとして高く評価しながらも、高学年での特別研究に限って導入していたようだし、のちに小原主事の熱心な主張でより大幅な導入がされた裏側にも一定の現実的な批判があったことを仲原善忠『成城学園二十五年史稿』（教育研究所所蔵）はつぎのように述べている。

「（この方法の）長所は、①生徒児童は極めて自発的に歓喜勇躍して学習に専心すること、②優秀な生徒は、能力劣れる児童の進度に拘束せられることなく独往的姿勢を執り前進し得ること、③五十分という時間の機械的制限を受けることなく能率的に時間を利用し得ること、④比較的得意なる学科を短時間で終わり、不得意のものに多くの時間を費やし得ること、時間の主人となり得ることなどである。

然るに、①生徒の大多数は未だ自己規制をなし得る域に達せず、教室において学習に没頭するより運動場に於て遊戯に耽る者多く、②徒らに仕事の進度を競い練磨を欠き皮相浅薄なる学習に陥ること、③難を避けて易に就き易く、学科に甚だしき偏りを生ずること等、幾多の弊害あり、特に語学の如きは誤れる発音を矯正し又聴き方練習の機会かく、数学、国史、国語の学習に於ても幾多考慮すべき事項があって、漸次この方法は批判せられるべき欠点を露呈してきたのである。」

長い引用をしたのは、学園の中でこの種の批判が従来きちんと取り上げられていなかったように感じているからだ。中学部主任の仲原が第一次成城騒動のさいに小原批判派だったということでなのかどうか、私にはよく分らないが、初期の小学校でも牛込成城と玉川成城では自学をめぐってかなりの違いがあったらしいこと、更には「騒動」以後自学はほとんど廃止したこと（この点について仲原は「学校教育における自学自習の価値を否定したのではなく、能率及び教授体制の整備という考慮から改善を期したものである」と述べている）を含めて、重要なことだろうに「学園史」では事情がよく分からないのである。

新田貴代は『澤柳政太郎・その生涯と業績』（澤柳研究双書1・一九七一年　成城学園澤柳研究会）の中で、いくつかの重大な点で澤柳と小原を対比させ、小原主導後の成城を「実験学校から主義学校への移行・変質」ととらえているが、その中に次のような一文がある。

「澤柳においては自学の精神が、時と場合に応じて自由に種々な表現を取って現れるのに対して、小原氏にあっては、このダルトン・プランの採用にみるがご

とく唯一絶対の〝主義〟として、排他的色彩の濃厚な規範としてとらえられて行くのである。」（二〇一項）

印象としては私もそんな気もするのだが、どなたか知識と力のある人に全面的に論じていただきたいと思っている。

成城第二中学校の創設、砧の現在地への移転、旧制高等学校の創立、いわば現在の総合学園を作っていくうえで決定的な役割を果したのは、当時の主事小原国芳の超人的な活動だったこと、そして、澤柳はほとんど積極的な役割を果していないどころか、どちらかといえば消極的だったらしいことが『五十年史』や『六十年史』からも窺える。先の新田は、「澤柳は中学校創立に最後まで反対であった」（一八二頁）とさえ書いている。

小学校教育の改造のための実験学校を最大の関心事にした澤柳にとって、中学や高校の教育への関心は二次的だったと考えて良さそうだが、それは、当時は現在と違って、中学や高等学校に通うこと自体がすでに社会的には一定のエリートだったわけだから、年齢的な条件も含めて、教育対象者の側にそれなりの自覚を前提すべきであり、したがって教育のありようへの論及も初等教育に比べれば二次的なものになるという判断もあったと考えられる。

澤柳が自ら「被教育者の側より見たる教育学」と名づけた『学修法』（全集2）を開いてみるとそんな感じがしてくる。余談だが、明治四十一年の十一月から四か月の間に『教師及び校長論』『学修法』『実際的教育学』という大部を続けて世に出したエネルギーと学校教育に論及する徹底性は、感嘆を通り越して私などはほとんど辟易するほどだ。

『学修法』は独学者のために学習の仕方を解説するものでなく「学校に於て教育を受けつつある者に対して、如何に教育を受けるべきか、教師の教育上の働に対して、学生は如何に働くべきかを論及せんとするもの」であって、その眼目は「学修法の第一則は大なる自発的奮励を為すにある」というように、徹頭徹尾、しかも手を変え品を変え、「自発的奮励」の必要性とその具体的注意を説いているところにある。

十歳ぐらいまでなら教師に誘導された興味で勉強するのも仕方がないが、中学生ともなれば、「教師が学生をして奮励せしむるやうに誘導するのを待たず、自ら進んで奮励しなければならぬ」と説く。「この説明を知って、而して尚ほ自発的奮励を為さざる者は、所謂度しがたきものである。如何ともすべからざるものである」とまで言う。

「澤柳の人間としてのイメージは、一口でいうと、強い『自恃』(self-reliance)に裏づけられたエリート的人間である」と『全集2』の解説(中内敏夫・上野浩道)にある。「エリート」はともかく、「自発的奮励」の核は「自恃」といってもいい。

時代も違うし、中学高校の社会的位置付けも違うが、もともと『学修法』自体が、明治後期になって教育機関が整備し、教育機会に恵まれるようになったがために、逆に勉強に本来的に不可欠な「自発的奮励」を忘れて受け身の態度で授業を受ける学生の傾向への憂慮から書かれているわけで、そのあたりの問題意識は現在では一層深刻な問題としてつながっていよう。

『学修法』は、「解説」によれば一年のうちに十数版を重ねその後も広く読まれたという。

現在の私などから見れば、こんな本を読むだけでも大したものじゃないか、と言いたくなるのが本音である。あまりにも多い「度しがたきもの」「如何ともすべからざるもの」を日々教育対象にするとき、澤柳ならどうするのだろうという疑問を抑えることができない。「愚直」なまでに正しいことを真正面から主張するところが澤柳の偉さのひとつでもあるのだから、やはり真正面から「自発的奮励」の必要性を説くのだろうか。学校という場所的時間的「制限」の中で、どこまで「天分の発揮」を待つのだろうか。どの時点で「如何なる教育の力を以てしても遺伝の勢力を如何ともすることは出来ない」(前出②)とするのだろうか。

僅かなヒントが『成城学校八十年』(一九六五年)という本にある。小学校を作ることを条件に澤柳が逝去するまでの十年間校長を務めた牛込の成城中学校(現在の成城中・高校)の歴史だ。「発展期—澤柳教育—」の一章は、『学園史』よりも澤柳の直接的な事跡をはっきり書いていて興味深い。教育研究所の蔵書のなかにある。

着任早々の大正六年に「自習館」設置、自学自習の気運を大いに盛り上げる。「無試験」を理想とするも「此の道具なき時は不勉強となる恐れのある故不得已也」と妥協、上級学校への準備教育を排した澤柳だったが保護者会の熱意に押されて十三年「成城高等予備高校」開設、一方学校当局は「自由と統制の二律背反」に苦しみ、じょじょに統制を強化、「澤柳教育が花やかに開花しはじめ、その理想が実現し始めた頃、にわかに起こった校内の綱紀弛緩は、当局が鋭意改善の方途を講じ、その実現に努力する途上において、遂に最終局まで行きついて爆発してしまった」という十一年の「十一月事件」、そして、一人の処分者も出さない澤柳の見事な解決などなど。だが、昭和二年澤柳の逝去をもって、澤柳精神は成城中学校からは「払拭」されてしまう。

澤柳の死は現在でも非常に惜しまれるものだ。時代が急速に軍事色をはらみ、官立大学志向と教育の理想の相克が緊張を強める中で、せめてあと十年間、成城中学校と成城学園への澤柳の言説と実際が続いていれば私などにももう少し分かるだろうに、と無いものねだりをしたくなってくるからである。

好ましからぬ現実とどのように折り合うのだろうか。それとも理想だけは高く堅持されるのだろうか。「実際」を何より重んじた「理想家」の相克と苦闘の相がもう十年間残っていてほしかったと思うのだ。

5 「内」と「外」の関係

先に「紅梅の造花を作る」ことと「生きた紅梅の花を開かせる」こととの対比を澤柳に学んだとき、「紅ひの花とは一見何のゆかりもない豆槽なり堆肥なり適当の肥料を施し、相当の湿度と温度とを與ふれば美しい梅花は自ら綻びる」という部分に、教育的作用をその直接性にではなく媒介性に見る澤柳の卓越した把握を見た。したがって、澤柳の場合、いかに児童生徒の「内なる力の発揮」を尊重し、「自発的奮励」の必要性を説いたとしても、「方法としての自学」を絶対化するほどに短絡した思考をするとは思えないのである。やや推測が入るが、澤柳にとっての「方法としての自学」は児童生徒の関心のありよう・その発揮の仕方などをそれぞれの具体に沿って観察研究することにより大きな意義が与えられていたのではないか。

また、澤柳の「内なる力の発揮」の尊重と「器械的人工的」扱いへの批判を、生徒児童の教育に関しては万事「自然」に任せ、「外からの」働きかけを一切排除する、要するに子供たちの気ままに任せる放任主義と解するとすれば、大きな誤解だろう。念のため、澤柳自身の言葉をひとつだけ示しておく。

「余は断言する生徒に対してやかましく干渉する教

師は生徒に親切なるものであると。また余は断言する生徒に対してやかましくいはず放任する教師は生徒に不親切なるものであると。」（『教師及校長論』第一編第一章第八節、『全集』6）

少し思慮ができ年齢が長ずると自然に改まるようなことは寛大に見てさしつかえがないが、不正のことや深い悪意が根底にあるような行いは、「仮借なく厳に取り締まる必要」がある、それで「如何なる行為はゆるし如何なる行為はゆるさぬかということは事実の問題であって、教師の健全なる判断を要する次第である」と極めて常識的な論旨が後に続いてくる。『教師論』は明治四十一年（一九〇八年）の著作だから、3章で取り上げた三つの文章より十二年前にかかれたものだが、少くも無責任な放任主義とは無縁なことは押えておく価値があるだろう。

もともと「内から」ということと「外から」ということとは、一見対立するようだが、実は二律背反的なものではなくむしろ相互補完的なものだろう。なぜなら我々は等しくそれぞれの環境の影響なしには存在しえず、意識するしないにかかわらず不断に外からの刺激を受けていることを無視するわけには行かないからである。主体性といおうとなんといおうと、「外から」の刺激への反応とまったく無縁な地点に「内から」を考えることは、おそらく現実的ではない。「外から」の刺激の受け止め方、かわし方、取捨選択と総合の仕方などをからくも「主体性」と名づけているのではないかとさえ私は思うのだが、これではいかにも澤柳の「自恃」から隔たってしまいそうだ。だが、たとえば、受動性を正当に意識することがその時の主体性であるというように、「受動性」と「主体性」は深くかかわっていて、ほとんど隣り合わせ、ほんのちょっとした視点の捉え方の問題ではないかと常々考えているのである。

澤柳から離れたついでにさらにいえば、人は生まれた瞬間から否応もなく社会的存在であり、「外から」の刺激の大半は、教育といおうというまいと、厳密にいえば「人工的・人為的」なものであって、言葉の純粋な意味での「自然な成長過程」が無菌状態であるわけではない。反語的に言えば、純粋培養自体がすぐれて人為的にしか存在しえないのである。

十年程前に、教育にかかわる一当事者としての納得の仕方に触れて私自身次のように書いたことがある。

「ぼく自身は、『自己教育』という概念と『公倍数的関係』という思いつきを組み合せて、たとえば、生徒の『自己教育力』に対して自分はどのような『挑発力』たりうるか・・・という具合に問題を立てて歩いていくつもりなのだけれども」(『成城教育』34号「世代論」特集)。

現在でも内容的には同じようなことを考えている。そして自分では澤柳の「成長と肥料」論と大差がないと思っている。というのも、個々の言葉はともかくとして、これは「理念」というよりも「事実」をそのまま受け入れていることの客観的認識の表明だからである。

問題は、私自身を当事者の一員としている我々の学校が生徒たちの成長に本当に資する「土壌」になっているかどうか、良い「肥料」になっているかどうか、をどのように反省するかだろう。

*

昨秋の研究集会に参加して子供たちの「ヘンさ」のあれこれを聞いているうちに、私はひとつの自問を抱えていた。自答がはっきりしないまま結局発言できなかったのだが、簡単に言うと、「子供たちのヘンさを、我々の学校は多少なりとも矯正しているのか、それとも逆に増幅してはいないのか?」ということだった。

環境は生活経験となって成長に組み込まれる。時代が変わり、社会環境が変わり、生活経験も変わった。子供が変わってきたこと自体はおそらく不思議ではない。問題は、学校という環境がそういった変化にどのように対応できるかだろう。学校も又環境であり、生活経験となって子供たちの成長を形成しているからだ。

以前に講演にも来て頂いた(『成城教育』60号)佐々木賢の近著『怠学の研究』(三一書房一九九一年)は戦後社会の変容の中に生徒の授業への態度の変質を重ね合わせて分析していて興味深い。大きく言えば、学校が変ったのではなく、変わらないことによって関係が変わってしまったということもできよう。現在我々が抱えている問題の多くは昔ながらの教師のグチに通じているものだけれど、問題全体としてはまったく新しい社会的問題なのだということを自覚しておいたほうが良さそうである。

入学志望の親と話す機会が増えた。志望の動機は圧倒的に「のびのびさせたい」である。成城学園の一番の取り柄みたいなものだから、結構なこととしよう。だが、「のびのび」が「のんびり」に、「自由」が「野放図」になっていないかが私たちの反省なのですが、と毎回答える羽目になっている。

すでに予定枚数を大幅に越えてしまっているので、このあたりのことについては別の機会にゆずろう。ただ、研究集会で発言しなかったことはいささか後悔している。せめて他の参加者のご意見だけでも聞きたかった、と今にして思うからである。

（初出）成城学園教育研究所『成城教育』第75号（一九九二年）

相川忠亮と成城学園教育研究所

青柳　恵介

一九七七年に成城学園創立六十周年を記念して設立された教育研究所の活動の歴史から相川忠亮の名を外すことはできない。その設立に対してはむしろ消極的な立場（設立に熱心な人々への批判的な応援者という見方もできるかもしれない）にいた相川ではあったが、中学校選出の初代の所員となり、教育研究所発行の雑誌『成城教育』の編集長、あるいは企画委員として、現在の教育研究所の活動の基本的な構造形成に中心的にかかわってきた。

一九七七年六月に発行された『所報』に、相川の『暴論』みっつ」という文章が掲載されている。その中で「一つの学校の現場で、教育実践者が即、教育研究者でありうるし、また、あらねばならぬということが、ひょっとすると創立者の『実際的教育学』の根本理念だとすれば、他ならぬ成城学園の教育研究所の理想像は、実践と研究が日々有機的に結びあい、生き〳〵とした交流と相互検討の場が各校内部あるいは相互にあって、その波間に埋没することではないかといえそうです」と語られている。言わば教育実践と教育研究との分業の廃絶への期待こそ、相川忠亮の教育研究所への熱い思いの根底にあったものだったと私は思う。

各学校から二年の任期で、木曜日の午後だけ授業をカットしてもらって研究所にやって来る所員、日常からすこし離れて日常を所員の視点で眺めなおす。「日常を対象化しようとする営為がそれ自体非日常的ではあるが、それをも繰り込んでぼくらの日常がもう一段豊かになる」そこにこそ研究所の存在理由があるのであって、教育学もしくは教育史専攻の所員を置くのでは意味がない、相川はそう考えていた。

幼稚園・初等学校・中学校・高等学校・大学各部から選出されて来る、立場も考え方も異なる学園内他校の所員や編集委員と議論し、互いを知り、一つの土俵を作ることから作業は始まる。毎週木曜日の午後に開催される所員会議は日が暮れるまで続き、その後は成城の町の居酒屋にそのまままくりだして議論は続く。自分の偽りのない意見を述べ、相手の意見を正確に聞き取り、妥協は一点も許さず、さらに議論を重ねて行こうとする真摯な態度は、風体は斜に構えているように見えても、人の心を打つ。相川に一杯やってゆこうと誘われて断ることは至難の技であった（一つは相川に逃げたと思われたくないという消極的な意味、もう一つは自己研鑽の機会を逃してはもったいないという意味が私の場合にはあった）。

教育研究所主催の研究集会の開催、すでに学園で開催されていた「初・中・高合同研究会」への教育研究所の関与等、超えなければならぬ障害はいくつもあったけれども相川の組織力は遺憾なく発揮され、現在ではあたりまえのこととして開催されている。しかし、一方では、その頃、教育研究所が梁山泊に喩えられたり、学園内で「教育研究所族」などという言葉が使われたりした。その背景には、成城学園の中に拓いた小さな自分の庭が教育研究所の活動によって荒らされるのではないかと危惧する、善良ではあるかもしれないけれど、度量の狭い人間がいたことも事実である。そして、そういう人々の多くは相川との面と向った議論の場を避けた。この無言の拒絶の息に相川が鈍感であったはずはない。一人帰り、二人帰った深夜のバーのカウンターで、やや翳りのある顔をして「俺は悪いことをしているのかな」と問われると私には返す言葉がなかった。「地獄への道は善意に敷きつめられている」というような毒のある警句が相川忠亮の口から発せられるのはそういう時間であった。石原吉郎を読め、中江丑吉を知れと教えられたのもそういう時間であった。教育研究所会議室の相川のアポロ的なものが、ディオニュソス的なものにうつろう、その揺れの大きさ、激しさに相川忠亮という人間の魅力を感じるのだった。

相川忠亮編集長の編集した一九八七・八八・八九年の九号（第五十六号〜第六十四号）には「〈現代っ子〉再考」「『学校』を問う」「学校という空間」「『国際化』を考える」「『教師自身』というような特集号が含まれており、相川のエディターシップが発揮されている。「編集する者が面白がらないで、どうして読者を面白がらせることができるか」というのが口癖であった。中学校から大学へも初等学校にも足を運び、執筆者と充分にお喋りをして、その上でこういう原稿を書いてくれないかと依頼する。割付、校正など、研究所にこまめにやってきて、みずから率先して手抜きを許さなかった。

私は中学の三年間、相川忠亮に英語を習い、教育研究所の専任事務職に就いて、相川忠亮に学校の仕事を習った。私は運のいい人間であったと思っている。

ヒトが〈おとな〉になるということ

こういう形で君たちに話をするのは、きっとこれが最後だと思っています。あと、終業式や卒業式がありますが、式の話は長いと嫌われますから、そんなにきちんと話すことは避けたいですね。ここにいる君たちのほとんどは、すでに十五歳になり、間もなく中学を卒業することになります。いってみれば、それだけおとなへの道のりを、また一歩大きく踏み出すということで、この機会に、「おとなになる」ということがどんなことなのか、一度ゆっくり考えてみてほしい、そのきっかけになるような話を私もしてみたい、そんなふうに思っていました。そんなわけで、研修の時間に集まってもらったわけです。

ちょっと面倒くさい話になるかもしれません。できるだけやさしく話すつもりですが、私自身も充分にわかっていないところもあって、どんな話になるかあまり自信がありません。しばらく我慢して聞いて下さい。

〈おとな〉のイメージ

君たちは、自分が〈おとな〉になっていくイメージをどんなふうに描いていますか?あるいは、どんなふうになることが〈おとな〉になるということだと思っていますか?

今の君たちは、すでにおとななのだろうか、まだ子供なのだろうか、どうなんだろう。まだ子供だとして、あとどんなことが必要だと思っていますか?いや、おとなになりたいと思っているのか、所詮避けられない道筋だけれども、おとなになんかなりたくないと思っているのだろうか?　私は、こんなことをよく考えます。

私自身が十五歳、中学三年の時は今から四十七年も前のことですが、大戦後のまだ混乱が続いている時期で、特に私の家は貧しかったものですから、「おとなのイメージ」は、まずもって、一人前に稼げるようになる、という、かなり単純なものだったように記憶しています。父親が早くからいなかったために、私の上にまだ三人の兄がいたんですが、母親も含めてみんなで働いていました。私やすぐ上の兄は学生ですから今で言うとアルバイトです。二十歳前の上の兄二人は大学にも行かずに働いていました。家中で働いても、一日一日を暮らすだけで精一杯で、少しも生活が楽になりません。貧しいくせに私立学校に行っている私は、恥ずかしながら授業料を滞納するのがしばしばでした。早く一人前に稼げるようになりたい、だから、その頃の私は早くおとなになりたかったんですね。今の君たちと、きっとずいぶん違っていると思います。

人間は、一人前になるまでにやたらに時間がかかる動物です。私は、テレビで、動物、鳥や魚でもいいんですが、その生態のドキュメンタリーを見るのが好きです。すぐに忘れてしまうのですが、特にそのそれぞれがどのように一人前になって行くかということに焦点を当てた番組などは食いいるように見てしまいます。共通しているのは、どの動物も一人前になるのが人間よりもはるかに早く簡単らしいこと、それから、高等動物になればなるほど、一人前になるためにはそれなりの訓練が必要なことです。魚の子供は卵からかえるとすぐに自分で泳ぎますが、鳥の子供は飛ぶためには訓練が必要です。親鳥が羽を広げてばたばたやるのを見ながらでなければ自然には飛べるようにならないそうです。いわんや、自分でえさを取れるようになるまでにはそれなりの苦労があるようです。ちなみに、「習う」という文字は、羽の下に白いという字を書きますが、親鳥が羽をばたばたさせてそれを雛がまねをするところから来ている文字なのですね。

どこまでが生まれついての能力、本能なのか、どこからが生まれてからの訓練、あるいは広い意味での学習、つまり後天的な能力なのか、というのは、とても大事で興味のある問題だと思います。

おたまじゃくしが蛙になるということと、人間の子供が大人になるということは、同じようなことなのか、それともずいぶん違うことなのか、君たちはどう思いますか？亡くなった林竹二先生が、そんな授業をいろんなところでやっていましたが、確かに非常に鋭い問題提起だと思います。

訓練なしでは〈おとな〉になれない

おたまじゃくしは一匹だけで放っておいても最低限のえさがあれば蛙になります。人間は無理ですね。栄養や生物的に生きていく最低限の条件を与えておいても、人間になれるでしょうか？　人間の赤ん坊は、産まれてすぐ誰にも教わらなくても乳を吸うことができます。栄養を与えられれば生物としては成長していくでしょう。でも、人間としてはどうなのか？

これも林先生の真似ですが、君たちは「カマラとアマラ」の話を知っていますか。

一九二〇年、インドで発見された、「狼に育てられた二人の少女」の話です。カマラは八歳ぐらい、アマラは一歳半ぐらいで見つけられました。アマラは一年ぐらいで死んでしまうのですが、カマラは発見されてから約九年ほど生きて、徐々に人間らしくなっていきますが、最後まで、急ぐ時には四つ足で走っていたそうです。この二人の少女を養育したシング夫妻の養育日記は何とも興味深い書物です。カマラが徐々に言葉を覚えていくように、人間には人間として生きていく力が、たとえば狼とは違って先天的に備わってはいるらしい。しかし、人間を人間として育てていく環境がなければ、人間としての能力は育ってはいかない、ということについて多くの示唆を与えてくれます。こんなことは実験ができないだけに、何とも貴重な記録なわけです。福村出版から『狼に育てられた子』として出ています。おたまじゃくしは放っておかれても蛙になるけれども、人間は広い意味での人間の文化を広い意味での学習、訓練によって身につけていかなければ人間として育たないということは明らかです。

人間は生物としてそれ自身で自然的な存在ですが、同時に人間の社会の中でのみ生存していくことができる社会的な存在です。自分の中の自然が死ねば、生物としての存在は死にますから、当然人間は生きていけません。しかし、自分の中の自然をある程度自分でコントロールできないと社会的な存在としては生きていけません。その意味でも、人間というのは大きな矛盾の中に生きている、といってもいいでしょう。もっと言えば、その大きな矛盾の中でしか生きられない、といってもいいでしょう。

ちなみに、人間がとりあえず最初に自分の中の自然をコントロールすることを覚えるのは何だか知っていますか？　成城学園ではよく「自律」ということを言いますが、エリク・エリクソンというアメリカの社会心理学者の『幼児期と社会』という長大な本を読んでいたら、あらゆる人間社会の中での「自律訓練」の最初として出てくるのが「排泄のコントロール」だとさまざまな具体例と共に書いてあって、感心してしまいました。君たちはすでにこの段階は卒業していますね。

人間が人間社会の中で生きていく上で決定的に重要な

のが、言葉の学習です。むかし、『奇跡の人』という映画があって、ヘレン・ケラーという人のことは少しは知っているでしょう。井戸の水を手に掛けられ、そのことと手のひらに指で書かれる〝W・A・T・E・R〟という文字が結びつく瞬間の感動がすばらしい話です。〝WATER〟を理解したということは、あらゆるものに名前がつけられているということを理解したということも意味します。

でも、本当はこれから先がもっともっと大変だったのではないかと私は考えています。本の話が次々出てきて悪いのですが、『言葉のない世界に生きた男』というすばらしい本があります。三十歳近くまで耳が聞こえないまま手話も知らずに育ってしまった男と、手話を教えるボランティアの女子学生の苦闘の実話です。ある程度たって初歩的な手話を理解してからの大変さが特に印象的でした。例えば、耳が聞こえず、文字を理解できない人に「歴史」とか「世界」とか「時間」とかの抽象的な概念をどうやったら伝えられるか、どうやったら理解させられるか、君たちもちょっと考えてみればその大変さがわかるでしょう。

こう考えてみると、人間が人間として生きていくための学習、訓練ということ自体が、実は大変なものだということが痛感されてきます。そして、実は現在の君たちがそれらの大部分をすでにほとんど身につけていることのすごさにあらためて感嘆してしまうほどです。君たちには人間のおとなとして生きていく前提的な能力が、すでにかなり身についていることのすごさを確認して、先に進みましょう。

〈法的規定〉とは別に

現代の日本という社会の中では、〈おとな〉を〈成人〉と言っています。君たちは〈成人〉と子供の間の、何とも中途半端な存在です。二十歳未満は未成年ですから、法律的には大人ではありません。悪いことをすれば刑法では裁かれずに、十四歳を過ぎていますから少年法が適用されます。通常の裁判ではなく、家庭裁判所で審判がくだされます。ちなみに、家庭裁判所での審判では弁護士がつかないことを知っていましたか。法的には、君たちはせいぜい〈保護〉や〈補導〉の対象でしかない、ということですね。

実際には、君たちは生物的にはもうおとなといっていいでしょう。男子で精通があり、女子で生理があればすでに生殖能力がある、動物一般で言えば、〈成体〉、つまり〈おとな〉です。しかし、日本の社会での君たちは男子は十八歳、女子は十六歳になるまでは結婚できません。これは子供を養育するだけの力があるかどうかとは実際上は無関係です。とはいえ、こういった法律的な制限は、年齢を重ねていくだけではずれていきますが、では、二十歳を過ぎたら、あらゆる意味で一人前のおとなになった、といえるのでしょうか？　おとなになるっていうことは、結局のところ年齢の問題なのだろうか？君たちはどう思いますか？

冒頭に、私は自分の場合には一人前に稼ぐことができることを「おとな」のイメージとして持っていた、という話をしました。これは、時代が変わり、社会のありようが大きく変わった現在でも依然として大きな問題でしょう。君たちも、それぞれがそれなりに職業につき、自分や家族を養うにたる稼ぎを得なければなりません。そのための職業的な何らかの技術、能力を身につけなくてはなりません。人の世話になりっぱなしでは、今の世の中でもとうてい〈一人前〉とは言えないでしょう。これは否定できませんし、とても重要なことだと思っています。その上で、私にはそれよりもちょっと手前のところでもっと大切なことがあるような気がするのです。それは、人間が、どれだけ自分の人生の主人公、主体になれるか、ということです。自分の人生をどれだけ自分で作っていけるか、ということです。

人生の〈受動性〉と〈イノセント〉

君たちはすでにわかっていると思いますが、自由といっても、私たちは非常に大きな制約の中で生きています。それは、もっと自由が欲しいなどというレベルではない大きな制約です。なるたけ大きく考えてご覧なさい。どんな社会でも、どんな才能を持っている人でも、どうしようもない制約というのを、何でもいい、思いつきましたか？

例えば、人間には寿命があります。いつかは必ず死ぬものです。英語では"mortal"ということです。この制約からは逃れられない。また例えば時間というものが決して戻らない、ということがあります。タイム・マシーンなどというものは、最近の言葉で言えばバーチャル・リアリティとしてならともかく、現実にはあり得ません。この二つを組み合わせて出てくることは、例えば人生はただ一回だけのものであり、一瞬一瞬の今という時間が二度とない時間であり、その瞬間の私たちの人生の一瞬が、これも二度とないものだ、ということが出てきます。「一期一会」という言葉がありますが、そういうことから出てきます。

ちょっと大き過ぎる制約ですが、一人一人の人生に則して言えば、もうひとつ大きな制約があります。私たちの誰もが、[was born] という、過去受動態で人生を始めることがありますね。"born" というのはもともとは "bear"（= produce）の過去分詞だということを知っていましたか？　いわば、自分の意思と選択でこの世に生まれたのではなく、ある時代のある社会に受動的に生み出された、産み落とされたというのが私たちの人生の出発点です。時代も社会も、もっと言えば親も自分の性別も自分で選んで生まれたわけではない、ということですね。したがって、赤ん坊や小さい幼児は、ある意味では自分の人生に何の責任もない存在、といえます。英語では、[innocent] という言葉が「無邪気」でもあり「無罪」でもあるわけです。君たちはあいかわらず [innocent] でしょうか？　別に「罪を犯しているか否か」という問題ではありません。「責任を問われるだけの人間になっているか否か」という問題ですから、一概にイエスと答えるととんでもないことになります。

実はこの辺りのことは芹沢俊介さんという人がある本の中で鋭く書いているのですが、それに教えられながら、私も、こんなふうに考えます。自分というものを自覚した時から人間は [innocent] ではなくなる、と。自分がなにがしか自分の人生の主体になった時から人間は [innocent] であることをあきらめなければならない、あるいは、それをあきらめることが、おとなになる前提ではないか、と。そして、「自分」というものの自覚は、さっき言ったさまざまなどうしようもない自己の制約を自覚する、あるいは、それを引き受ける、と言うこととほとんど同じではないかと思っています。

人生というのは、受動性で考えようとすればいくらでもそう考えられます。どうしようもなかったことの連続だと言い張ろうとすれば不可能ではなさそうです。でも、それは、自分がほんの少しでも自分の人生の主人公でないと言っているようなものですね。そんな人を少しでも君は信用することができますか。他方、先程のどうしようもない制約は別とすれば、人生を自分という主体の無数の選択の積み重ね、と見ることも可能です。どうしようもなさそうな条件の中で、結局それに従ったのも自分の選択なのだ、というようにですね。

ちょっと難しそうです。でも、最後の詰まる所では、本当はかなり単純なことなんですね。自分が選び、自分が作っていくことの結果は自分で背負うしかない、たったそれだけのことなのです。責任の主体になるということは、その結果をほかのせいにするのではなく、自分で背負っていく、結局のところそういうことですね。

「自由」は「責任」と表裏の関係にある、とよく言われます。よくよく考えればあたり前のことです。自らが選んだことの結果は自分で背負っていく、ということですから。もっとも、この「選択」というのがやっかいです。選ぶというのは、ほかのものを捨てる、ということですね。だから大事なことほど迷うし、苦しみます。これも、先程の「時間は戻らない」「一回しかない」ということから来ている制約で、どうしようもないことのひとつです。私たちができそうなことは、せめて[better]な選択を志すことだし、それを自分の選択として引き受けていくことです。

〈おとな〉になる君たちへ

さて、大分長く難しそうなことをしゃべってきました。そろそろまとめに入ります。二つのことを言いたいと思います。

第一に、君たちはすでに〈おとな〉になっていく前提をかなり身につけている、ということです。その上であと、自分の場合に何が足りないか、自分なりに考えてみて欲しいと思います。特に、将来自分としてやりたいことがはっきりしている人は、そのことをかなり具体的に考えることができるでしょう。それはとてもいいことだし、それがはっきりしてない人は、これからしばらくの間、そのことを見つけていくのが一番のテーマになるのでしょう。

もうひとつは、世の中の目からすれば、君たちはあと二か月たらずで今までとは比べ物にならないほど大人として見られていく、その覚悟があるか、という問題です。どういうことかと言えば、君たちの「義務教育」期間が終わるということです。君たちは学校に行くのが君たちの義務と思っていたかもしれませんが、そうではありません。君たちからすればむしろ権利であって、義務は君たちの親の方の問題だったのです。日本国憲法をたまには読んでみることです。もちろん、お金が余分にかかる成城学園のような私立学校に通わせるが親の義務だったわけではありません。公立中学校は無料です。

でも、高等学校以上に子供を通わせるのは、親にとっても義務ではありません。今の世の中では95％を越す十五歳が高等学校へ行くようですが、にもかかわらず、どうしても行かなければ罰せられると言う義務ではありません。いわば、わざわざ自分から選んで行くのが高等学校です。親はただそれを援助しているだけです。ということは、当然のことですが、先程言った「主体の責任度」がはるかに大きくなります。わざわざ好んで通ってくる生徒であるわけですから、それなりの責任が常に問われることになります。その覚悟ができているか、と私は君たちに問いたいわけです。

君たちの多くは成城学園の高校に推薦されて進学します。残念ながら基準に達しなかった人もいます。でも、これから先は、自分の責任が今までよりもずっと大きく問われて行く、と言うことではまったく同じです。そこから先は、自分で考えてみて下さい。こんなこと、いつもいつも考えていたら肩がこってしまいますが、人生の折節には考えた方がいい、私はそう思っています。

どうですか、君たちより四十七年ほど長く生きてきた男が考えていること、少しは伝わりましたか？

最後まで静かに聞いてくれて、どうもありがとう。


（一九九六年二月七日　三年学年集会）

（『〈未知の旅〉への語りかけ』より）

たかが卒業、されど卒業

卒業生の諸君、中学校卒業、おめでとう。保護者の皆様も、おめでとうございます。

たかが中学卒業ぐらいでそうそう大騒ぎすることはない、という考え方がありました。三十年ほど昔です。特に、最近はやりの、「中高一貫」という考え方からすれば、せいぜい中学三年生が四年生になったぐらいのもの、という見方もできます。私も当時賛成したことがあります。

しかし、小学校、中学校の課程を終わったということは、日本の社会では義務教育の段階を終了したということであってみれば、十五歳はやはり大きな節目のひとつだ、という考え方もあり、これももっともです。

人生八十年といっても、八十年の人生がなんの節目もなくノッペリと与えられて、それをうまく配分して生きるわけではありません。人が生きるのは常に現在のことで、その節目を節目として自覚して、時に、自分の過去を振り返り、あるいはこれからの自分の人生を展望し、決意を新たにすること、あるいは、そうしようとすること、これは充分に意味のあることです。たかが中学の卒業かもしれませんが、同時に、されど、中学卒業です。皆さんはどう考えているでしょうか。

今年の二月初め、卒業生諸君に、この場所で私は「ヒトが〈おとな〉になるということ」というテーマで30分ほど話をしました。諸君は、今日その一歩を大きく踏み出すわけですから、その続編を贈ろうと思います。

よく、こんな言い方を耳にします。いや、私も言ったかもしれません。学校での勉強や生活は社会に出てからの基礎だ、と。基礎を学校時代に充分に身につけて、しっかりした大人になりなさい。…と。つまり、大人の人生が応用問題だ、というわけです。

基礎をしっかり身につけて、それから大人になって、世の中のさまざまな応用問題にぶつかっていく、このイメージは分かりやすくて、これ自体間違いだとは思いませんが、せいぜい半分だけ真実、というものでしょう。実際にはそうそううまく運んで行くものではない、そうそう単純なイメージだけが本当にあるわけではありません。十歳だろうと、十五歳だろうと、実際には日々生きているわけで、生きるということは日々、応用問題にぶつかってそれを解かざるを得ない、正解かどうかはわからないが、ともかく自分なりの答えを出していく、それが生きていく、ということでもあるわけです。基礎ができていようができていなかろうが、人生の大事な問題は、時に選びようもなく立ち現れてくることがあります。

つい最近、なかなかインパクトの強い本に出会いました。アメリカのロバート・ニュートン・ペックという人が書いた、『豚の死なない日』という小説です。一九七二年にアメリカで出版され、非常に評判になって、二十年以上も長く読まれている、いわばロング・セラーなわけですが、その本がつい最近日本語に訳されて出版されました。白水社から出ています。

登場人物の名前からすると、作者の子供時代のことを題材にした感じですが、昔のアメリカの農村、そこで育つ十二歳の少年が、ある日、大人にならざるを得なくなる、そんな小説です。自分の名前も書けない父親の姿がすばらしい、母親がすばらしい、そして、大人を引き受ける少年がすばらしい。たんたんとした文章の中で、私たちは強い感動を持ちます。ぜひ読んでご覧なさい。卒業生だけではありません、一年生も二年生も、保護者の皆さんも、ひょっとすると読んでくれるかもしれないので、筋にかかわるところは紹介しません。

こんなセリフがあります。

ひとつは、「父さん、僕にはできないよ」「できるできないじゃないんだ、ロバート。やらなきゃならないんだ」

もうひとつ、その2ページ後のセリフ。「ああ、父さん、胸がつぶれそうだよ」「わしもだ」父さんが言った。「だが、よくやった、おまえはもう一人前だ。」

筋を説明しないで、セリフだけ紹介するのはひどい話だし、時代も社会も違いますが、充分に大人になる基礎ができていないとしても、何かを引き受けなければならないことがある、それは今の君たちにとっても同じではないかと思うのです。

小説を離れます。何をやらなければならないのか、小説の人物とは別に、諸君一人一人の問題だと考えてみて下さい。何をやり、何をやらないでいいのか、それは、つまるところ、判断力の問題です。自分の人生の判断は、正解がわかろうがわかるまいが、結局のところ、自分で立てていかなければならない、判断力の大切さがわかるでしょう。

私自身も、間違えますから、あまり偉そうに言うつもりはありませんが、ひとつ大事なことは、ある問題を考える時、複数の視点から考えようとすることが大切ではないか、と思っています。

例えば、最初に私は、「たかが卒業、されど卒業」という話をしました。この種のいい方は、君たちもよく聞くでしょう。「たかが野球、されど野球」とか、いろいろ入れ替えて、どんな感じになるか、試してご覧なさい。

「たかが…」というと、何となく見くびっている感じがしますが、もともとは全額を数えてみると、程度の意味だそうです。多少乱暴ですが、ある問題を全部くくった感じで見る見方と言うことになります。全部くるためにはちょっと離れたところから見る方が見やすいので、良く言えば「客観的な見方」ということに通じそうです。しかし、生きていく上でなんでもかんでも「たかが…」という見方ばかりしていては、実際には自分では何もしない、現実と実際の関係を何も作れない、偉そうに言うだけで中身がからっぽの人生になりかねません。それに反して「されど…」というのは、それはそうだが、ぐらいの意味ですね。「でもさ、実際にその中に入ってみると、いろいろあって、そんなに簡単にいってしまえるような軽いものではないよ」という意味合いがあります。「たかがボールを投げたり打ったりすることにそんなに一所懸命にならなくても…」というのに対し、本当に野球を一所懸命にやっている人は、「あいつは野球の本当の深さ、おもしろさがわかってないな」と思うかもしれません。いわば、客観的ではない代わりに、その中に入り込んで、物事の深さを体験し、見極めていく見方、主観的というよりも、ちょっと難しい言葉を使うと「実存的」な見方、に通じそうです。かといって、ただ一所懸命なだけでいいか、というと、その挙げ句どうなってしまうかわからない危なっかしさがあります。例えば、殺人までやってしまった宗教団体の人達は、充分にまじめで、一所懸命だったのではないでしょうか。生きることの難しさというのは、実はひとつの言い方では決して納まり切れないところにある、だからこそ、それぞれが実際に生きる価値があるのでしょう。

この相異なる、二つの見方の片方だけではダメならば、何とか自分の中に両方持つことができるとちょっと違ってくるように思いますが、どうでしょう。もっとも、念の為に言うと、自分のやりたくないこととやりたいことを並べて、「たかが勉強、されど遊び」などと、使い分けをしてすますのは、ちょっとずるいかもしれません。「たかが」の後と「されど」の後には同じものが来なければなりません。それがルールのイロハです。

さて、そろそろ終わりましょう。君たちは、すでに十五年の人生を生きてきました。大人から見れば、たかが十五年ですが、同時に生きてきた本人からすれば、されど十五年の中身のある人生です。その蓄積がいわば、今の君たちの持ち札です。充分かどうか、などといまさらいってみてもそんなのは泣き言です。そのすべてを自分の基礎力としてこれからの一つ一つの応用問題に立ち向かっていく、もっと言うと、そうしていく以外にはない、そして、それがこれからの君たちの人生です。

私は、それが、できればうまくいってほしいと思いますが、ひょっとするとうまくばかりは行かないかもしれません。でも、うまく行かなくても、それはそれでほかのだれのものではない、君たち自身の人生の中身、その一部ですから、そのかけがえのなさで見るかぎり、されどわが人生のはずです。その大切さ、貴重さという意味では、うまくいった場合とさしてかわるものではありません。それもまた、考え次第では大事な基礎力になり得ます。

自分の人生を、大事に、そして、自分の人生を支えてくれるほかの人の人生も大事にして、生き続けてほしいと願っています。私の言いたいことは、本当のところ、それだけです。

では、お互いに、元気にやっていきましょう。

（一九九六年三月一九日　卒業式）

（『〈未知の旅〉への語りかけ』より）

番外編「忘れられないヤツばかり」

本間先生から過分のご紹介をいただき、恐縮です。ありがとうございました。

というわけで、私も皆さんと一緒にこの学校を卒業することになりました。言いたいことはさっきみんな言ってしまった感じですが、ちょっとだけつけ加えます。

二十五、六年前でしたか、藤圭子さんが歌っていたこんな歌が流行りました。お父さんやお母さんは記憶に残っているかもしれません。

「赤く咲くのは　ケシの花　白く咲くのは　百合の花

どう咲きゃいいのさ　この私……」というのです。

当時から私は、まるで成城学園だな、と思っていました。

くっきりと赤い花や白い花を咲かせている、個性豊かな人もいるだろうが、多くの人は「どう咲きゃいいのさこの私」と思っているのではないか、自分にもそういうところがありますから、何だか身につまされる感じで、好きなセリフです。ちょっと卒業生の皆さんに協力してもらって、手を上げてもらいましょうか。今現在、「どう咲きゃいいのさ　この私」と思っている人がどれくらいいるか。

でも、赤く咲いたり、白く咲いたりするだけが〈個性〉ではないんだ。「どう咲きゃいいのさ」と迷ったり、行きはぐれているのも、〈個性〉のひとつなんだ。そう思って自分の迷いも大切にした方がいいのじゃないか、私自身がそうだからそう思うことにしています。

この歌の最後が、別れのセリフにぴったりの感じなので紹介しましょう。

「一から十までバカでした、バカに未練はないけれど
忘れられないヤツばかり」

というのです。あ、自分のことだ、なんて思った人がいそうですね。

みなさん、どうもありがとう。そして、どうぞお元気で。さようなら。

（一九九六年三月一九日　退任の挨拶）

（『〈未知の旅〉への語りかけ』より）

校長・相川忠亮先生

渡辺　共成

「私が校長になったなんて、ここにいる皆さんのほとんどは信じてくれないでしょう。そもそも相川が校長を引き受けたことが驚きなのかもしれません。」一九九一年秋に開かれた中学校OB・OG会での「校長挨拶」で開口一番、相川先生は居並ぶ元教師で元同僚の人たちの前で、こう切り出した。

酒席での口論は別として、職員会議のたびに議論に及ぶと論破されたり、ぐうの音も出ないくらい言い込められた経験をもつOBが少なくない集まりでの挨拶だけに、一部の人には苦笑といったところであったろうか。たしかに校長になる前の相川先生には、いつも意見のぶつかる人や論敵のような人が何人かいた。いや、論敵というより、相川流の議論の作り方に嫌悪を覚える人はいた。しかし、いかに相手を組み伏せるように言い負かしたとしても、ひとたび会議が終われば、崩れ落ちるように倒れた人にそっと手を差し伸べるような「気遣い」というか「思いやり」・「心配り」が相川先生には常にあった。その後、酒席に招き、終わりは握手などして別れ、言い負かされた方にとっては、何だか引き分けのような気分になって、また翌日からの新しい日を迎える、その繰り返しのような同僚たちとの教育論議の毎日だった。

そんな相川先生が校長になったのが九一年四月。こんどは、今までさんざんやり込めてきた「若手」教師たちの先頭に立っての校長職就任だった。中学校職員会議の初回で、「先生がたと〈青い議論〉をしていきたい。」と挨拶があった。「職員会議」と言えば、同僚と〈青い議論〉をするための素地をしっかり相川流につくっていた。雑誌『成城教育』への相川先生からの最後の寄稿となった二〇〇六年六月の文章から、職員会議とは何か、次に引用したい。

…もうひとつ、大事なことは何でも職員会議で決めていて、そこでは私のような新参者も平気で発言し、古参のメンバーに異を唱えられる空気があった。…こういった中学独自の平等主義的なシステムの結果なのか、あるいはシステムの方が結果として作り出されたのか、…とにかく成立し存在していたのは、平等な「同人」同士が必要に応じて協力し合う場であり、協力を自然とする「空気」だった。…協力し合うもの同士が相談し意見を出し合う、そして決まったことには全員が従うという素朴な知恵が「議決機関」扱いには生きているのであって、集団の中でお互いの協力が必要になればなるほどこのルールが生かされなければならない。…多少の改革を行いながら何とか乗り越えることができたのは、職員全体からの並々ならぬ協力のお蔭以外にはない。そして、私はこの「空気」こそ成城の宝だと思っていたのである。（『成城教育』第一三二号『「職員会議」異論』）

相川先生の言う「空気」は、相川校長の五年間は確かに存在したし、私もその「空気」を吸っていたと実感する。教員同士の「協力一致」の所産として、改革と言える事柄が次々に形を成したのである。校長のときの改革として、相川先生自身が次の八点を挙げる。古色蒼然とした『学校案内』を全面的に改訂した。終礼を実施した。入試方法を変えた。期末テスト後に「面談日」を特設し、日程を合理化した。卒業式の証書授与をひとりひとりに手渡す方式にした。行事を全面的に再検討して整理統合を考えた。寄付お願いをオープン化した。カリキュラムを改定した。これらの諸改革を振り返って相川先生は次のように述べた。

「大事にしていることを維持（できれば充実）するために」と書いたが、何を大事にするのか。あらためて自問してみると、答がそれほど自明でないことに戸惑う。時代が変わり、世の中が変わり、価値観がいろいろ変わろうとも、子どもがさまざまなことにぶつかりながら成長し、ともかくも自分なりに世の中で生きていくということ自体が変わるわけではない。だとすれば、いささか大仰な言い方になってしまうが、やはり育ち盛りの子どもが生きている、ということ、そのことに対する目配りを大事にするのだろう。その上でできるだけ成長にプラスの面で役に立ちたい、そういう思いを大事にするのだろう。それも「ひとりひとり」の子どもに即して、ということになる。（一九九五年六月『中学教育覚書』第24号「変わることと、変えること」）

私にとって、相川先生は、敬愛してやまない、尊父のごとき方であった。その訃報に接したとき、自然と涙が溢れてきて止まらなかった。と同時に、成城学園にとって「巨星墜つ」だと感じた。他人がどう評しようと、私にとっては情理のひと・大校長先生であった。

さいごに、前述の九一年秋の中学校OB・OG会にて。相川先生曰く、「そんなこと言ったって、じゃあ、ほかにだれが校長だったらいいって言うの。オレ以外にだれもいないんだもの。」

相川メールのこと

吉本　晶子

相川先生は後年、ガリ版刷りの時代には到底想定できなかった「メール」というツールを使って、卒業生たちと新たな交流の場を築いています。そもそもの発端は九七年三月、七一年卒業杉組の級友たちが既に立ち上げていたメーリングリスト「杉メール」に、「この際相川も巻きこんじゃおうぜ」と、先生を強引に誘い入れたことに始まります。当初はメール自体初心者の先生、文字打ちからしてかなりおぼつかないものでしたが、それもすぐに習得してしまえば、後はたちまち本領発揮、お得意の言葉を駆使して、水を得た魚のように発信を始めました。

「杉メール」が諸事情で九八年一〇月に幕を閉じた後、翌一一月にはいよいよ先生自身がオーナーになった「相川メール」が立ち上がります。杉組以外にも担任したクラスの卒業生、関連のあった卒業生と、徐々にその輪を拡げて行った「相川メール」。様々な意見や情報が飛び交い（その半数は他愛ないものではありましたが）、メールの外でもメンバー同士、「オフ会」と称した飲み会やバーベキューを催すなど、世代を超えた交流を深めて行きました。先生最後の発信となった一一年一月一九日まで（杉メールも含めて）一四年間に飛び交った

【相川メール発足後の初メール】

差出人：　相川　忠亮 < XXXX@XXXX.or.jp>
送信先：　<aikw@XXXX.ne.jp>
送信日時 :1998 年 11 月 27 日金曜日 20:29
宛先：　<aikw@XXXX.ne.jp>
件名：　[aikw] 言葉を使うために

さっそく仲間に入ってくれて有り難いことです。テストじゃなくて、メイルらしきものを初めて送ってみよう。カッコどんが嬉しい誤解をしてくれているけれども、僕はほとんど進歩してないのですよ。基本的にはすべてアツオどんがやってくれたのです。強力なバック・アップが二人いるので、どうやら開店にこぎ着いただけのことで、たとえば、さっきのアツオどんの言ってくれてることも半分も理解できないのだよ。ところで、「会費」うんぬんは僕のまったくの誤解で、アツオどんから基本的な仕組みに関する個人授業を受けたおかげで、要するに、セブンスター２箱分がかかるだけ、ということが飲み込めたのだ。フジどんが提案しなきゃ、こんなこと思いもつかないし、アツオどんがやってくれなきゃ、途中で投げ出してたにきまってる。それにしても「提案」に乗って見る気になったのは、どうやらメイル遊びを一番必要としてるのは僕自身じゃないか、って気になったからだと思う。何せ、家の中じゃほとんど話もしないし、外に出たって話すわけでもない。下手すりゃ１日でひとことも口を利かないなんてことだってあっちゃうと思う。何かの拍子に、ソバやで「ザル１枚」なんていって、今日一日言葉を発したのはあれだけだったな、などと気がつくこともあるくらいだ。仕事やめて、歳とっていくって、こういうことでもあるわけで、それでも別に困らないのだが、やはり少しはさびしいはなしだ。手紙だすのも面倒で、しかもそれほどの用件があるわけでもなく、特に出したい相手がいるわけでもない。つまり、言葉からいつのまにか離れていく日常、ってわけだ。テレビを見たり、新聞や本を読む、いってみれば「受信言葉」には触れていてもうっかりすると「発信言葉」がどんどん衰えていくというわけ。これはやはり「老人力」ばかりが伸びるわけで、そうそう「老人力」ばかり伸ばしても面白くない、というわけだな。「日記」書く習慣はある時期から脱したし、発表するきもない文章書く気はさらさらない。というわけで、なんとなく誰かがみてくれそうな（ということはそれなりの「緊張感」をもって、ということになる）「発信言葉」を使う場が欲しいというとになるわけで、こんなことが僕の側にあって「提案」に乗ったんだろうな。そして、このあたりのことは二人の顧問に読まれてたんだ

ろう、とも思うよ。ともかくどんなぐあいになっていくのか、わからんけど、アドレス持ってて、その気があって、面白そうなやつには声をかけてみよう。そんなに増えたり、幅広くなる感じはしないけどね。それでも今日「現役」二人に誘いのメイルをだしといたよ。どうなりますか。これからもよろしくお引き立てを・・・

【最後の配信となったメール】

差出人：　相川 <XXXX@XXXX.or.jp>
送信先：　<aikw@XXXX.ne.jp>
送信日時 :2011 年 1 月 19 日水曜日 22:41
宛先：　<aikw@XXXX.ne.jp>
件名：　[aikw] ルスしてました

暮の夜中に咳の発作何時間かつづいて、それをきっかけに体力ガタ落ち、頼みの綱の食欲も途絶えてひたすら憔悴の正月、ついに子供が病院に（有明の提携病院ということで委嘱したセンポ高輪病院）電話してすぐ診察、当初はちゃんと効く痛み止めと食欲がどうにかなんないか・・の相談のつもりだったのがすぐに入院することになっちゃった（11 日のこと）今までより効くクスリとなると「麻薬」の範疇にはいって、ただ処方を出せば済む、という具合にはいかないらしい。管理下で若干の実験をして薬量なども決めて・・ということらしい。ついでに点滴もやって・・ということもあってのことらしい。なにせ、センポは部屋のアキだけはあるらしくそこが「提携先」に選ばれた一番の理由。この点ではガン研緩和ケア科の一番の欠点がそれがないことだ。土日のいずれかに退院するつもりだったんだけど、幸か不幸か、金曜の夜中に激しい咳の発作が起きていささかタイヘンな事態、やはり入院中でよかったというべきなんだろう。今後、救急車で来るケースとしては可能性が大きいから。どうやら多少落ち着いて、点滴もこれ以上できない可能性もある時点が近づいてるかんじがしたし、食欲が病院にいたら余計にダメなので、許可を得て今日とりあえず退院してきたけれど、体力が戻ったわけではない。カミさんと子供が「在宅療養」を考えてくれて、介護用ベッドを下の部屋に入れてくれて、その生活に暫時なれていくしかない。これだけ打つのにかなりタイヘンなので、もうやめる。このメール以外にいろんなメールが情報もとめているけど、余力ない。適宜情報をひろめてくだされ。

相川　忠亮

メールの総数は二六〇七通、登録メンバーは延べ五〇名以上、思い返せばメールを介在に先生、同窓生たちと共有できた、大変幸せな時間だったと思います。

「相川メール」も常に賑わっていたわけではありません。何年も続けば当然マンネリ化もしてしまいます。次第にやり取りが減少していたそんな時期、先生が新たに試みたことが、「きまぐれ週報」、否、今流な「メールマガジン」形式をとって、時節柄の世間の様々な出来事を、独自の視点、切り口で語るコラム「漫亭妄語」の配信でした。

タイトルの由来を先生はその第一号で語っています。「マンテイはMONDAYにひっかけ、しかもぴったり同じじゃないからときには多少発行がずれてもいいだろう…、という意味を勝手にふくませていて、モウゴは朝日夕刊に不定期に載って僕は愛読している加藤周一氏の『夕陽（せきようと読ませるらしい）妄語』へのオマージュをこめたパクリです。そのうえで、漫然と家にいながらの勝手なおしゃべり…、というぐらいのことを意味しそうですかね」

そんな「漫亭妄語」二〇〇七年二月五日創刊一号から同九月二四日配信の最終三四号までの中より、印象的な数編を以下に紹介いたします。

←　　　←

==================================

漫亭妄語 ◇(^o^)◆(゜o゜)◇(^o^)◆(+o+)◇
Vol.9　2007/04/02

◇(^o^)◆「ジョー」漬けの晩

==================================

見てた人もいるかもしれないが、先週はBS 2が「とことんアニメ」とか称して、「あしたのジョー」を5日間、晩の7時45分から深夜まで流していた。懐かしかったのと、依然として「あしたのジョー」は気になるので、完全に全部とは行かなかったけれど、ほとんどを見てしまった。最終日の土曜日は夜の2時過ぎまで映画版の第2部を見てた。今更知ったこと、思い出したことなど、思いつくままに綴ってみよう。

今更知ったことで一番「へぇ」と思ったのが、アニメ版のジョーのテーマ曲、「あしたはきっと何かある あしたはどっちだ」というなんとなくちぐはぐな歌詞の作者が寺山修司だったってこと。「だから何さ」って言われると困るんだけど、「あぁ、そうだったのか」と思ったのが新鮮だった。マンガ原作の高森朝雄ってのが梶原一騎だってことは知っていたような知らなかったような感じだけど、その原稿の一部が残っていて、それをちばてつやが大きく膨らませていた（例えば泪橋周辺の子供たちなどは「原作」にはゼンゼン出てこなかったことなど）裏話が面白かった。さらに、ちばてつやとアニメ版のチーフ・ディレクターの出崎統って人の対談がとても面白かった。出崎がいろいろ人物の設定や関係を語るのに対して、ちばが「すごいな、僕はただ描いていただけだから・・」なんて言ったりして、ひょっとすると物を作るってそういうことなのかなとか考えたりした。さらにちばが出崎に「それにしてもアニメってすごいね。動くし、セリフ言うし、音楽があって、すごい表現力だ」と感心していて、ちばという人の人間味が却って感じられて、この人、良い人だななどと思って見ていた。

「あしたのジョー」の魅力って結局何だったのかな、などとあらためて考えてみたんだけど、やはり「かっこよさ」なんだろう。でもその「かっこよさ」が必しも単純ではなくて「負けるかっこよさ」とか「敗者の美学」みたいなものもあるようだ。さらに「矢吹丈」と「力石徹」（敵役というにはこれまたかっこよすぎる・・）のわけわからん（と言っちゃうほうが良さそうだ・・）関係性がいっそう密度の濃いものに仕立てて行く・・。「ジョーにとって力石とは何なのか・・」あるいは「力石にとってジョーとは何なのか・・」という問いが結構大真面目に論じられたこともあり、この問いそのものがかなり「実存的な問い」を意味していた時期が確にあったようにも思う。例えば僕の本棚の隅っこに「あしたのジョー論」（吉田和明・風塵社1992年）などという本がある。すごく肩に力が入った文体の印象だけが残っている本だ。それともうひとつ、完全燃焼の美学とでもいうものがある。「燃えカスなどひとつもない、残るのは真っ白な灰だけだ」という完全燃焼願望は、実際にはそんな具合に「燃焼できるはずもない」日常からすればある種の「見果てぬ夢」のひとつかもしれない。ホセ・メンドーサとの死闘が終わって「真っ白になって薄くほほえんでいるようなジョーの姿」（原作、映画ともにラストシーン）は長く残る名シーンで、「矢吹丈は死んだのか・・？」という問いがいつまでも残ったりした。そして突然に思い出したのだ・・・。

「ファクシミリ」という機械で版を取って謄写版で刷る印刷技法（当時はそれをファックスと言っていた）があって、僕はコミック本（そういえば、コミックでちゃんと全巻揃えたのだった・・・！）のラストシーンに石原吉郎の詩を付けてある年の年賀状に使ったことがあった。あれはいつだったろう？　誰か受け取っているかもしれないが・・・？　シベリア帰りの詩人石原吉郎も随分前に亡くなった。まさか「ジョーの横顔」に付せられるとは思わなかっただろう。この本来ならミスマッチを再現するために

急遽「石原吉郎全詩集」をひも解いて・・、あった、見つけた・・！「うしろ姿」という詩である。以下に全文を載せる・・。

うしろ姿をみられたものは
うしろ姿で
なだめるほかないのか
うしろ姿のどこからが
いたみを賭けた本音だと
たずねることもないだろうに
うしろ姿になりそこねた
ひだりの横顔がたずねている

ラストシーンはジョーのひだりの横顔だ。ジョーは「うしろ姿になりそこねた」のか「うしろ姿になってしまったのか」、そのあたりが面白いと思っての趣向だったのだが・・。今回石原吉郎に登場してもらったら、もうこの項はオシマイにするしかない。

Tadasuke Aikawa
■発行元メールアドレス：XXXX@XXXX.com

←　　　←

==============================

漫亭妄語 ◇(^o^)◆(゜o゜)◇(^o^)◆(+o+)◇
Vol.25　2007/07/23

◆(゜υ゜)◇
「選択」やら「競争」導入で教育は改善するのか・・？

==============================

先週、東京の足立区で、昨春区が実施した学力テストに際して、障害児を採点から外したり、誤答しているテスト中の児童に教員が合図して正答に導いたり、前年度のテストをコピーして練習させたりしたということで問題になった事件が報じられた。「みみっちいハナシだ」とこの学校の校長やら教員を断罪するのは簡単だが、それだけで良いのか・・？

区の教育委員会は、「従来行ってきたテスト結果の序列公表は控える」などと発表したが、足立区は以前、「そのテスト結果に応じた予算配分を行う」などと言い出して、さしもに当時の文科省からギモンが提出されて引っ込めたが、自分たちの考え方の根本にさかのぼって反省しているとも思えない。

実は５０年近く昔のこと、似たようなことが各地で起きたのだ。ついこの前も行われたが、５０年代の末に全国的に「統一学力テスト」が日教組などの反対を押して実施されたが、その過程でさまざまな「醜聞」が聞こえてきて、それが今回の足立区で起きたのと全く同じだった。学力不振児を当日休ませる、監督の教員がさりげなく誤答を指で指して正答に導く、普段からのベンキョウを「テスト訓練」に費やす・・など、愛媛県などで特にいろいろその実態が暴露されていたと記憶している。結局このときは、数年で「統一学力テスト」は廃止されたのだが、昨年あたりから「教育再生」とやらの風潮でまたまた復活してきている・・。

安倍式「教育再生」のメダマは「学校選択制」を大胆に導入して、「学校間競争」を強めることにあるようだ。「教育再生会議」委員の一人で「バウチャー制」導入に熱心なワタミ社長・渡辺美樹氏は「簡単に言うと、努力しない学校はつぶれる仕組みが必要」と言う。（7月22日朝日新聞）まずい蕎麦屋がまずい蕎麦しか作れなきゃ、売り上げゼロでつぶれるように・・、というわけだ。まぁ、セイフティ・ネットと偏差値以外の特色を出すことを前提条件にしているということを付け加えなければ公平とは言えないが、「コスト感覚で意識を変える」と言うあたり、飲み屋チェーンの支店間競争を操りながら全体の売り上げを伸ばしている自分のショウバイから得ている自信満々といった風情だ。

国民教育文化総合研究所の中川登志男氏によると（7月17日、朝日）全国で約９０の市区町の公立小中で既に選択制が導入されていると言う。そして東京を中心にしたいくつかの自治体で調査した印象では、「メリットが認められないわけではないがデメリットのほうがはるかに上回る」と述べている。その大きな原因は学校間競争が、施設設備、立地条件や環境などに大きく左右されて「公平な競争になっていないことによる」そうだ。そもそも「教育再生会議」の議論そのものが実証や検証を欠いた印象論的な雑駁なレベルでしかないのではないかということが早くから言われていた。だから、ワタミ氏と同じ欄で東大教育社会学の苅谷剛彦が述べているように、検証抜きで具体性を欠いたまま日本の教育の「機能不全」が語られて、荒っぽいギロンの果てに思い付き的な方策が提案されることになってしまう。「こうした誤診は、委員にデータに基づき実証的に議論できる専門家がいないせいだ」そうで、「分析が欠け、ブレーキの利かない政治主導の改革に依存するのは危うい」という指摘に僕もうなずく。「学校評価」という場合に、何を以って「可」とし、何を持って「否」とするかは難しい問題だろう。親の期待が大きくなればなるほど期待値は高くなり、その分不満度も高まる。結局のところ、他校との比較ということになりそうだ。私立学校なら「特色」もいろいろあり得るだろうから「偏差値」だけでなくても選んでくれる場合もあろうが（事実、ある程度選んでくれている・・）、公立の場合どうなんだろうか？　統一テストの平均点だか偏差値なんていうのが公表されたら単一尺度だけに非常に便利な比較材料になってしまうだろうということは十分に予測される。やがては「優劣」の最大の判断材料にもなってしまうだろう。「序列化」のメリットもデメリットもまさにこの「わかりやすさ」にあるように思われる。そして、これは上から管理する立場からも一定のメリットがあるのだろう。例のコムスンが各営業者の「成績順」に座席を並べて、ビリのほうの数座席は非常な屈辱感をもたされるというレポートがあった。

学習評価に「絶対評価」と「相対評価」という２種類の考え方がある。成城の中学では僕が入ったころは、どちらかというと相対評価的な考え方が主流だった。（「相対評価に絶対評価を加味する」などとわけのわからん言い方をしていた。７０年代になって、「相対評価が目的とするのは、集団内の位置付け、いわば序列化だ、到達度を示す絶対評価と加味などできるものではない、すべからく絶対評価的な考え方に立つべきだ」と主張して、最終的に変更させたのは、実は僕である。（かなりな論文まで書いたのだ・・）。相対評価

←　←

==============================
漫亭妄語 ◇(^o^)◆(゜o゜)◇(^o^)◆(+o+)◇
Vol.32　2007/09/10

◆(+o+)◇
吉田裕「アジア・太平洋戦争」を読む

岩波新書が全１０巻で刊行中の「シリーズ日本近現代史」の第６巻目である。吉田裕氏は一昨年だったか読んだビッグスの「昭和天皇」の監修をやっていたのと「日本人の戦争観」（岩波現代文庫）で多少は馴染みがある。ふと書棚を見たら未読のままの岩波新書の「昭和天皇の終戦史」もこの人の本だった。著者はまず４１年12月に始まり４５年８月に日本の敗戦で終わった戦争を「アジア・太平洋戦争」と呼ぶことを提唱する。戦争中に日本で使われた「大東亜戦争」というのはあまりにイデオロギー過剰な呼称であり、かなり広く使われている「太平洋戦争」というのは、日米戦争に偏重していて中国戦線や東南アジア占領地での戦いを軽視するきらいがあるというのがその理由で、大瀬の「１５年戦争」に通じる考え方だろう。

本論の記述は４０年から始まるが、対米英戦争自体日中戦争との関連なしにはあり得なかったわけで、これを切り離すことはできないというのが著者の考え方(僕も賛成する‥)で、その意味ではこのシリーズの第５巻「満州事変から日中戦争へ」（加藤陽子）と併読するほうがイイのだろう。（などとい言ながら僕自身は加藤の本は未読どころか未入手だ）それほどたくさんを読んでいるわけではないが、今までの経験では新書版の歴史書というのはなんだかアタマに入りにくい印象があるのは、新書版という紙幅に制限がある中で、にもかかわらず歴史書なりの事項を網羅しなければならないという矛盾相克のせいではないだろうか。（当方のアタマの問題もありそうだが・・・）その点ではこの吉田氏の著書はその弊害をかなり免れているように思える。「戦争責任の問題」（対外的な日本国の責任と日本国内の指導者の対国民責任）と「戦争や戦場の現場へのリアルな想像力」というふたつの問題意識を強く立てて執筆に臨んだ著者の姿勢によるものらしい。

「先の大戦について次のような指摘があります。あなたの考えに最も近いものをひとつあげてください」という質問の回答として①「対中戦争、対米英連合国戦争はともに侵略戦争だった」②「対中戦争は侵略戦争だったが対連合国戦争は侵略戦争ではなかった」③「対中戦争も対連合国戦争も侵略戦争ではなかった」から選ばせる世論調査を、05年10

では下位７%は実際どれだけ努力したとしても、それに関係なく「1」が付くし、営業成績順に序列化すれば必ず最下位になるものは出てくる。その最下位層のケツをたたき最下位層にならぬような心理的ストレスを全体にかけていわば全体の底上げを図るというやりかたは確かにあり得よう。だが、それがもたらすものに関してどれだけの目配りが行われているのだろうか？例えば、足立区のある小学校の校長以下の「みみっちさ」を断罪する以上に学校や教員をそういった「みみっちさ」に追い込んで行く構造や力学をもっと断罪しなければならないのではないか、所詮「古い教師」なんだろうけど、僕はそれがとても気になっている。

＊追記
「週刊東洋経済」７月28日号が「日本と英国」というかなり読み応えのある特集をやっていて、その中に「競争原理の導入で子供の成績は上がったが・・」という記事があった。ブレア以前のサッチャー時代の８８年の教育法によって、英国の教育制度が抜本的に変わったそうで、その内容は、地方政府の支配力を弱め各学校が直接財務を管理して中央政府に財源申請ができるようにしたことと、学校間の競争を促進する目的で「学校選択制」を導入し、選択しやすいように学力達成度を公表したり、生徒数と財政支援額を連動させたりしたそうだ。こんな証言が出てくる。「ブレアとサッチャーには大きな違いがひとつある。それはブレアが教育に充てる財源を大幅に増額したことだ」。実際、ブレアが首相に就任した９７年には教育費の対ＧＤＰ比は 4.7%だったが０６年度では 5.5%に増えた。ちなみに同時期に日本は 4.8%だそうだ。「好景気」に助けられた面はあるらしいが教育費を大幅に増額することによって４つほどの方策を実施し、それが一定の効果を上げているということらしい。予算を大幅に増額することもなく、ただ学校や教員のケツたたくだけで「再生」や「効率化」が図れるものではなさそうだ。（普段は読んだこともない週刊誌まで買いに行ったりして、今日は随分ベンキョウしてしまった気分・・・、ということでおしまい）Tadasuke Aikawa

■発行元メールアドレス：XXXX@XXXX.com

←　←

月に読売新聞が行った。回答は①が 34.2%、②が 33.9%、③が 10.1%だったという。ここに顕著に見えるのは、なぜ日本だけが断罪されるのかという不公平感や不公正感だろう。「日米同罪論」あるいは「本当は米国のほうが罪が重い」論や「日本の戦争は植民地解放戦争だった」論を冒頭にかなりきちんと検討した上で退けているのだが、僕は説得力を感じた。

足掛け５年の戦争には始まり方があり終わり方があり個々の戦い方、それを支える兵站のあり方、総力戦の時代の国や国民支配のあり方や産業あるいは労働力の問題があり、捕虜の問題から空襲、特攻の問題もあり、要するに事柄は余りに多様である。読む端から忘れていくことの多い最近の読書だが、時折立ち止まることも少なくなかった。著者自身は 54 年生まれの全くの「戦無派」だが「リアルな想像力」を駆使しながらの博覧というか博識というか、使われている参考文献の豊富さに目を見張ってしまう。巻末の参考文献一覧さえもが一見の価値があるように思われたものだ。些細なことながら「立ち止まった一例」特攻作戦のことをいろいろ書いてきた最後のところでの２行・・。「特攻隊に関しては既に長い『語りの歴史』があるが、その『語りの歴史』そのものを歴史分析の対象にする（本人の言葉）ことを通して日本の戦後史を再構成した「日本人の戦争観」の著者らしい言葉だなと思ったのだった。

Tadasuke Aikawa

■発行元メールアドレス： XXXX@XXXX.com

転位の暗渠を貫くもの

村田　栄一

この『きまぐれ月報』の最終号に生徒のひとりが「ナイスファイト！」と書いている。そして「ああ、いい気持ちだった。さようなら」と刻んで相川の鉄筆は置かれている。その中間に「……この三年間は、他からいやいや生かされていたという感じがかなり少ない。自分が生きていた三年間、そんな感じさえする」という文章をはさんでのことである。ここちよい酔いの中から溢れ出た感慨に相川の指はすなおに従ったのであろう。そしてこの幕切れの一句は、『きまぐれ月報』全巻を読み通したすべての人にもすなおに納得できる。その時、そう書いた瞬間、相川の中にこみ上げてきたであろう充実感を独り占めする権利がかれにはあるのだということを多少の嫉ましさとそれにまさる拍手でもって気持よく認めることができるだろう。

加藤いづみが担任教師の相川におそらくは万感をこめて、そして学級全員の暗黙の共感に支えられて送ったのであろう「ナイスファイト‼」という賛辞のなんとさわやかなことか。中年男にとってこれはとびきり嬉しい声援である。読者の多くが同調するに違いない（とぼくは信じている）このさわやかな読後感になくもがなの蛇足を加えることをぼくは恐れる。以下の文章において、ぼくはきわめて私的な角度から、相川がふともらした「いい気持」の底に沈みこんでいる錘鉛のようなものの重量をはかってみるにすぎない。

一

五月が近づくころになるといつも、相川と二人三脚のようにささえ合いながら霞ヶ関の坂道をくだった日のことを思い出す。

反安保六〇年闘争において、四・二六の日付で記憶されているその日、全学連の突入を阻むために国会議事堂は装甲車や護送トラックのバリケードで包囲され、そのバリケードをはさんで内側に棍棒の機動隊、外側に素手の学生たちが対峙していた。

「我々はァ労働者を先頭にィ国会へ突入する。学友諸君！労働者部隊のために道をあけてください！」大歓声の中をぼくたち四、五十人の「労働者部隊」が最前列へ出た。共産主義者同盟傘下に若い教師を糾合して作った青年教師集団のぼくは議長で相川は書記長だった。

バリケードのトラックによじ登るぼくの片手に握られていたのは婦人用の手提袋で、さっきスラックスにはき替えて隊列に加わった仲間の女教師のスカートが入っているのを預かったのだ。護送車には警官隊の弁当のおにぎりが積んであった。それを踏みつぶしながらぼくは進んだ。そのおにぎりをごっそり抱えてきてみんなに配給してくれた沈着な仲間もいた。

トラックを抜けたら警棒の海だった。ぼくらは次々にそこへ向ってダイビングした。しぶきが上ってぼくはたちまち眼鏡を飛ばされ、打ちのめされた。渦の外へ吐き出された時はぼろぼろだった。そして同じようにもみくちゃにされ、警棒の一撃を後頭部にくらってふらふらになった相川と雑踏の中で遭遇したのである。超近視のぼくは眼鏡を奪われて足もとふらつき、自動車のライトが唐傘のように見えた。互いに寄り添って有楽町駅方面へ敗走兵よろしくとぼとぼと歩いた夕刻のことが忘れられない。

当時の相川は、鎌倉学園の教師だったのであるが、私立校勤務で日教組組合員でないところから専らオルガナイザーとして活躍していたのであった。

教師になって一、二年目とはいえ、共済組合からの借金を資本に『教育労働者』という活版雑誌を隔月刊していたのだからぼくたちの意気ごみは大変なものであった。何しろブントが〝全世界を獲得するために〟などとデカイことを言っていたのだから、ぼくたちが「平垣派(宮之原派と対立した日教組左派)を乗っとろう」ぐらいのことを考えてもおかしくなかった。事実勤評神奈川方式をめぐる論争で揺れた日教組大阪教研では平垣派と組んでかなり仕掛弾を破裂させたのであった。当時日共中央の指導を排除し、のりこえることによって、勤評闘争をストで闘い全国闘争を牽引していた和歌山、高知、群馬等の教組活動家の間に『教育労働者』は多く読まれていたし、今はすっかり宮本顕治体制に帰順してしまっている民研の深山正光あたりもそのころは代々木の情報をもたらしたり執筆したりしていたのであった。

ぼくたちは一九六六年になって、そのころの『教育労働者』から選んで『現代と教育』という論文集を公刊したのであるが、驚くべきことに、その雑誌編集の中心人物であった相川の書いたものはその中に一篇も収録されていない。その間ずっと教師であり続けながら、相川は教育問題については、ついに何も書かなかったのである。ことほどさように、かれはぼくらの仲間うちでは「政治派」であり「組織者」だったのである。相川がそのころ書いた文章の題を列挙してみればそれはさらにはっきりする。

・「ドイツ・イデオロギー」雑感（五九・六）
・カウツキー主義とその批判（五九・十）
・時評・平和中毒の謙虚な君子たち（六〇・一）
・批准阻止闘争をふりかえる（六〇・七）
・ロシア革命の敗北＝トロツキーの敗北——ドイッチャー「トロツキー伝」を読んで（六二・一二）
・革命を現実世界に（六三・七）
・P・カルダンの社会主義論について——労働者階級の自己解放の問題（六三・一二）
・「社会主義」と「国防」——中国核実験に関連して（六五・一）
・ラーヤを学ぼう（六五・七）
・ルポ・10・12日韓条約反対統一行動（六五・十一）
・「革新ナショナリズム」批判の基礎（六六・八）
・時評・紀元節の復活と戦後民主主義の行方（六七・一）
・反逆としての祖国復帰——沖縄問題の考察（六七・七）
・反戦の試練と原理——日米首脳会議と羽田デモ（六八・一）
・反ナショナリズムの拠点——玉城素「民族的責任の思想」（七〇・六）

こう並べてみると、相川のその時々の関心のありよう、その持続と変還のようすがかなりよくわかる。特に「日韓条約」以後〈ナショナリズム〉との対決ということがかれの思想的射程の中に照準化されてきていることが判明する。『きまぐれ月報』で全面的に展開されるかれの思想の源流はどうやらこのあたりと押さえておいてよいのであろう。しかし、その源流からの水路は、決して坦坦たるものではなかった。ぼくが探らねばならぬは、かれの問題意識が、どのような暗渠を経て『きまぐれ月報』につながったのか、その〈持続〉と〈転位〉の契機はどのようなものであったかをできるだけわかりやすく取り出してみることなのだろう。そこまではまだかなりの道を要する。

とにかくぼくは政治的な会議では居眠りばかりしてい

て、相川に「おい起きろ。大事なところだぜ」と蹴とばされて起こされる関係にあったとだけ書いておこう。

　さて、話は、肩を並べて国会の坂をとぼとぼとくだった夕刻に戻る。有楽町駅で別れようとするぼくに、相川がぼそっと言った。「その袋もらっておこうか。鍵が入ってるんだ」。例のスカート入りの手提袋のことである。乱戦の中で眼鏡を奪われつつも守り抜いたその袋の中には、持主の女性が住んでいた住宅公団独身アパートの鍵が入っていたのだ。そして相川はそのころ、なんと、その独身女子寮に転がりこんで暮していたのである。その彼女こそ現相川夫人の良子さんなのである。

二

　それからちょうど十年たったころ、相川とぼくは、新橋の裏通りを歩いていた。再び活版化した『教育労働者』の出張校正のために印刷所へ向うところだった。ぼくの学級通信『ガリバー』が『飛び出せチビッコ』という題で出版されようとしていた時で、その実践のモチーフを総括した〝教育実践試論〟（『戦後教育論』所収）がその号には載る予定だった。

　その文章は、当時「反戦派」と呼ばれたぼくたちのグループに遍在したある傾向に対するぼくの違和感をかなり率直に表明したものであった。その部分を次に引用してみよう。

> 　教育実践をただちに実践主義と短絡して拒絶反応を示す教師のうちに、ぼくは職能のうちに実在しながら、その職能に搦めとられることをひたすらに恐れて半身に構えた執着せざる教育労働者の姿を見る。それは職能レベルで日常化している自己疎外の直視を回避した、主観的でキレイ事の「自己否定」ではないのか。……ぼくたちが日常生活において感受する疎外を即自的な形で「疎外感」とし、主観的情緒に還元することなく、逆に疎外感をパネに教育への国家支配を結果する現代資本主義の客観的構造の解明にまで深めていくこと。そして教育実践はその深化過程を媒介するひとつの端緒たりうるのではないだろうか。……それをひとつの端緒たらしめるためには、ぼくたちは「加害者」であるとか「被害者」であるとかおしゃべりする以前にまず「当事者」なのだということをあらためて言うのも気がひけるほど自明の前提を確認せねばならない。

「要するに〝当事者〟という発想にこだわりたいのだよ」というぼくの説明に、相川が〝我が意を得たり〟と言わんばかりの賛成をしてくれたことがとても嬉しかった。

その「賛意」を、相川はぼくの『ガリバー』に事寄せて積極的に展開しフォローしてくれたのであるが、すでにその時、その文章で、かれは『きまぐれ月報』のモチーフをかなり明確に先取りしていたのである。その部分を次に引用してみよう。

教師の自己否定ということは、最近大分手垢にまみれて来ましたが、それが即、自殺や退職を意味しないとするなら、日常態として追求されなければならないでしょう。いかなる生産的労働者も、まさにその故によって、考えようによっては資本主義の共犯者なのであり、プロレタリアの存在そのものが、資本主義を支えているのであれば、日常性というものが体制的なのは当然です。そこからプロレタリアの自己否定ということが問題となりますが、それは即、現にある日常性を否定したことにはなりえないでしょう。

いわんや、個の教師が引き受けている教育というのは、大半が日常的な子供との接触であり、そのことをナンセンスの一言で裁断しきれる「革命」というものの人間観の乏しさには、私は疑問を感じています。それは、教育を通じて社会変革を夢みるという〝政治主義的〟教育論とは別でしょう。

……更にいえば、別領域の、とりあえずは自分が充分に解明しきれていない問題に対する留保の姿勢とでもいったらいいのかもしれません。この留保を政治的に活かすというのは容易ではありません。政治は大なり小なり割り切りを要求します。しかし、とりあえずは自分がやれていないという自覚をもちうることと、それをナンセンスと切りすてることとの間には大きなヘダタリがあるように思えます。

……〝壁〟の存在を漠然と認知するのは容易なことだろう。限界とか壁とか、ぼくらはよく口にしてしまう。だが、限界は越えるためにあり、壁は打ち破るためにあるとするなら、ぼくらは目の前に立ちふさがる壁の厚さ、固さ、高さ、材質等、あらゆることを知らねばなるまい。

〝公教育の限界〟とぼくらがいうとき、ぼくらは演繹的にそれを推断してしまうだけでなく、自分の手ざわり、肌ざわりでどこまで確かめているのかを自らに問うことも必要だろう。生が所詮、日常性の中にしかないとするなら、日常態として生が何らかの意味をもちうるのは、演繹的推断の証明のためではなく、帰納的方法の実践として活きている場合ではないか、という気がしている。

……従来、ぼくらは日常性の対極に非日常性を置いて様々の思考を行ってきた。だが最近、ぼくはこの思考に一つの陥穽があることに気がついてきた。つまり、非日常性という観念を対極にもつことによって、日常性は現にあるものに比して、なんとも平板なものとしてしかとらえられなくなってしまっているのではないか、というように。ぼくらの日常性そのものが、その内部に様々の位相をもち多層化していることをぼくらはもっと大胆にとらえるべきではないか、という風に考えはじめている。(『学級通信ガリバー』所収、社会評論社)

『きまぐれ月報』に結実した相川式実践の根にあたる発想のしかたが、それにとりかかる二年前の時点でかなり明確に意識されていたということがわかる。もっともその二年の間に、かれは職場同人誌『いろはにほへ』(三号まで)を切り回し、当時担当していた杉組を相手に『ヒロシマ訪問』を中心とする実践を重ねていた。そのへんの経緯については上巻の自註「きまぐれ・居なおり・悪あが記」に詳しい。それらの経験は、前述のモチーフと、その全面展開である『きまぐれ月報』とをつなぐ不可欠の媒介項であった。

ちなみに相川は、新書一冊分ほどの「反ナショナリズム論ノート」をその『いろはにほへ』に連載したが、その結語部分で、かれが抱いていた基本的テーマになんらかの示唆を与えてきた諸家(小田実、井上光晴、真継伸彦、高橋和巳、野坂昭如等)の考え方の「限界」を見てしまった相川が、「さて、それではオレはどこに立って考えを進めていったらいいか」と自問するくだりがある。そして結局は「あることへの自分の関心にこそ依拠して、共感や共鳴、あるいは反撥や不満を表現していくこと、その逆算的総和として自己の軌跡をえがく以外にない」と自答するのである。

それでは、相川が「諸家」に対して抱いた不満とはどんなものだったのだろう。それはかれが小田実の「生きつづける」論への違和を表明した部分によく出ている。

多くの場合、〈生きつづける〉は選択とか意思の問題ではなく結果でしかない。小田は敢えてそれを選択、意思の問題として強調するために〈生きる〉と対比させたのではあるが、これは所詮、観念的な一つの図式だろう。

〈生きつづける〉と〈生きる〉が小田の図式のように対比されつづけたままだとすれば、〈生きる〉は限りなく瞬間的な生の爆発に純化され、反面、〈生きつづける〉は限りなく散文的なウンザリさせる日常的なくり返しにこれまた純化されてしまう。どちらにせよ、このような純化された生などというのは〈虚構〉である。

ぼくらは、〈生きつづけ〉ながらも、ときとして生の瞬間的な燃焼に近いものを感じるし、またその燃焼感を手に入れようと欲求する。ときには、〈生きつづける〉ことは〈生きた〉ことの結果でしかない場合もある。逆に、〈生きる〉側の典型的人物をだれか頭においてみても、彼の生存の基底をなしている〈生きつづける〉性がなくなる筈もない。武士にしたところで平時における日常は、現代のサラリーマンと大差のない〈お城づとめ〉だったのではないか。

にもかかわらず、小田があくまで〈生きる〉に対比させて〈生きつづける〉ことに固執しようとすれば、それは、人の生の真実の生き生きした相貌を失なった（換言すれば、生を生たらしめている矛盾を抜き去った、といってもよい）何ともノッペリとした平坦なものになってしまうだろう。

〈生きつづける〉は〈生きる〉のアンチ・テーゼに留まることは許されないはずだと思うのだ。それは、その対比をみずからのりこえて、〈生きる〉を包摂しながらさらにみずからを豊かにふくらませることができなければ、小田にはともかく、ぼくには本当のところ魅力はない。「ウンザリさせるくりかえし」だけではやはりウンザリだ。〈生きつづける〉とは〈堪える〉ことなの、といってみても別にオツな気分になるものではない。（『いろはにほへ』三号）

かつて相川は、ぼくが『ガリバー』を出し続けた時の姿勢を指して「一教育当事者という〝個〟の日常性そのものの多層性への依拠」と評してくれたことがあるが、その点をかれがおのれへ振り向けてより深めて行ったところに『きまぐれ月報』が生まれたのだとは言えないだろうか。
　思いつき的に話が飛ぶのがぼくの悪い癖であるが、〈日常性〉ということが話題になるときまって思い出す詩がある。息抜きにもなろうかと思うので引用する。

くりかえす　　　谷川俊太郎

くりかえしてこんなにもくりかえしくりかえしくりかえして
こんなにこんなにくりかえしくりかえしくりかえしくりかえして　くりかえしくりかえしくりかえしくりかえしつづけてこんなにもくりかえしくりかえしてくりかえし　いくたびくりかえせばいいのかくりかえす言葉は死んでくりかえすものだけがくりかえし残るくりかえし　そのくりかえしのくりかえしをくりかえすたび　陽はのぼり陽は沈みそのくりかえしにくりかえす日々　くりかえし米を煮てくりかえしむかえるその朝のくりかえしにいつか夜のくるこのくりかえしよ
云うな云うなさようならとは！
別れの幸せは誰のものでもない
私たちはくりかえす他はないくりかえしくりかえし
夢みあい
くりかえし抱きあってくりかえしくるよだれよ
もう会えないことをくりかえし
いつまでも会うくりかえし会わないくりかえしの
樹々に風は吹き
今日くりかえす私たちの絶えない咳と鍋に水を汲む
音
おお明日よ明日よ
何とおまえは遠いのだ

（『あなたに』一九六〇）

「この詩の中に含まれている、あるかないかの殆んど盲目的な怒りのエネルギー、それはたとえどんなに少い量にしろ、私自身の合理的思考の範囲を超えていて、それ故にこそそれのみが辛うじてこの詩を支えているのではないか」と詩人は自ら語っているのだが、日常的生の散文性をそれとして了解しつつなおそこにどうしようもなく湧き上がってくる「盲目的な怒りのエネルギー」の存在を否定できず、そこに一篇の詩を成立させたというあたりがおもしろい。

「いずれにしても、生活の繰返しに対して、親愛と反撥という二つの矛盾したものを感じることがなかったら、『くりかえす』というような詩作品は、おそらく書かれなかっただろう」という清岡卓行のこの詩に対する評言は、相川の『きまぐれ月報』の出自についてもあてはまることだと思われる。

とにかく、相川の実践を規定するキイ・ワードのようなものがかなり早い段階から提示されていることがここでは確認できるのであって、それは、たとえば〈割り切れなさ〉〈日常的生の多層性〉〈個〉等々へのこだわりというように表現されている。かれの政治的党派からの離脱という行為は、これらのキイ・ワードの占める位相によって示されるように、単なる挫折以上の深い地点で確認すべき、ほとんど必然的といってもよい分離であったのだ。

「自分をずっこけと自覚しようと、ぼくは否応なくぼくの生の主人公として、日々のあれこれを選択し、創造し、いや、そんなに立派なものでなくてもいい、とにかく時間をぼくの生で埋めていく以外になかった。ずっこけでもいい、ともかくぼくは自分が自分の生の主人公でありうる拠点を求めてはいたのだろう。居直る地点を求めていたといってみてもいい」（「気まぐれ・居なおり・悪あが記」）

相川はこのように説明しているが、ともあれ、二十年に近い年月の紆余曲折を経て、自己の生を埋める拠点をさぐりあてたみごとな実例がここには示されている。その燃焼ぶりはそれだけの風雨に堪えただけあって、いかにもしぶとく、目配りの利いた〈醒め〉に裏うちされているといえるだろう。

三

相川と肩を並べて歩いた話が続いたから、今度はかれにさっさと前を歩かれてしまい、背中をみながら歩いた話をしよう。

相川とぼくのヨーロッパ道中記は三十号に紹介されているが、これはレニングラードでのことである。ぼく達が泊ったホテルは革命のモニュメントとして繋留されている巡洋艦オーロラ号を対岸に望むネバ河のほとりにあったのであるが、このネバ河というのが大きく彎曲し、分岐しているために、エルミタージュ美術館やネフスキー通りから帰るときには、いくつもの橋を渡り、かなりの距離を歩かねばならなかった。その日は、モスクワから東京までのフライトの再確認をせねばならぬので、インツーリストの窓口が閉ざされないうちに帰らねばならなかった。夏宮に近いマルス広場のあたりで、タクシーを待とうという相川と、待っても来っこないから徒歩で帰ろうというぼくとが対立し、けっきょく歩くことになった。

その時の相川の歩く早さといったら、ぎっくり腰でコルセットを持ち歩いている男とはとても思えない歩調で小雨のネバ河畔を口も利かずにさっさと歩き出してしまったのである。ごきげんナナメの時の相川の無愛想なことといったらとりつくしまもない。たちまち、ぼくとの距離は開いていった。

心中オダヤカならざるぼくは、「ムクレテ相川やけくその早足で歩く。優等生は小児病である」とその日のノートに書いた。しかし相川がただムクレただけでそうしたのではないことも承知していた。かれはインツーリストに指定された時刻を厳守しようとしていたのであった。こういう約束に対するかれのきまじめさといったらたいへんなもので、優等生的遵守とぼくがからかうぐらい律儀なのである。

余談になるが、これほどムリして間に合わせた搭乗《リコン》確認《ファーム》がモスクワ空港でにべもなく無視されたのであるから、相川が激怒したのも当然である。「いったいどうなってるんだよ。オフザケじゃないよ！」とソ連航空のお嬢さん《ジェーブシカ》に英語使いのはずであった相川が猛然と日本語でどなったのも無理はない。「英語まじりの日本語で」怒ったのだと本人は書いているが、これだけのセリフを日英とりまぜてわめけるハズがない。とにかくこういったたぐいの違約は、相川にとって、全く許せない事柄に属する。

『月報』最終号で、かれは自分の欠点として「物わかりの良さ」をあげている。たしかにかれの口癖のひとつに「それなりに」という言葉があるように、寛容度は高くて、やさしい。しかし、もうひとつの相川語に「甘ったれるんじゃないよ」というのがあるように、それは、はっきりとした節度というか相川的ルールにささえられるものであり、そのルールは、市井の仁義といわれているものにかなり近いものであるといってもよい。

かれが自分の属した党派の機関紙で使われた「亡国」「素町人」といった言葉に断然反対し許さなかったこと

は、ぼくの記憶に印象深く残っている。こういった用語の一端からそれを使う者の本質を射抜く鋭さは相川独得の感性であり、それは、かれが、どれだけ自分の用語に慎重であるかということをも同時に意味するところである。この『月報』からぼくたちが学びたいと思う点のひとつは、相川が自分の表現にぴったりはまった言葉をさぐりあて、消化するためにどれだけの神経を使っているかということであり、それをしなやかに駆使しながら、説得力のある文体を生み出しているところである。

特定少数を対象に肉声でかかわるところに存在理由がある「学級通信」に依拠しつつ、そこに相川が拓いた新しい世界は、まさにゲルゲ語を用いつつ、そこに〈知〉を媒介させて、考える肉体として〈教育〉に立ちむかう普遍論理を構築したという点にある。

その典型例が、こどもと共にヒロシマへ迫る過程にはっきりあらわれている。そこでかれは、〈戦争〉をとらえるために想像力が決定的に重要であることを説きつつも、事実認識への能うかぎりの目配りを忘れない。こうした「事実への公正さ」という客観的態度が、かれの「肉声」を、ひとりよがりのレベルと決定的にわかつ要因となっているのであろう。

以前、相川が「日常態として生が何らかの意味をもちうるのは、演繹的推断の証明のためではなく、帰納的方法の実践として活きている場合ではないか、という気がしている」と書いたことは紹介したが、この仮説を『きまぐれ月報』は実践的に証明してみせたものであるとぼくは思う。

帰納法がスコラ的世界に対決する思想的武器として登場してきたことはベーコンの名とともに記憶されているが、それはまたわれわれの心をおかすさまざまな偶像《イドラ》からの解放という緊張を不可欠の前提とすると同時に、演繹によって裏づけられてはじめて、〝知は力〟となりうることを教えている。

相川のこの実践記録に対して、「私立だからできたのだ」とか「進学の苦労から切れているから」等々、かれの実践舞台となったもろもろの条件をあげつらう批評が出てくるであろうことが予想できる。しかしあらかじめ言っておきたいのだが、そのような感想は、ある意味では自然なのだろうが、この本を読む態度としては不毛だということである。

この実践記録から、ぼくたちが読みとりたいのは、その実践主体の思想であり、方法意識なのである。「○○

だから、できる」ということは、「〇〇だからできない」として、おのれの行為をはじめから免責しておく甘さに通じるものであることを、少しきびしいかも知れないが言っておく必要があるだろう。

さて、ぼくは相川の律儀さが、ある種の物わかりの悪さ、（頑固さ）につながるということを言いかけて、いささか脱線したようだ。

この『きまぐれ月報』の少なくない場所で、ぼくたちは相川の「甘ったれるんじゃねぇぜ」というセリフにお目にかかる。それはたとえば「カンニング」（九号）、「エスケープ」（十九号）、「自転車解体事件」（二一号）、「ピーターパン事件」（三三号）等々のハプニングと対決した場面であり、かれはそこで、かなりのしんどさにたえて、条理の行き届いた論理的説得を試みている。そういう場面での相川は正面きってモラルを説き、ものわかりの良さに足をすくわれまいとがんばる。かれの説教相手である生徒からみれば、これほど執拗な教師には音をあげざるを得まいと同情したくなるくらいだ。しかし、さわやかな結末までなんとかたどりつきたいと手をつくし、言葉をつくす、かれの物わかりの悪さは、何とも貴重であり、そこに相川の全力投球の姿があざやかに刻みこまれているのであることはまちがいない。

二一号の〝自転車解体事件〟に触れて、かれは、「せめて自分はやらない」ということの重さを語っている。それは、常識的モラルを説いているようだが、それを正面切って語るかれの心の熱さは伝わってくる。それは、「せめて自分はやらない」ということが、「アッシにはかかわりのないこと」へ逃れることへの封殺をこめて説かれるからであり、〝自立と連帯のはざま〟という位相にたえず問題をすえようとするかれの思想的態度とそれが強くかかわっているからだろう。

相川の意識的努力としての「物わかりの悪さ」が挑戦しているのは、まさにこの「アッシにはかかわりのない」という心性に対してであり、かれが執拗に掘り起す〈かかわり〉によって『月報』を彩るドラマは成立したのだ。そして、相川が、この『月報』の中で一貫して揚げてきた公倍数的人間関係というものは、まさにこの〈かかわり〉への覚醒と対象化を契機に浮かび上がってくるのであり、その意味で、相川の「物わかりの悪さ」あるいは正面からモラルを説く律儀さは、決定的に重要なことであったと思う。

四

相川とぼくにとって共通の旧友武藤啓司が、この『月報』に寄せた文章の中で、「テメエの人生はテメエ以外のだれの人生でもないとしても、生きることは、自分の外にある〈歴史〉によって規制される。テメエの過去を『受け入れる』にあたって、テメエを生かしも、殺しもした〈歴史〉の真の実体を解き明かし切らない限り、死ぬにも死ねないといったたぐいのものが、『最年少戦中派』と自己規定しつづける相川の『ヒロシマ』に関する部分の迫力だと思う。」と書いている。

それは全くその通りであろう。ぼくたちの仲間うちで、こういう醒めた割り切り方ができるという点で武藤の存在は貴重なのだが、これを読む相川の側では、いささかの違和感が生じるのではあるまいかという気がしないでもない。言葉のアヤととられると困るのだが、「テメエの人生はテメエ以外のだれの人生でもないとしても、生きることは、自分の外にある〈歴史〉によって規制される」というのはその通りだ。その事を全面承知しつつなお、相川の『きまぐれ月報』が生み出されるためには、このカッコ内の文章に「としても、テメエの人生はテメエ以外のだれの人生でもない」というくだりをもう一度つけ加える必要がどうしてもあったのではないだろうか。

最後に、この『月報』の何箇所かで相川がスナップしている場面について語っておきたい。その一つは、遠泳前夜の同僚吉田先生の「不眠」に触れて、「この〈小心〉ともいえるほどの慎重な配慮が遠泳を毎年成功させているんだな」と感心する場面(第五号)。その二は、これも同じ吉田先生だが、体育の時間のハンケチ落しで遊んでいる生徒へのかれの視線に感心しつつ、「こういったハプニングに竿さした余裕に共感するとともに、その上で『教えること』の意味をもう一辺問おうとしている意気をも感じた」と書く場面(二三号)。その三は、「中学生をコーチするときは、オーバーズボンをはかない」というスキー・コーチのハナシに感心する場面(三四号)。こういうさりげないところに、シャッターチャンスをつかむ相川のセンスはさすがだ。本物のカメラに関する相川の腕前は全然オンチだといってよいが、ここに例をあげたようなスナップ力は、かれの心のやわらかさを示すものだ。

ぼくは、この文章を書きながら、小関智弘の『粋な旋盤工』（風媒社）という本を読んでいた。その一節。

「『傍楽《ハタラク》』の被害者意識をぬぐい捨てて、労働者が自分自身のために働いているのだという自覚を獲得するためには、労働力そのものが商品として売られている生産関係の、根本からの転換を経なければならないだろう。

けれども労働者が、怠け者としてその革命を待ち望むのではなく、仕事そのものを通しても、奪われた粋を、もういちど回復させようとする、粋な闘いを闘ってもよいのではないか。」

相川のスナップ眼に共通するまなざしがこの文章から感じられはしないだろうか。

文字通り、身をすり細めつつ、この『月報』におのれの〈成熟〉を賭けてきた相川にむかって「粋な闘い」などというと、かれは苦笑するだろうな。だけど決して拒否はしないだろう。その苦笑に、長年友人として過ごし、これからも肩を並べて歩いて行きたいと思っているぼくは魅かれているのだ。

※この文章は『きまぐれ月報』下（一九七五年）の巻末に収録されたものである。

II

３月は、春を予感し、希望をふくらませる季節なのですが、悲しいお知らせをお届けしなければなりません。

わたくしたちが敬愛する相川忠亮さんが、２月９日、お亡くなりになりました

食道・胃から肺に転移した癌によるもので、77 歳の誕生日を目前にしての最期でした。

故人の意志に従って、２月 12 日、近親者のみによる密葬で荼毘に付されました。

情理のひと相川さんを喪った悲しみを共にする人たちによる「お別れの会」を催したいと思いますので、ご参集のほどよろしくお願い申し上げます。

2011 年３月

相川忠亮さん　お別れの会

発起人　村田 栄一／渡辺 共成

2011 年 3 月 26 日（土）

14:00　開会

「相川忠亮さん　お別れの会」次第

司会　渡辺 共成

・発起人代表、村田栄一より挨拶
・献杯とお別れの言葉　（兵藤剑さんより）
・お別れの言葉　（旧い友人より）
・相川忠亮さんに献杯とお別れ、本日の参会者が個々に
・相川先生へお別れの言葉　（「成城の卒業生」たちより）
・本日来られなかった人たちよりお別れの文紹介
・お別れ会の終わりに　（鈴木宗明さんより）
・相川さんの家族の紹介と相川徹人さんより挨拶
・司会より　本日の参会の皆様へ　（16:00　閉会）

相川忠亮さん略年譜

1934年	2月13日、東京・品川区に生れる。
1944年	群馬県草津町に学童集団疎開。
1945年	国民学校6年生、疎開先から偶々帰京していて敗戦を迎える。
1952年	麻布学園中高を卒業後、東京学芸大学国語科に入学するが、3ヶ月で自主退学。
1957年	東京大学文学部英文学科卒業（卒論は "Mark Twain as a pessimist"）。
1961年	私立学校勤務を二校経て、私立成城学園中学校英語科教諭となる。 立嶋玲児さんと3年萩組担任（1年間）。
1962年	太田茂照さんと1年桃組担任（3年間）。
1965年	高橋寿子さんと3年杉組担任（1年間）。
1966年	網干正裕さんと1年杉組担任（3年間）。
1969年	山内ルリ子さんと1年杉組担任（3年間）。アメリカ合衆国に2ヶ月研修。
1970年	中学内同人誌『いろはにほへ』発行、「反ナショナリズム論ノート」を連載。（『いろはにほへ』3号まで）。
1971年	『望星』9月号に杉組生徒との修学旅行座談会「ヒロシマって、なんだ」掲載。
1972年	中山繁男さんと1年菊組担任（3年間）。
1975年	寺崎誠一さんと1年欅組担任（3年間）。菊組学級通信『きまぐれ月報』上下出版（社会評論社）。
1978年	尾形良悟さんと1年柏組担任（3年間）。
1981年	久保昌之さんと1年梅組担任（3年間）。
1984年	多田信司さんと1年柳組担任（3年間）。
1987年	小林雅弘さんと2年桧組担任（2年間）。
1991年	『中学生と共生のときを編む』出版（明治図書）。 成城学園中学校校長（5年間）。
1996年	成城学園中学校を定年で退職。 『<未知の旅>への語りかけ』出版（「相川忠亮さんを囲む夕べ」発起人会）。
2011年	2月9日午後2時48分、東京・品川、せんぽ東京高輪病院で逝去。 相川忠亮さんは、76年と361日生きた。

相川忠亮語録

人が生きてゆくということが、詰まる所、自己を表現して行くことだとすれば、そこからする人間関係への夢があってもいいだろう。それが「公倍数的関係」だ。そこにおける「共通点」は、個性を捨象することによって作られるのではなく、相手の個性に匹敵するものを自分の中に作り出すことによって、作られることになる。互いに個性を発揮しあうことが、ひいては共通の広場をより豊かに広げることになる。

「公約数的関係」では本質的には自分も相手も変わらない。共通点だけ確認して、自他の個性は相手を刺激しないように、関係の外に置かれる。

それに対して「公倍数的関係」では、お互いの自己主張、自己表現が出発点であり、関係を作るということは、お互いに変わりあって、「公倍数」を作りあうということだ。相手の個性に自分の個性をぶつけてお互いに「公倍数」にまで広がらなくてはならない。「公約数」は、もともと自分の中にあったものを発見すれば足りるが、「公倍数」は、自分全体を足掛かりにし、相手を消化して作り上げるものだ。自分が自分である所以のものがとても大切なものだということと全く同じ意味で、相手が相手である所以のものがとても大切になる。

＊杉組卒業文集『わが未来への挑戦』に所収　1972年3月

＊　　　＊　　　＊

このような地点においても、もしも確かなものがあるとすれば、それは、できあがったものの確かさではなく、いわんや、北極星のようにはるか遠方の定点でもなく、転調する日常感覚の中でなおも選択しつつ創る一瞬一瞬の中にこそ求められるべきだろう。

〈創る〉ことがすぐれて現在に属する、とするぼくの思い込みはここにあるといってよい。問題がすべて現在に凝縮している以上、いわゆる確固不動の確かさはむしろ無縁であっていいのではないか。あらゆる多様で等価な可能性の中から、そのとき、それを選んだことを、ぼくらの感覚がどのように納得していくか、というところに核心的な問題があるのだろう。

＊「〈ぼくらのもの〉への問い」『望星』1972年9月号

相川忠亮さん　お別れの会　開会のことば

村田　栄一

これから、先月九日、七十七歳を目前にして亡くなった相川忠亮さんとの「お別れの会」を始めます。

この会の呼びかけ人のひとりとして、ぼくはここに立っているのですが、ほんとうの発起人は、相川ご本人なのです。

彼が亡くなった二月九日の夜、彼の財布のなかから見つかった「覚書」には、詳細な指示と申しましょうか要望事項が記されていたそうです。それによると、葬式は要らない、従って、お経もお焼香も献花も戒名も無用とのことでした。

そして、これはやってもいい、いや、やってくれと容認したことがふたつだけありました。そのひとつが、この「お別れの会」でした。集まってくださる方はそれぞれ久しぶりに顔を合わせるのだろうから、二次会の余裕をもった時間設定をするようにとの配慮も示されていました。

彼が亡くなる十日ほど前に見舞ったのが相川との最後になったのですが、その時も「お別れ会はいいねえ」と、実に楽しそうに語っていたのでした。「だけど、あんただけそこに参加できないんだよ、悔しいでしょ」というと、「そう、悔しいねえ」と苦笑いしていたのが記憶に残っています。

それともうひとつ、大いにやってくれと言い残したのが「献杯」でした。ですから、このグラスを掲げた相川の写真の前には、「これがうまいんだ」と、彼が好んだ銘酒「〆張鶴　純」がずらりと並べてあります。終生、盃を交わしながらの談論風発を好み愛した相川を偲んでどうか皆さんも盃を満たしてください。

相川はああ見えてもかなりシャイな男でしたので、花を手向けてお辞儀なんてされるのはかなわないなということなのでしょう。皆さんそれぞれに遺影に進み出て、それぞれの思いやことばを手向けて、ひとりひとりお別れを告げてください。

皆さんご承知のように、相川はたいへんな読書家でした。そして、ハードボイルドというジャンルの作品も好んで読んでいました。そのせいか、ドライと人情がミックスした名台詞がよく飛び出したのはどなたもご存じのことでしょう。そのキザっぽい名文句と彼のたたずまいとのバランスというか、アンバランスというか、その絶妙な取り合わせと、いかにも彼らしい屈折のあたりに、彼の持ち味があったと思います。

ハードボイルドつまり固茹での外見を持ちながら、卵で言えば弾力のある白身に包まれた黄身に当たる部分は、冷たく固まったものではなく、とても柔軟で、熱く、優しいものでした。時にはその内心の部分がマグマのように噴出して、何で怒っているのか、何で怒られているのか分からず困惑するということもよくありました。この会のご案内で「情理のひと」と表現した所以です。人情味ゆたかな堅物とでもいうのでしょうか。

その真価が存分に発揮され結晶したのが、三年間夏休み中も休むことなく発行し続けた『きまぐれ月報』でした。その最終号で菊組のひとりだった加藤いづみさんが「ナイスファイト！」ということばを彼に送っています。この、加藤さんが相川に送ったエールこそ、ここに集まったみんなの声として、相川の生涯に捧げるのにふさわしいものだと思います。

ナイスファイト！相川！ 相川！ すばらしい生涯でした。相川、ありがとう。

お別れの言葉

兵藤 剣

相川君、四年前私が成城学園に着任した年、京王プラザホテルで催された成城学園90周年の祝賀会の折、ほとんど五十年振りに君に再会しました。君と私とは、たまたま、東大駒場で28年入学の同期生でした。その頃教養学部には文系も理系もⅠ類・Ⅱ類しかなく、君は文学部か教育学部へ進学する文Ⅱの９組、私は法学部か経済学部へ進学する文Ⅰとコースが違っていましたから、個人的な付き合いがある関係ではなかったと記憶します。君が祝賀会で握手を求めてきたのは、文Ⅱ９組は君も含めて正義感に溢れ若者らしい客気を宿した男が何人かいて目立つクラスであったし、私も駒場寮委員会や駒場自治会の役員などをしていたものだから、お互いにその存在が意識の裡にあったせいでしょう。私は着任した時、君が成城学園中学校で教鞭を執り校長までやったということは知らなかったものだから、これは奇遇でした。そのうち酒でも飲もうよと握手して別れてからまもなく君は病を得て、渡辺共成さんの計らいで一昨年の秋でしたか声の出にくくなった君と成城のそばやで酒を酌み交わしましたが、こんなに早くお別れを言わなければならないとは、まことに残念でなりません。

私は君の教師としてのありようをつぶさに知っているわけではありませんが、君がつくった『きまぐれ月報』という学級新聞の復刻版を拾い読みする機会がありました。君が言うには、大学卒業後教師になりたくて私立学校に職を得、二つの学校を経験した後、一九六一年四月に成城学園中学校に流れ着いたが、爾来、「個性尊重を謳い、未だに自由の雰囲気が多少は残っている校風が居心地よく」なって、すっかり住み着いてしまったということであります。この間、着任当初は学外の教師仲間と手を組んで政治運動に参加していたようですが、一九六九年夏のアメリカ行きをきっかけに「ズッコケ」てしまったということであります。ズッコケたというけど、それは「職場という日常的な関係の中でエネルギーを発散させ」ていこうという決意を秘めてのことでありました。

　君は、その発散のさせ方について、学校のなかに〈公倍数的人間関係〉をつくりだすことと言っています。そこにあるのは、お互いの自己表現を出発点とし、互いに関わり合って公倍数をつくるような関係を持ちたいということであり、教師と生徒との繋がりも「肉声で通い合わせたい」という思いでありました。君は「いささか露出症気味なくらいに自分の背中までさらしたような気がする」と言っていますが、これは容易なことではない、エネルギーを要するしんどい仕事であります。私は君の学校におけるありようを直に評価できる立場にはありませんが、君の教え子のなかに「中学校三年間で誰よりも相川先生から大きな影響を受けた」という生徒が存在したという事実を以て瞑すべきでしょう。それだけ君は存在感のある教師であったということであります。

　中学校で生徒として君から英語を教わり、教育研究所で所員として一緒に働いたこともある青柳恵介さんは、私にくれた私信のなかでこう言っています。「酒を飲んでいる時にも、相川先生は酔った勢いで言うようなことを認めませんでした。寛大と厳正とが同居したような酒の呑み方を僕は教えられたような気がします」と。そして、そんな相川流を嫌う人がいなかったわけではありませんが、面と向かって反対と言える人はあまりいなかったと付け加えています。

　君は、いま、もう少し世の中がどう動いていくか、自分の目で確かめてみたい気持ちかもしれませんが、この世に残された人たちに何かを残したのですから、いまは安らかにお眠りください。さよなら。

酒友惜別

矢嶋　明

相川さんとは三十数年来の呑み友だちになります。英語教師と編集者のつき合いから、やがて仕事そっちのけで親しく酒を酌む仲となり、わたしが喉のがんで声をなくしてからも、気心をゆるしてつき合ってくれた、たったひとりの友でした。

　相川さんがくれた葉書を、一枚読んでみます。相川さんの肉声を思い浮かべてみてください。去年の十二月二日消印のある葉書です。私信ですが許してくれるでしょう。

「錦秋の　団子頬張る　爺二人　とは艶も色気もありませんでしたが、好天で結構な時間でした。浅酌もつき合うことができず、それにデジカメの電池が切れちゃったのは残念でしたね。あんな結構な日和はそうざらにはないでしょうから……。（これで「写真」もできたし、いよいよ準備万端……？）

ほんと、あのあたりから割合に調子が悪くなく、これは案外持つんじゃないか……という気分にさせてくれています。果たして本番正月の「重労働」に耐えられるかどうかはわかりませんが、調子に乗って年賀葉書まで買ってきてしまいました。久しぶりに高島屋の紀伊国屋まで足を伸ばしたらさすがにくたびれて、帰りはバスを使いながらとぼとぼ戻りましたが……。

「体重減も」どうやらストップしてくれて、逆に四六〜四七キロを窺う気配を見せてささやかな期待をもたせてくれています。（そんな時期があったんだよな……などといつか記憶の底から上がってくるような、そんな予感もしたりして……。）

あの日、帰宅してからあぁ持って行くんだった……とホゾを噛んだのが前日鍋一杯作った芽ひじきと枝豆の煮物、なかなかいい味に仕上がっていたのを……と悔しがったのでした。」

校長を定年退職してから、相川さんとはよく砧公園で落ち合い、緑濃い木陰で、これは年寄りの特権だね、などと嘯きながら、ひそかに「緑陰浅酌」を愉しんだものです。酒を酌みつつ相川さんの一人語りを聞き、ときにわたしが虫の羽音のような相槌を打つ。木漏れ日がこぼれ、木立を風が渡っていく。それだけで身も心も懐かしくほぐれていくような贅沢な時間でした。

相川さんが癌疾を患ってからは、そんな「緑陰浅酌」も間遠になりましたが、それでも年の暮れに逢ったときには、もう酒を酌むことはかなわなかったけれども、子規の『墨汁一滴』のくだりを引いて、「遠く歩き行き得ずともよし、庭の内歩き行き得れば、歩き得ずとも立つことを得れば、立つことは望まず坐ることかなえば、坐ることできねばせめて一時間なり苦痛なく安らかに臥し得れば如何に嬉しからん」、これつくづく実感だなあと申していたのです。

このときすでに「坐ることできねばせめて一時間なり苦痛なく安らかに臥し得れば如何に嬉しからん」と、嘆息するわが身を予感していたのかもしれません。あなたには奇跡が起こったけれども、ぼくには奇跡は起こらなかったな、と寂しそうに笑った相川さんの俤がまなうらから消えません。

　年が明けてまもなく、はげしい咳込みの発作で緊急入院したあと、窶れはて憔悴しきってベッドで寝たきりとなっていた相川さんを見舞ったとき、別れぎわに、やせ細った手を握って、またきますよ、と申すと、気楽にね、と、言われてニッコリと笑った。思いつめたりせず気楽に顔を見せてくれればいいから、と申したかったのでしょう。ああ、こんなときにも気を遣ってくれていると、相川さんのやさしさが胸に沁みました。

　それが相川さんとの永久《とわ》の別れになりました。せめてもういちど手を握って別れたかった。無念です。

別れの言葉

遠藤　利久

　こんなに早く「別れの言葉」を言わねばならなくなった事は残念でなりません。

　術後の回復期に村田、武藤、両君と兄を囲む会をやった時の元気さでは、毎年回を重ねられると思っていました。しかし結局一回で終わってしまったのは悔やまれます。癌の転移は覚悟のことであっても、できれば、と思い続けてきました。農産物を送る度の返信で、健康状態の変化はわかっていたのですが、私の決断力の弱さから、生前の兄の声を聞く機会を失ってしまいました。

　しかし、昨年の十一月に、兄をはげますつもりで「返信無用」とした便りを送りました。兄と私との間には十年来私の「農業ノート」をめぐる交流がありました。というより兄が私の拙文の唯一の理解者であってくれたのです。「返信無用」としたにも拘わらず返信をくれました。その便りが今私の手元にあります。私信を公の場に出すことは道義に反することであるのは十分承知ですが、あえてそれを読ませてもらいます。昨年十二月の初頭に届いた便りです。

「お手紙ありがとうございました。なかなか返事が書けませんでしたが、ここ数日は比較的調子もよく、案外長持ちするかもしれんな……などという気分にさせてくれています。天気がいいせいだけかも知れませんが。

　同封の『農業ノート』やっと昨日一読しただけでまだよく理解できないのですが、何だか今まで以上に、問いそのものが根底的になってきてしまって大変だなあという印象です。なぜ日本に大規模農業が成立しなかったかの問いもそうでしょうし、曲がりなりにもつい数十年前までは『維持、持続』してきたこと自体を問うことは、まさに現在をその否定的面だけに限定して問うのではなく、丸ごとの総体として問うことにもつながっていく、さてどこか答えらしきものにたどり着くことがあり得るのだろうか……というある種の茫漠さえ感じてしまいそうです。

ご健闘を期待する以外にないのですが、トシさんも大変な難問につかまっちゃいましたね……と言いたくなっちゃうけど、見当はずれですかな?という便りでした
いや見当はずれどころかまさにそのものズバリの評価です。文中にある「まさに現在をその否定的面だけに限定して問うのではなく、丸ごとの総体として問うことにもつながっていく。どこか答えらしきものにたどり着くことがあり得るのか。ある種の茫漠さえ感じてしまう。」という兄の評価は如何にも兄独自の言い回しですが、私の中にある混迷を鋭く見抜いていてくれたのです。

極限の生に向き合い始めた中で、尚私への激励の言葉を絶やさないでいてくれたこと、その優しさには感謝のほかありません。

思えば六〇年代から七〇年代にかけて我々が世の中の事象についてあれこれ考えていた時代、まわりにあるストレートな認識、思考とは別に、兄は物事の錯綜した事象を根底から見つめようとする重層的な思想性を持ち続けていました。そこに相川という男の優れた個性があったのです。その人間性は活動から離れたあとも兄の中に生き続けていたのでしょう。成城の人々との信頼関係はその個性によるものだったと思っています。


過去の一切の人間関係、社会関係を切って、愛知県で農業の世界に入った私にも、六〇年代と変わらぬ友情を示してくれました。私の農業ノートの最大の読み手であってくれた兄に先立たれたことは何としても残念でなりません。

しかし最後の便りで残してくれた私への遺言になった言葉を心の底にすえ、ボケが来ない限り、己の中にある農業と格闘し続ける覚悟です。

肉体としての相川は消えましたが、精神としての相川は私の中に生きています。私もすでに八十一歳です。また逢う日までしばしの間さようなら。

お別れの言葉

相川先生とは同世代で、学校運営の責任を担った時期も同じころでした。ともに「真の一貫教育」の問題について腐心し、先生の「今は私の骨を噛む」というつぶやきは、私のつぶやきでもありました。

小田急線で通勤していた私は、ときおり立ち寄らせていただきました。お目にかかるたびに、先生の大きなお人柄は、私に勇気をあたえてくださいました。

往時を偲び、心からの感謝をささげ、ご冥福をお祈り申し上げます。

明星学園　元小・中学校長
依田好照

写真撮影　相川真人

相川先生へ
本当に有難うございました。
私の先生への記憶は43年前の
青年先生で止まっています。
先生は私と20才違いだったのですネ。
先日葉書きを頂いたばかりなのに残念です。
丁度同じ2月に親も他界してしまいました。
だんだん教えを頂く方が少なくなります。
取り敢えず私も人生をまっとう出来る様
頑張るつもりです。
人生普通に生きる事存外大変
ですよネ。
その内にまたお会い出来ると思います。
(1968年度卒) 杉組 矢部整紀

相川先生.

ソフトボール同好会で
お世話になりました。
対外試合なんど一度も
しないようなのんびりした
クラブでしたが、和気あいあい
とても楽しかったです。
哲士寮での合宿、日々の練習。
いまもときおり懐しく
思い出しています。
へなちょこなクラブに
おつきあいくださって
ありがとうございました!
久保加緒里

先生。今ごろ何してる?
日本は原発の事故で
たいへんな事になってる。

もうすぐ桜が咲きます
砧公園で 葉桜の季節
でなく満開の桜の下で
おあいしたかった。

もんた

相先へ.

おつかれ様でした.
たくさんご指導いただいたのに
英語の成績が良くならず
すみませんでした!
沢山の愛をありがとうございました.
荻野マミ.

相先.

卒業以来あまりお会いする機会もなかったですが、2年前元気な姿をお目にかかり、今日はまた楽しくお話して帰ります

これまでおつかれ様でした

金井

相川先生へ.

長らくお会いしていなかったうちに もう、お元気な姿でお会いする事ができなくなりました・・・。

ほんとうは、今日、来たくありませんでした。

菊園

先生の大きな愛につつまれて
ノビノビと中学生活を
送れた事、心から感謝
しています。
最後までカッコイイ
生き方を見せてくださり
アリガトウございました!!
担任 小宮

尊敬する
相川先生
在任・在職中
は大変お世話
になりました。
先生の影響は
絶大の
生きつづけてます。
近藤

相先
英語の授業中にくらったビンタ、
黒板に書き残してある職員室への
「出頭せよ」の文字。
地下の秘密基地を見つけた時の楽しそうな顔。
校内大会で懸命に応援してくれたこと。

いろんな事が思い出します。
有難う。私の中学時代の大切な
ひとときをしっかりと支えてもらいました。

担任
内藤直也

相川先生へ

中学時代は、先生から
教えられたことが多すぎて
感謝しきれません。
ソフトボール同好会での合宿も
とてもなつかしい、いい思い出です。
先生が担任で
本当によかったです。
本当に、本当に色々
ありがとうございました。

柳組　福島珠美

先生、まだまだ仕事のことで相談に
のってもらいたかったです。遠くに行って
しまわれたけど、見守っていて下さいね。
ドタバタ、笑いの中で生徒と
戦いながら、やってゆきます。

柳組　金子瑞穂

ゲルゲへ

今までありがとうございました。
もっとゆっくり飲みながら
いろいろな事話したかった。

今の日本、ゲルゲはどう見てるの？

田中典子
（七栗）

ゲルゲへ

私達も五十を越えました。
今の自分の礎を作って
くれたゲルゲと
いつか又
呑みながら語りたい。

田尾（カメ）より。
―50年菊―

相川先生

中学の時はお世話になりありがとうございます。

沢山のご無沙汰ごめんなさい

アルプスでサンドウィッチ食べたのを忘れません

また、お便りします

GEBE

相川先生

担任をしていただいた3年間は宝物のようでした…

もっとお話したかったです。

ありがとうございました！

三田智子

ゲルゲへ

菊組で発表した「人間をかえせ」あの時にゲルゲが私達の心に植えてくれた"心の種"を決して枯らさないようにします。
本当にありがとうございました。

セキ.

相川先生

先生、お体キツイ事あったと思いますが、毎年毎年年賀状をくださってありがとうございました。頑張っている先生の力を感じました。少しゆれていた今年の年賀状が心にずっと残っています。ありがとうございました。

梅組　山田壽子

相セン へ

2年前、"柳"の同窓会が出来て、
とても楽しかったし、先生に久々にお会い
出来てうれしかったです。
今日は先生のお言葉通り、
"春らしい服"で来ましたよ！
ちょっと浮いちゃったかもしれないですが…
先生、そういうの嫌いじゃないですよね。
色々ありがとうございました。

池田美穂
（旧姓：伊藤）
相川先生、キッチョムです！

昨年の同窓会ではげましの言葉をかけて
さし上げられなかったことが、ずっと気になって
いました。もっと趣味のこと、音楽のこと
などいろいろお話ししたかったです。
いつもオシャレで、あんなにカッコイイ男に
なりたいとあこがれて、いつの間にか自分も
大人になりました。いまだに茶色系は先生
ほど似合いません、

どうかごゆっくりお休みください。
ありがとうございました、そしてさようなら！
ケヤキ組　吉川睦彦
今回の地震や
原発について、
ゲルゲの話を
聞きたいな、と
思っています。

自分で考えることを
教えてくれて
ありがとうございました。
いずみ
相川センセ、
お疲れ様でした。
2児の母になり成城へ
戻って来ました。
やっぱり成城楽しいです。
白石知子

相川先生

2年前に
話できて良かったです！

87卒
柳組　橋本博季

相川先生.

中学入学からもう

26年がたちます。

あっという間!!

先生のどなり声が

まだこのあいだの様く

楽しい思い出です.

たなせ

ほんとうの
おじいちゃんみたいに
大好きでした。

本田恵里佳

相川先生

今の子供は将来先生になりたい
という子が少ないそうです

私は相川先生に教えていた
だき先生という職業に
あこがれていた子供でした

柳 板倉真弓

ゲルゲへ.

去年色々お話しできて
嬉しかったです.

蘭組でゲルゲの生徒で
いられた事、とても誇りに
思います.

この先も色々なことがあると
思います.
見守っていて下さい

kikko

ゲルゲへ

色々ありがとう
ございました.

蘭組でよかったです!

三上京(伊藤)三紀

先生！

ありがとう。
お元気で、いつまでも。
いつまでも……

"ありかわらずただおけべ。"
忘れません。

Jゆ。（藤田Judy）

相川先生へ。

センセの教え子であった事、誇りに思います。。
広島（修学旅行）の夜、一生忘れません。

どうぞ安らかに、お休み下さい。
有難うございました。

菊組。伊藤敬之

相川先生
長い人生の中で 先生ほど
影響を与えて下さった方は
いません。
今も どうしようもなく 辛い事が
あった時、先生の 相川ぶし
を思い出し、心の支えに
がんばっています。
本当に 本当に
ありがとうございました。

涼口寛子
忠
翔太

相川先生

同窓会で 久々に 会えて、
"これからは、時々 お目にかか
れるかな…"と 思っていたのですが、
本当に 残念です。
でも、教えていただいたことは、
ずーっと 心の中に 生きています。

ありがとうございました。

柳組
村井奈衣子
（西山）

写真撮影：相川真人

相川、先生

中学3年間は、先生のクラスでほんとに楽しくすごさせていただきました！英語の時間の暗誦の「勝負！」とか、席がえのときにカードを持ってきてニヤニヤしながらうれしそうに切っている姿、バレー部で練習しているときに先生の姿が見えたらうれしかったこと…（英語の暗誦は役に立ちました！ありがとうございました）。

年賀状のお返事を毎年いただいたり、クラス会に来ていただいたのも嬉しかったです。昨年のクラス会ではおなかも見せていただき、考える機会をいただきました。

これまで、お疲れ様でした。ゆっくりお休みください。

S53卒 梓 山本輝美

センセー！

ありがとう、ありがとう、ありがとう！
あっちでお酒いっぱいのんで ね！

菊組 土光 ヘロ

12才から51才の今まで、ずっと笑顔で話をしてくれたあなたを忘れません。
「先生」じゃなくて「父親」のようなあなた。
こんな人、二人といません。
あなたから学んだたくさんの事を胸にこれから生きていこうと思います。

ありがとう！ ゲルゲ！

（菊）伊藤裕子

相川先生へ。

卒業してからも先生のお話しを聞くのが楽しみでした。
先生にかけていただいた一言ですくわれたこともあるんです。
ありがとうございました。　潮

オシシとイイ女の会

相澤（日置）千春

中学3年生になったとき、1・2年を担任していただいた松本重一先生が高校に移動され、代わって相川先生が1年間だけ杉組の担任になりました。副担任は1・2年同様あの家庭科の高橋寿子先生。この異色ペアには、生徒も先生ご本人もかなりの戸惑いを隠せませんでした。

先生が名付けた「オシシと（ドーデモ）イイ女の会」は、昭和41年3月杉組卒の仲良し女子数名が、子供の手が少し離れた頃から、先生を囲んで年に1度のペースで駅南口の旭寿司でランチをするのが始まりでした。それぞれの近況報告、その時々の学校の様子、たまにはテーマがちょっと崇高になったりすることもありました。校長先生をされていた頃には、こんな私達でも苦労話の聞き手として少しはお役に立てたのであれば良いのですが……。いつもあっという間に時間が過ぎ、食後に場所を移してコーヒータイムが続いたり、多摩川べりをお散歩したり、砧公園の紅葉を楽しんだり、時にはこの会の湘南版を企画したりして、江ノ島や鎌倉で集合ということもありました。たくさんの楽しい時をありがとうございました。私達もより多く自分の時間を持てる年齢になり、まだまだ「イイ女の会」は続くと思っていました。とても残念です。

私はお誕生日がアイセンと同じ2月13日です。年賀状に、「もう一度元気になりたいものです。」と書かれていて、その字が少し弱々しく感じられ、どうかもう一度一緒にお誕生日を迎えられますようにと毎日祈っていましたが、その4日前に悲しいお知らせが届いてしまいました。たくさんお話していただいた先生の想い・力・憂い・優しさ……折に触れいろいろ思い出しながら、私達、（ドーデモ）がとれた「イイ女」に近づけるようもう少し頑張ってみます。そちらでおいしいお酒を飲みながら、見守っていてくださいね。

（65年度杉組卒業）

お別れの言葉

吉本　晶子

昭和47年に入学した菊組の卒業生です。

入学前の自己紹介集「おひかえなすって」を皮切りに、相川先生は以来3年間、毎月ガリ版刷りの学級通信「きまぐれ月報」で、私たち、そして父兄に向けても、ご自身の思いを、その肉声を、それは大変きまじめに発信してくださいました。

中学生の私たちにとって、先生の文章はややもすると難解で、かなりの背伸びを強いられましたが、自分の頭で考えたことを言葉にすることを学べたような気がしています。

中3の修学旅行は広島です。他にも候補地はあったのかもしれませんが、先生の一声、有無も言わせぬコース決定でした。ひょっとしたら先生の中で予め台本ができあがっていたのかもしれません。

でもそんな広島体験は「かけがえのない思い出」という言葉で表すことが、安直に感じられてしまうほどの大きな体験となりました。

原爆資料館の見学、夜通しのクラス皆での討論会、そんな大きな体験は、秋の文化祭発表で実を結びました。

人の親になることのなかった私ですが、会社や様々な局面で大人であることが強いられます。いったいどんな大人であれば良いのか?そんな思いにかられた時、私はいつも先生のことを思います。

先生の書くものは、いつも理が勝っていたけれど、実際の先生は情の勝った人でした。その視線は弱者をいたわる優しいものでした。

時にぶっきらぼうでおっかないこともありましたが、その優しさに気付いていたから、私はずっと、相川先生を、ゲルゲを好きでいられたのだと思います。

ゲルゲ、これからも斜に構えたようなニヤリとした表情で、私たちを見守っていてください。

ゲルゲ、今日の私はどうですか?「てんで駄目だね」と相変わらず言われてしまうのでしょうか？ 駄目でもこれからも頑張ります。いつまでも見守っていてください。

ゲルゲ、本当にどうもありがとうございました。

（'74年度菊組卒業）

弔辞

三田（山下）智子

相川先生、
先生に担任をしていただいてから、早いもので、もう三十年も経ちます。

思い起こせば、私たち梅組は、とても問題の多いクラスでした。

教室は中学校一汚く、授業は学級崩壊気味。

明るくて元気はいいけれど、ワルノリがひどくて。

先生を悩ませるようなことばかりしていました。

当然のことながら、先生に怒られた思い出は数多くあり、怒られた時はもちろん震え上がっていましたが、三年間を振り返ってみると、先生の優しさに気付くことの方が多かった気がします。

それは先生が、何事においても生徒のためを思って、生徒と一緒に行動してくださったからだと思います。

あれは、私たちが三年生の時です。

毎年春に行われる校内大会は、中学生そして先生にとっても楽しみの一つでした。

でもその年は、雨のため途中から中止になりそうでした。

ある日の朝、前日の雨の影響で、グランドには水がたまっていました。

実行委員だった同級生たちは、何とか開催したいと朝早くから集まって、新聞、雑巾で グランドの水を吸い取っていました。そんな時に、相川先生は早くからグランドに来て、生徒達と一緒に、泥だらけになりながら、グランド整備をしてくれました。

そして、皆さんご存知英語の再試験「again」。なかなか英語ができない生徒のために、朝早くから再試験をして、できるまで何回もつきあってくださいました。

先生は常に人を思いやり、中学生だった私たちに、人としてどうあるべきか……

その基本をたたきこんでくださいました。

三年ほど前の話になりますが、先生が手術をされてしばらくして、梅組のクラス会が開催されました。幹事だった私は、会場をどこにしようか悩んでいました。そんな中、先生からメールが届きました。

メールには、会場として予定していた、学校の会議室と職員食堂の特徴が詳しく書かれていました。「どんな感じの会にするかで、どちらがいいかが決まるとおもいます」という言葉で始まり、椅子やテーブルの配置、マイクの必要性、子供づれの人にはどっちがいいかなど、具体的なアドバイスをしてくださいました。

先生のアドバイスのおかげで、クラス会を無事開催することができました。

三十年近く経ってからも、先生は、昔と同じように生徒を助けてくださるのだなと感動いたしました。

ご病気をされてから、以前よりも連絡を取る機会が増えました。

手紙やメールを送ると、どんなに体調が悪い時でも、必ずお返事をくださいました。

そうした交流を通じて、勝手な言い方ですが、少しだけ先生に近づけたような気がして 嬉しく思っていました。

先生と連絡が取れないのだと思うと、さみしい気持ちでいっぱいです。

本日、この場にお別れを言いに来たくても、来られなかった卒業生が多数おります。

彼らと、会場にいる皆の分も併せて、御礼申し上げます。

先生、温かいご指導を本当にありがとうございました。大きな手術をされて、力強くご病気と闘っていらっしゃったことと思います。

どうぞお身体をゆっくり休めてくださいね。

（'83年度梅組卒業）

散る桜

小林　正

相川の訃報に接しました。

昨年昭和二七年卒の同期会が青山でありました。五〇人ほどが集まりました。かっての仲間だった小田川、津村、相川は参加しておりませんでした。前二者は既に鬼籍にあり、相川は闘病中とのことでした。四人は少年期を共に過ごした親友でした。私の家では終戦後の貧しい食卓でしたが、よく会食しました。家庭的なお付き合いもありました。彼が私の家に来ると近くの多摩川までよく散歩しました。山歩きで共に将来を語り合いました。みんな貧しかったが希望に燃えていました。麻布への通学路には大東亜省の瓦礫がありました。

そんな異常な時代が私共の時代背景であり、私共の存在・思考を呪縛していました。青春時代以後の彼については率直に言ってよく知りません。私達四人は少年期の思い出を大切なものと思っています。それは既に完結しているのです。余人の入る余地はありません。

数年前の年賀状に「転轍の軌跡を問う」という一言がありました。この問いは果てしない問答になると思いそのまま過ごしてきました。今は共に昭和の残党として、「散る桜、残る桜も散る桜」です。今日は催しをなさって下さったことに心から御礼を申し上げます。

あいつの顔が目に浮かびます。ご苦労様でした。合掌

時代を共に歩いた友

大瀬　振

前略

お知らせ下さり、ありがとうございます。はがきに渡辺さんの名前を見た時、相川さんの訃報だろうと感じました。

気にはなっていたのに連絡をしないでいたのですが、暮れにメールしたところ、再発・進行し、抗ガン剤治療か

らも降りているとのこと、体重も45キロになり、立っていることも困難になっている、との返信でした。見舞いに行きたいが、と言ったところ「人に会うのは元気な時に限る……と思っているらしく、見舞われるのは苦手というかきらいで、入院時も断っていました。ということで、お気持ちだけでけっこうです。ご放念下さい」との返信でした。これが最後の通信となりました。

私も中学時代からの親友を八月にやはり癌で見送ったばかりだったので、この日が遠からず来るだろうということは覚悟していました。しかし、時と共に喪失感が深まっています。

三月二六日の追悼の会ですが、残念ながら出席できません。私は最近小平の戦争体験の聞き書きをする小さな市民グループと知り合い、ここ数年、一月から五月までは、この会主催の日本近代史の講座を、月一回行っています。それが毎月第四土曜日ときまっており、ちょうどその日に重なっているのです。ご遺族の方々、村田さん、青柳さんなどと、じっくり思い出などお伺いしたかったのですが、大変残念です。みなさんによろしくお伝えください。

お詫びに、相川さんとの思い出など、少し述べたいと思います。

相川さんは、あと四日で、喜寿の誕生日だったとのことですから、一九三五年（昭和十年）十二月生まれの私より、年齢では一年と少し上、学年では二年上ということになります。

私にとっては、歳の近い兄貴のような存在でした。いつか戦争体験に関わって、私が「自分は最後の戦中世代だと思っている」というと、「敗戦の時に自殺を考えなかったものは戦中世代ではない」と言われたことが忘れられません。

おもえば、相川さんとは、一九五〇年代末からほぼ五十年間、ずっと同じ道を共に歩いてきたことに思い当たります。初めは運動仲間として、後半では教師仲間として。

相川さんと初めて会ったのはいつだったでしょうか。おそらく文学部の社学同（社会主義学生同盟）の集まりだったと思います。私は田舎から上京して初めて学生運動に関わったのですが、彼はもしかすると高校時代から関わっていて、社学同の前身である反戦学同（AG～「アー・ジェー」と言っていた）時代から関わっていたのかもしれません。その後、60年安保闘争の中でブント（共産主義者同盟）の結成に共に参加し、すでに卒業して教師の職に就いていた彼は、ブントの労対部員として活動していたように思います。そして安保闘争の終焉とブントの解体。その後、ブントメンバーの一部は、革共同（革命的共産主義者同盟）と合体しましたが、その時彼も私も革共同合流組でした。その後、革共同が革マル派と中核派に分裂したときも、彼も私も中核派でした。私はその後、所謂内ゲバが進む中で、この運動と組織に絶望して運動を辞めるのですが、相川さんも、何時であったかは知りませんが、辞めたようでした。十年ほど前、学生時代の共通の友人で最後まで中核派にとどまって活動していた陶山健一の追悼会があり、そこで相川さんに会いました。その会は、行ってみると中核派の集会のようなもので、うんざりしたのでしたが、帰り道一緒になった時に、相川さんは「あいつら、まるっきり〝化石〟だな」と彼らの演説を評し、それはまったく私の感想でもあったことを思い出します。

その後、相川さんは成城学園中学校に勤め、私は和光高校の教師になって、教師仲間になりました。当時祖師谷に住んでいた私は、よく成城学園中学に彼を訪ねたものでした。ある時、彼が入手したラーヤ・ドナエフスカヤの『マルクス主義と自由』(のちに『疎外と革命～マルクス主義の再建』として邦訳が出た）をテキストにして研究会をやろうとしたこともありました。彼が編集に関わっていた雑誌『教育労働者』に評論のようなものを書いたこともありました。彼の『きまぐれ月報』の出版記念の会が成城学園で開かれた時、部外者なのに声をかけてもらって参加し、二次会で酔っぱらって醜態をさらしたこともありました。また、彼が成城学園中学校の校長をしていたころ、成城学園教育研究所の主催する会で和光高校の教育についてレポートさせてもらったことも、忘れられない思い出です。

また私は定年退職後の二〇〇七年に、教師時代の実践記録のようなものを『高校生と歴史認識を問う～「15年戦争論通信」偏見録集成』と言うタイトルで自費出版しました。相川さんはこの読みにくい七百頁近い本を二週間かけて丁寧に読んでくれました。それだけでも大感激なのですが、私のこの授業にかけた意図を的確につかみ取り、「類書を思いつけないほど有益な15年戦争ガイドブック」という、最大限の評価をしてくれ、自分のメールマガジンで紹介までしてくれました。

大手術の前に、「もう当分、飲めないだろうから」と誘われ、新宿でずいぶん飲みました。手術のあとしばらくして体力が回復した時、「ちょっとだけ飲もう」と声がかかり、成城の蕎麦屋の二階で会いましたが、彼はちびりちびりと舐めるように飲んでいました。今思えば、それが相川さんに会った最後となりました。

とりとめもないことばかり書きました。振り返ってみると、学生時代から現在まで、共通の時代体験をもち、共通の運動体験を持ち、時代に対する共通の問題意識を持った、と言える友人は、ほとんどといっていいほどいません。相川さんは、そうしたほとんど唯一の友人でした。彼をおくって、ほんとうにさびしくなりました。

御冥福をお祈りします。

いつの日か、彼の国で

川津　皓二

この度は思いもかけぬお知らせで、本当に驚きました。知人からの手紙で癌を患っていることは知って居りましたものの、やはり天命だったのでしょうか。

〝凡ゆる生あるものの目指すところは死である〟とはフロイトだったかの言葉ですが、この年になって私も親しい友人・知人を喪うことが多くなり、コトバにならない寂寥感に苛まれる日々です。

生前にぜひ一目を、と考えて居りましたが、寒い季節には座骨神経痛がひどく、暖かくなってから出掛けてみようと思案していましたところの、今回のご通知でした。返す返すも残念で堪りません。

「お別れ会」の企画、感謝申し上げます。運悪く、この日は午後に拠無ない予定（親族の集まり）が以前から入って居りまして、出向くことができません。当地からひたすら故人のご御冥福を祈るばかりです。

今は、相川君もさぞかし、彼岸でゆったりと眠っているに相違ありません。〝生は寄、死は帰〟と言います。喜寿の旅立ちになった相川君オメデトウと言いましょう。愚生も76歳。今のところ何とか生き伸びては居りますものの、医師通いやら投薬やら、そちこちガタが来ている身です。いつの日か、彼の国で、再び彼に会うことが出来るかなと思っています。

お別れの会では、色々な方々から生前の相川君の人となりやら、教師としてのすばらしい生き方やら……思い出話が沢山出るかと思います。

私にとっては、50年代から60年、ちょうど安保の時代をはさんで、学生運動が盛んだった頃から70年代、彼が教師として学級通信を手がけ、〝最年少戦中派〟として自らの体験、生きざまを若い世代に継承し続けていた日々、そんな数十年のあいだの付合いでしたが、同じ少国民世代として私なども、彼の思いと共有した自らが教育実践を今思い返しています。江戸っ子らしい気風のよさと、情感、それにロジシアン。まさしく情理を兼ね備えた人でした。おそらく、多くの教え子さん達にも、彼からのメッセージが大切な宝として遺されたのではないでしょうか。

長々と書いてしまいましたが、欠席の託言と思ってお許しください。御奥様の良子さん、御遺族の皆様々にお伝え下されば有難いです。

また発起人の友人・村田栄一君にも、よろしくお伝え下さい。早々

三月七日

〝七〇代からの「メル友」〟を送る

伊藤（倉本）康子

相川忠亮さんお別れの会のご案内をいただき、ありがとうございました。

たいへん残念なことに、お別れ会にうかがえません。お亡くなりになる前から約束していた、愛知県史編纂関係の会議で司会することになっていて、変えることも替わることもできません。ご家族の方にもよろしくお伝え下さい。

一九五三（昭和28）年四月、東京大学の文学部教育学部進学予定のLⅡ（文化二類）に入学、九組に配置されて、相川忠亮さんと初めて会いました。自治会委員を選挙するようにいわれ、名簿の最初に名前のある相川さんと、クラスで女子学生は三人だけの一人である私は、名前を記憶されやすく、選挙され、それから時々行動を共にしました。相川さんは自治会の委員になり続けるのが嫌で、もっと適切な人が選ばれるようにクラス・コンパ組織に積極的に取り組み、その積極性が評価されずっと委員に当選し続け、私は学生運動に関心があったので委員になり続けました。入学直後、大学の地震研究所がある浅間山に米軍射撃場が計画されるという、反学問的問題がふりかかって、学生運動についてはは何もわかっていない一年生も、討論や会議にまきこまれたのです。そして、28年入学LⅡ9組は、クラス声明発表、ノートの貸し借り、合唱祭、演劇祭、クラス雑誌づくり、和歌山水害支援街頭募金など、誰かが言い出し多数が参加する学年随一の仲の良いクラスになりました。相川さんはボート部に入りましたが、アルバイトをしていて時間的にも経済的にも余裕がなく、まもなく体操部にかわりました。「第三帝国の恐怖と貧困」の劇に取り組んだ時は、ナチスの兵士を演じました。私たち二人はよくつれだって行動していたので、当時珍しくカメラを持っていた友人が、二人だけの写真をとってくれたほどでした。

一年半たち、相川さんは英文科へ、私は国史学科へ進学が決まり、文学部学友会（自治会）に二人共かかわっていたのですが、それ以後話をした記憶がないまま卒業しました。

長い空白期間ののち、定年になる人がふえて、かつての仲の良いクラスは、一年一回の同窓会に生まれかわりました。名古屋で暮らす私にも情報がとどき、たまに出かけるなかで、相川さんに再会し、ご著書をいただき、私が東京の母の介護手伝いに行くようになり、幼なじみが再会したように、気を遣わずにしゃべりあう時間を共有するようになりました。双方がパソコンを持っていることがわかって、私は初めて「メル友」を持ちました。二〇〇四（平成16）年九月のことです。

相川さんが語ったのは、読書、映画、中学生の遠泳や登山、交流が続く「オシシといい女の会」のこと、週一回の孫の保育、その後孫は四番バッターで「なかなかやる」スポーツ少年になったこと、誕生祝いにもらったリュックに食材を買いこみ、T-falの鍋で料理をつくっていること、教員なりたてのころの友人のこと、そして病気、などなどでした。労働組合委員長としての労資交渉のロマンチックさに私はあきれました。ヒマラヤスギの老木を移植して新しい葉をつけさせた中学一年生の作文に始まる募金活動の話は、「成城学園はおおらかな学園だね」と私に言わせました。相川さんは「いつも　いいことばかりではないけれど、こいつはちょっと　いい話だろ」と嬉しそうでした。働きがいのある職場と仲間を得て、充実した年月を過ごされたにちがいありません。

ある時、「いい所に案内するから」と向ヶ丘遊園駅に待ち合わせ、川崎市岡本太郎美術館に行きました。ひとまわりしたあと、私は「相川さんが先に死んだら、私は独りでここに来て、ひっそりと追悼するからね」と告げました。私たちは、まもなく死ぬことを自然のなりゆきとして話を積み重ねていたのでした。気持ちは若くても、七〇代のメル友でしたから。

最後に会ったのは、昨年一〇月のたぶん二六日でした。冷たい風が吹く日の別れ際に、相川さんは「春の風が吹くようになったら　また会おう」と言い、私は「また会えたら嬉しい」と返しました。

今年一月二〇日、「かなりたいへん」と題して、緩和ケアの未退院し、一階に介護ベッドをしつらえてもらった、のメール報告が着きました。そして、七七歳の誕生祝いメールを送ろうと思っていた日、亡くなったお知らせをいただきました。

春を迎える希望を持っていらしたのに　はかないことでした。

相川さん、さようなら

鈴木　宗明

相川さんと私は、共に一九三四年生れである。同世代ということもあったのか、教育研究所の設立や初中高合同研究会の変革など、実にいろいろな仕事を一緒にする機会に恵まれた。

会議の度に熱心に議論し、夜はうまい酒を飲み交わした。お互い所属する学校は違っても、「最高の戦友」というか、いやそれよりも「相棒」ともいうべき人だった。

相川さんが停年になる一九九六年までの五年間、相川さんと私は共に中・高の校長をやっていた。

今考えると、私は相川さんという「相棒」がいたからこそ、中高の問題だけでなく、学園全体の問題にもいろいろと取り組むことができたのだと思う。

相川さんは、中学の担任としても数多くの卒業生を送り出した。『きまぐれ月報』（一九七五年出版）一つ見ても、いかにすばらしい先生だったかがわかる。

また一方、先輩教師として、当時の若い先生方の個性や能力を引き出し、かれらの面倒をよくみていたことも記憶に新しい。

生徒や先生からは「相セン」と呼ばれていたが、その響きの中に、かれに対する敬愛の念がよくわかる。

停年後、相川さんは大きな手術をして、長い闘病生活を送っていたが、やや元気な時期に、先程の若い連中が企画して、「相センを励ます中・高の野球試合」をしたことがあった。

中学の監督は相川さん、高校は私ということで、一緒に肩を並べてベンチに座り、楽しいひと時を過ごしたことがある。

私まで相川さんの人徳のお裾分けをもらったようで、忘れがたい幸せな思い出となっている。

相川さん、余りにも短かったけれど、多くの人に愛されて、よい人生を送られたことをあの世でも誇りにして下さい。

父のさいご

相川　徹人

お別れ会に足を運んでいただいた方々に、私は父の最期をつぶさにお話しすべきと考えていた。「情理の人」という言葉どおり、確かに父、相川忠亮は、自ら信じるところの「理」を強引に周囲に押し付けながら影響を与えてきた。もちろん私も多くの影響を受けたひとりではあるが、何かしらその影響を受けた人であれば、「あの頑固者は死とどのように向き合い、そして亡くなっていったのだろうか」と純粋に知りたいのではと考えていた。私がそうだったように。

教師として生きてきた父は私にとっても師であった。私は自分の生き方なり、考え方なりを常にどこかで父が考えているであろう「理」（稀に理不尽だなと感じながら怒鳴られることもあったが）と照らし合わせることで父に追いつこうとしていた。そして、父から与えられた私の名の意味「徹人（人に徹する）」という言葉と向き合いながら、「人」であること、「人」として生きていくことを気にしつつ、そもそも父の考える「人」とは何かを模索してきた。そして私に「人」の名を冠した人の最期とはどうなのかと。実は私が一番知りたいことであった。

二〇一〇年六月、肺に癌が見つかった。再発だった。肺癌は手術ができるような状況ではなく、抗癌剤での延命が唯一の治療法だった。しかし父は、今まで散々苦しめられてきた抗癌剤投与を断り、痛みを和らげる緩和治療を選択した。もともと延命治療は望まないと言っていた父は、抗癌剤治療が嫌いなのと合わせて即決だった。父らしいなと思った。

その後は親しい友人と生前葬ならぬお別れの儀式として飲み会を重ねていたようであったが、緩和治療がはじまった二〇一〇年十月末、そろそろ家族ともきちんと話す時期だなと感じていた父がこれからのことと称して家族を集めた。

普段なら酒を飲みながらではあるが、この日は大事なことということで飲まずにはじまった。身の回りの整理状況についての話しの後、自らの死後の段取りについての指示があった。以前から考えていただろうと容易に推察できるほど細かなものもあったが、一番伝えたかったのは、自分らしい「お別れ会」のあり方だった。「情理の人」と呼ばれる所以でもあるが、宗教的なもの、それが初詣のようなる日本の文化と考えても良いようなものも含めて拒んでいた父は、予想通り通夜、葬儀、告別式は拒否、もちろん戒名、読経、焼香、なども不要、献花も花がもったいないという理由でなしとなった。

また、これは父独特のダンディズムのあらわれだと思うが、「最後のお別れと称した死に顔晒しは一切無用、断る。」

つまり、荼毘に付される前に執り行われる式や様々な慣例は表向きには一切やらないとなった。

とはいえ「何もしないわけにはいかないな」とのことで、酒好きというより酒を飲んで語り合うのが大好きな父は、

「献杯ならいい。」

そして、

「皆で飲んで語れるのが良い。」

「できればその会がきっかけとなって、久しぶりに会う仲間で二次会、三次会と流れて欲しい。」と話しが広がった。

参会者が全員で飲んで語れる会という方針が固まり、家族全員が父の意を汲み同意した。

最後に、「死んだらここに連絡すればいい。あとはやってくれるから。」と、そこには成城学園中学校の渡辺先生の連絡先が書いてあった。つまり最初から会の方向性は決めていたのである。

二〇一一年の正月は家族で過ごした。年末から調子を崩していた父は見るからにつらそうで、酒もチビリと舐める程度で早々に休んでしまった。肺の癌自体はそれほど大きくはなかったが、気管支の近くにあるため酸素を十分に取り込むことができなかった。そのため在宅で訪問型の緩和治療を受けていたが、体内の酸素濃度が下がると入院しての酸素吸入が必要だった。入院そのものは酸素濃度が回復すれば退院でき、数日で帰ってくることもあった。

一月二十二日、この日も酸素濃度が急激に下がり品川の「せんぽ高輪病院」に緊急入院した。すぐ退院するだろうと楽観視して病院に顔を出さなかった私に、数日後、弟から連絡が来た。

「酸素濃度のレベルが戻らないから、まだ入院している。しばらくかかりそう。もしかしたら、家にはもう帰れないかもしれない。」

結局私が病院に行ったのは入院から一週間後だった。それでも病床にいた父は、つらそうではあったものの、重篤な状態には見えなかった。というのも、元来の気難しさに拍車がかかっていたのである。もともと父が怒り出すスイッチはどこにあるかわからないことがあり、誰かがそのスイッチを入れて爆発させてしまうと相当面倒くさい。つまり父の「理」に反していると、辺りかまわずいきなり怒鳴りだすのである。入院中の父は、低酸素や薬のせいでもあるが、所謂スイッチだらけになっていた。

看護師や医師のことを、

「あいつはいいけど、こいつはだめだ。」

とか、私が母と交代で帰ろうとすると「早く帰れ」と怒る。

わざわざ来てくれた見舞い客でさえ追い返すのである。相変わらずである。

医師からも退院が近いかもと言わせるくらいだったので、家族もそれを信じていた。

二月八日深夜、病院から呼び出された。酸素濃度レベルが急激に下がったとのことだった。駆けつけた家族に対して医師の説明は、明朝までもたない可能性が高いという内容だった。一晩父を見守った。見守ったというより、父の最期を看取るためにいるというのが正しい表現のようにも感じながらベッドの傍らにいた。そんな気持ちを察したのか、「まだ死なないよ」とばかりに夜が明けると父の状態が良くなった。酸素濃度レベルも戻り医師からも、「すぐに何かあるという状況は脱したので、一度帰宅しても大丈夫」という趣旨の説明があった。

父も目を覚ましていた。家族が揃っているのを見て、

「俺は死ぬのか？」

と、聞いてきた。すると母が、
「死ぬって聞いたからみんなで来た。でも持ち直したから死なないって。」
父は得意げな顔で「ニヤリ」と笑った。印象的な表情だった。

二月九日の午後、どうしても昼食を食べると言って聞かない父のために食事を用意した。食べるために酸素マスクを外したら再び酸素濃度が急激に下がり容態が急変、そのまま戻ることなく息を引き取った。亡くなる直前も看護師を呼びつけていた。でも最後は看護師の言うことを聞かなかったことで容態が悪化したことを謝りたかったのである。父らしい最期である。

私の中から「人」を体現している存在がなくなった。常に己の理を主張し続けた父は、最期まで情理の人であった。

III

岡本の対局

嶋田　徹次

「岡本の　坂より眺む　丹沢の
　空は夕やけ　富士くろぐろと」

相川さん宅での碁の対局を終え、夕刻帰るとき、岡本の坂を自転車を押しながら上り途中で振り返って、多摩川の方面を眺めたときに、とびこんできた富士の姿を今も、はっきりと覚えている。

この日は勝って、気分よく坂を上っていたので、歌もすらすらと浮かんできた。負けて帰る日は、岡本の坂の上りがなんと辛かったことよ。

相川さん宅にでかけて、碁をうつようになったのは、相川さんが退職されてから数年たった頃であった。なにがきっかけであったか覚えていないが、千歳台から岡本まで、自転車で、世田谷通りをこえ、砧公園の中をぬけて、岡本の急坂を下り四十分ほどの距離で、運動不足ぎみの身体にもよいと思って、週1回の対局が始まった。

碁については、相川さんより先輩で、在職中にも、職員室のかたすみで、よくうった。

岡本の対局が始まった頃は、互角の技量であった。前回の対局で勝った者が、次回は白をもつ、黒をもって三連敗すれば、次回は二子置く、というルールで始めた。茶を飲みながら、ときには世界の状勢、学園の現状、評判の本などについても、話がはずみ、楽しい時をすごした。この頃、相川さんは、すでにパソコンを使いこなし、メールのやりとりなどされていたので、その方面には全く弱い自分は、すごいなーと感心した。

相川さんの入院で対局は中止となった。次の局は、白黒をニギリで決めるということになっていた。技量互角のところで、岡本の対局は永い休みとなった。

「石もてば　君を偲びて　岡本の
　対局の譜を　くり返し見る」

相川の視線を背中に感じながら

武藤　啓司

横浜国大学芸学部が鎌倉八幡宮の隣にあった頃、その学部校舎の奥にある蒼翠寮という学生寮の受付に相川忠亮が突然現れた。鎌倉学園高校の教員となった彼が共産党員として地域の党組織とのつながりを求めて、学生党員の組織を訪ねてきたのだった。鎌倉地域には組織的労働者もほとんど存在せず、党の活動はいたって低調だった。そんなところでも党員としての任務を誠実に果たそうとする彼の姿に新鮮な驚きを感じた。以来五〇年をこえるつきあいとなった。その間の経緯については村田栄一が「きまぐれ月報」(下)の解説「転位の暗渠を貫くもの」で述べている。

毎年一二月三〇日に相川宅で忘年会をやるようになったのは、彼がアメリカ留学から帰ってきた頃からだろうか。二〇年以上にわたる恒例の行事になった。侃々諤々の論争が夜が明けるまで続くことも多かった。相川家の子どもたちにとってこの日がどんなに嫌だったかを後日聞かされて、愕然とした。何とも申し訳ないことをしてきたものだ。

彼の成城学園での教育実践の集大成といえる「きまぐれ月報」には、組織的な活動を離れた後の遺言を刻むというような思索の軌跡といえよう。誰でもない「かけがえのない生身の個としての自分」がどのように生きるのかを問い続けていたのは、忘年会の酒席でもかわらなかった。「月報」(下)の解説で村田がぼくへの批判を書いている。その通りだと思う。汗顔のいたりである。

ぼくの学園の一〇周年記念集会に夜分遠路はるばる来てくれ、ぼくの生徒に接する雰囲気がよかったと褒めてくれた。及第点がもらえたような気持ちだった。相変わらず、適当で、ルーズで相川のような深い思索を持てぬ日々であるが、どこかでじっと見つめられていると思っている。

好漢、相川忠亮君の逝去を悼む

塩川 喜信

三月末、相川忠亮君の兄上、晴彦さんからの連絡で、忠亮君が亡くなったことを知った。彼とは短い間だったが、かなり濃密なつきあいをしていたので、ただただびっくりした。彼と知り合ったのは一九五五年、私が東大教養学部の二年生になった頃だったと思う。彼は既に英文科に進学していたから、キャンパスでのつきあいではなく、当時はやっていた歌声運動や読書会など、地域でのサークル活動のなかであった。メンバーは東大、早稲田などいくつかの大学の歴史、文学、経済、数学など多彩な分野の学生の他、中野周辺の商店街の青年達やそれぞれのメンバーの友達も加わり、合唱・読書会・ピクニックなどをやっていた。相川君はその中でも次々にイベントを企画したり、アコーディオンの伴奏で合唱を盛り上げたり、欠くことの出来ない中心人物だった。いつも笑顔を絶やさず、人と明るく接する彼は、誰からも信頼されていた。彼が英文科を卒業し、鎌倉学園に勤めていた頃は、彼の宿直の日に泊まり込んで酒を飲みながら、政治や学問のことから文学、音楽、女性とのつきあいのことまで、おしゃべりをしたことが懐かしく思い出される。

私はその後、都学連や全学連など学生運動の方で超多忙な生活を送るようになり、相川君と会う機会もめっきりと減った。五〇年代後半から六〇年代にかけて、学生運動は未曾有の高揚期を迎えたが、同時に「新左翼」と謂われる党派間の対立が激化していった時期でもあった。相川君も中核派に入ったとの噂を聞いたことがあるが、事実かどうかは分からない。そのうち、彼が成城学園の校長先生になったと聞き、へエエと思ったことを憶えている。このへエエは、彼の能力や人柄ならさもありなんという意味と、庶民的な相川君の人柄と「お坊ちゃん学校」の成城の校長先生ということで感じたギャップ（実は私も「お坊ちゃん学校」の中・高の出身だが）との両方を含んでいる。

私も四回のガンの手術を受けたが、幸いにしてまだ何とか生きながらえている。

七六歳、まだまだ人生を楽しむ機会があっただろうに。好漢相川忠亮、安らかに眠れ。

相川忠亮を偲ぶ

中村 三郎

お茶の水の、とある喫茶店で、はじめて、相川忠亮と会うことになった。

当時、わたしは学大卒で、東大出の倉石庸や、横浜国大出の村田栄一と組んで、一九五八年卒の若者どもを糾合し、「全日本青年教師集団」なるものを立ち上げていた。まさに、若さにあふれた教師どもで、六〇年安保に立ち向かおうとしていた時機だった。

その会合に、相川忠亮が招かれたのだ。彼は鎌倉学園の教師だったと云う。その場で、相川は、わたしたちの行動に共感し、その後、献身的に教師集団の中心的存在として、実務的にも、精神的にもタフに行動してくれたのだ。わたしたちは、少なくとも、教師集団として日本の教育に関わるには日教組に関わりたい。そのためには、東京都教組に関わらねばならない。

わたしは、東京青年教師集団として都教組に深く関わる。そのため、相川忠亮は、非凡な力を発揮してくれた。相川が、あの人柄と、その哲学で人を引きつけ、都教組の支部幹部を説得し、わたしたちの陣営に加えていくという卓越した力を示してくれたのだ。

その数年後から、相川宅に旧来の仲間たちが集まり、喧々諤々、激論が繰り返されては又、集うということが繰り返された。

相川の奥さんの良子さんも学大卒で、わたしの同期生だったのも忘れていないだろうな。

その後、成城学園で、相川らしい教育実践の語らいを聞き、あの六〇年安保時代の苦難から脱した、おだやかな顔に接して、他人事ながら安堵した思いだった。

それにしても、ゆったりした気持ちで、また囲碁の石を置きながら語らってみたかったな。碁は、わたしの方が、ちょっと上手かったかな？そして「黒の舟唄」を、また、いっしょに歌いたかったな。

くりかえし　くりかえし　さようなら

伊藤（倉本）康子

大学に入学して昭和28年LⅡ（文学部教育学部進学予定）9組に配置された。名簿の一番は相川忠亮、身体もでかくて目立ち、仮代議員に選出された。学生運動に距離を持ちたかった相川さんは、最初のコンパで自治会役員拒否演説をしたが、まめまめしい世話役ぶりが評価され、以後も代議員に選出され続けた。彼は授業にあきると、クラスの人の氏名をもじって通称をつけて遊んでいた。私は、なんだかかんだかでヤスコラサとつけられてしまった。

五月末ごろから地震研究所がある浅間山に米軍基地（射撃場）を設置する問題が起きた。当然反対運動が燃えあがる。私たちのクラスも討論し、デモに行き、仲良くなった。他大学と野球やソフトの試合をし、雑誌をつくり、合唱や演劇に参加、フランス語の共同学習やハイキング、相川さんは楽しく世話をやき続けた。その上自治会常任委員にもなった。鵠沼海岸へクラス有志が行った時、相川さんはふんどし姿で、私はびっくりした。

学科へ分かれ、就職、そして定年を迎える長い中断のあとに、仲の良いクラスは一年一回の同窓会に変身した。名古屋に住む私は相川さんに再会、やがてメル友になった。気兼ねしないで、しゃべってもしゃべっても終わらない時間を共有できる友人を持つ幸せ。私たちは大学や公園を歩き、美術館を楽しみ、そば屋へ行った。相川さんは藤沢周平、岡本太郎、成城教育などなどを語り、「民衆」「変革」に自己流の根を張っていた。

70歳代の六年余りが過ぎ、別れの日が遠くないと感じた私は、携帯のアドレスを青春の記念として「ヤスコラサ」と決めた。相川さんは「ちょっとどこかがアツクなる」、ありがとうとメールをくれた。

「おひかえなすって」から

亀井（森山）弥生

先生とたまに一緒に散歩をし、たまに一緒に飲み、近況報告、近頃あった事、そして思う事を話して。先生は、難しい顔をしたり、空を見上げたり、〝そうか、お前少ししんどかったな〟と、ニッコリ優しい顔をする。

先生の言葉から、公約数的な関係ではなく公倍数的にヒトと関係築いていく事。都度、想いの底に置いて生きてきて、今があります。

3・11大震災の日　地震の大きさにびっくりしました。帰宅を諦め〝まずはつまみとお酒〟を買いに歩いて、又揺れて、皆が駅にバスのロータリーに集り、揺れる度ビルの上を信号機を見上げていました。

そして『原発』〝相川メールで、先生はきっと沢山の発信をされていたでしょうね〟

あのなつかしい、目を三角にして憤る相川に又会えたかもしれません。先生の言葉が聞けない事、先生のメールが見れない事が残念でなりません。『送る会』ではそんな会話で盛り上がりました。『送る会』はどうでしたか、先生の想い通りの会になっていましたか。

病気でたいへんしんどく過ごされた期間を忘れてしまうような、楽しく過したひとときでした。良い会でしたね。

以前先生が、〝こんな世の中にしかできなかった俺達の責任〟と云われた事がありました。『大震災』『原発』から今＝最悪の態度は無関心だ　憤ること　社会参加すること

それは結果をもたらす＝そんな言葉に、慣れないまでも、せめて関心を持ち自分で考え、思う事を子供にくらい伝えていきたいです。

『おひかえなすって』から『ローエンドロー』まで、聞かせていただいた沢山の言葉がめぐります。そして今、先生が腕を組んで言う言葉が浮かびます。

お前達〝さあ、どうするこれから……〟

『Are You Ready』まだ準備できてないです…

（'74年度菊組卒業）

いくつになっても

田尾（亀谷）美和子

昭和47年、中学菊組でゲルゲと出会った。私達を子供扱いせず、一人の人間として接してくれ、公倍数的人の輪や原爆・人の命の重さ等、答えのすぐ出ない多くの事を深く考えさせてくれた。あの貴重な三年の中で、何か熱いもの

を私も持っていた。皆が一丸となって進む時、よそ見しながらついて行くような子供だった私は、照れもあり、それをうまく言葉にできずに過ごした。

高校では、強烈なゲルゲの影響から脱皮しきれず、担任の先生に反発したりした。

時は流れ、子育ての最中、「相川メール」への参加で、ゲルゲがまた近くなった。良かったと思う本のこと、砧の四季の移り変わり、時には政情への憤り等、小まめな発信に、会わずとも先生が生き生きと映った。それなりに大人になった私にとっても、改めて再開した先生との交流はとても楽しいものだった。

数年前、一家で始めた海外生活から僅か数ヶ月で単身里帰りした私の為、忙しい年末に数人に声をかけ、酒席を設けて下さったゲルゲの機微を思う。眼光鋭く雄弁な師は、時に言葉にせずにいてくれる人でもあった。とりとめのない話をして別れたが、この時、実家の父の余命が僅かと聞かされての帰省であった。

昨年（二〇一〇年）の夏、成城の店に集まったのがゲルゲとの最後になった。言いたいことは山ほどあった。が、また言葉にできなかった。

「生前葬、こんなに贅沢なことはない」

この言葉を残してゲルゲは逝ってしまったけれど、近頃つくづく感じている。

中学修学旅行の行き先が広島でなかった娘を、春休みに広島に連れて行ったような私を含め、いくつになっても「一人ひとりが先生のこども」だと。（74年度菊組卒業）

怒られて思うこと

松田（関根）尚子

「何もわかってないな。何かのために、何かをするのをやめたって言っただろ」

杉・菊組出身の数名と先生を囲んでお茶を飲んだ日、私は先生に怒られた。先生の声が殆ど出なくなっていた二〇〇九年秋の事である。再発の不安を抱えていた検査入院前だったと思う。何かのために行動するのをやめたが、苦しくて眠れない朝までの時間が大変だという先生に対し、言葉に窮した私は、気功もどきを勧めてお茶を濁してしまったのだ。

半年間の治療後、春にお蕎麦屋で開かれた会合では、大きな声を出すほど先生は回復されていた。とても嬉しかったものの、出席していた私は、話すきっかけを逸してしまった。

もやもやしたまま夏を迎えた。仕事で知り合った被爆二世の方から、ご両親の壮絶な被爆体験の話を聞く機会があり、思わず先生にメールを送った。今でも夏になると心に何か引っかかるものを感じるのは、文化祭で発表した「にんげんをかえせ」のせいかもしれない。菊組でヒロシマを考えたことが、自分の心に、大切な言葉の種子を植えてくれたのだと伝えたかったのだ。先生から「あれは今考えてもなかなかのものでした。あれを一緒につくりあげた、ということ自体がひとつのかけがえのない『体験』になったようですね」と、丁寧な返信をもらい、溜飲が下がった。それから数回のメールのやりとりで、鶴見俊輔の話や小田実の『難死の思想』を昔熱心に読んだ事、現在は加藤周一の『日本文化における時間と空間』を読んでいる事、以前『半島を出よ』を読んで、村上龍は「現代」と格闘しているのかと感心した話など、先生ならではの高明な内容を返してくれた。思えば先生からお茶を濁すような対応など、受けたことがない。こちらの投げかけに対して、必ず真面目に応えてくれていたのだ。高潔で真に優しい先生だったと、心から尊敬している。

('74年度菊組卒業)

相川先生には

本田（竹本）洋子

相川先生には、成城学園中学校杉組の担任として、三年間お世話になりました。

結婚して間もなくの二十五年ほど前のことです。同じクラスの松尾保城君に成城駅前で偶然に出会い、「駅前で相川先生とちょこっと呑むから来いよ。」と誘われました。紹介がてら主人と参加し、楽しく呑みましたし、その後、駅前の夜鳴き蕎麦屋に行き、偶然小澤征爾さんとおそばをすすったのも良い思い出です。そのとき、先生は「良いご主人だなあ。」とおっしゃり、主人も仲間に入れてくださいました。また、子供たちも成城学園にお世話になるようになり、当時中学校長をなさっていらしたので、親しくお話しするようになりました。

そのうち、メールのやり取りも始まり、杉組、菊組有志を中心に多摩川で春、秋にバーベキューをするのが恒例になりました。かれこれ十年くらい続いたでしょうか。先生も楽しみにしていらして、「そろそろいい季節になってきたから、お夕ケ、みんなの都合を聞いてまとめてくだされ。」とメールをくださいます。当日、早めにいらした先生は前日から酒屋さんに頼んで冷やしていた〆張鶴の一升瓶を担いで、ハンチングを被り、大きく手を振って「こっちだ、こっちだ。」とニコニコ顔で迎えてくださいました。皆さん、ご自慢の料理や酒を持ち寄り、中学生に戻った気分で、先生の話に耳を傾けました。「おーおー、お前はなかなかすごい奴だ。」とか「俺はそういう話は全くけしからんと思う。」など昔と変わらない政治や社会の話をおいしい食事とお酒と一緒に楽しみました。

あるとき、突然の雨になり、中止にするのも残念なので、急遽我が家でバーベキューを夜中までやったことがあります。午後早いうちにお酒も無くなり、娘に酒を買いに行かせようとしたら、「中学生は買えない。僕がついていく」と仰り、二人で出かけました。戻ってこられると、「何気なく娘にいたわられたよ。」とニコニコ顔。それ以来、娘の恵里佳のことも可愛がってくださいました。

術後に、出所祝いということで、お蕎麦やさんでお会いした時も、

「おー、恵里佳。病院で恵里佳みたいな学生が来るんだよ。嫌なんだが、仕方ないから腕を貸して練習台になったよ。頑張ってくれよ。」と、楽しそうにお話された事が憶い出されます。

娘の方も、「病院研修で相川先生の様な患者さんを見かけると、先生と重ね合わさって、優しくなろう、患者さんと気持ちの分かる医師になろう。」と思うと言っていました。

術後も何度もお会いし、二〇〇九年には、バーベキューをする事も出来、楽しい時間を過しました。

有佳里、隆裕も、その折り折りの先生との楽しい思い出が沢山あったようです。

相川先生、家族共々長い事お世話になりました。楽しい時間をありがとうございました。

（71年度杉組卒業）

今度は二人で

露﨑　淨

優しい目、もやもや髪、しわがくっきりと刻まれた額……愛嬌があってやさしそうな人、初めて会った相川先生の印象です。一九九〇年の九月、当時三十八歳になっていましたが教員を目ざし中学校を訪ねると、中学校の応接室に通され、当時教務部長の相川先生と初めて会うことになりました。相川さんは、二度転職をして教師を目指そうとしている私を、面白そうな奴だと思ってくれたようです。そして、年齢も経歴も様々な八人の同期と一緒に採用になりました。

そして採用が決まった翌年の三月、伊勢原で行われた新任教員研修会に参加しましたが、そこで会った相川さん

は、前の優しいという感じは全くありませんでした。鋭くて、少し怖く、しかし頼りがいのある大先輩という感じでしょうか。それから何度も話す機会があり、また行事の後に一杯飲むことも数多くありました。いい加減な考えでは太刀打ちもできないし、やり込められることの方が多かった記憶しか残っていない相川さん。でも本当に頼りになる大先輩でした。部活の夏合宿での事故、クラスの様々な生活問題、そして個人的な相談……、どんなことが起こってもどっしりとしていて、じっくりと話を聞いてくれましたね。多感な生徒を厳しくまた優しく諭す言葉の一つ一つ、まるで自分が指導されているように感じたことが何度もありましたよ。それくらい数多く校長室に行ったんですね。

相川さんから、学校で接するだけでなく、外で飲んで話す場も通して、「教員としてどう生徒と向き合っていくのか。」を教えてもらい、これまで教師をしてこれたんだな、と思っています。そして、「ツユはなぁ～」で始まる懐かしい口調。「相川さん！また飲みに行きたかったなぁ。」できたら今度は二人で！

相川先生　ありがとう

内藤　直也

相川先生、遂に逝ってしまったんですね。

もうあのミミズが這ったような年賀状の文字も、クラス会での長いお話も聞くことができなくなってしまうんですね。

成城学園中学校に入学した日、教壇に立っていた二人の先生の迫力、今も蘇ります。学園でも名物の相川先生は、欅のわんぱく小僧たちをこよなく愛し、叱ってくれました。

「内藤、前に出て来い！」と怒鳴られ、クラス最初のビンタを食らったこと。黒板の「山口、内藤、大池、井上、小原、日下部、職員室に出頭せよ」を見て、皆ですごすごと職員室に向かったこと。「エキササイズもやってないのか！」の怒鳴り声。修学旅行で酔っ払って山手と鈴木がボコボコにされたこと。

先生の思い出は怒っていることばっかりです。

でも先生はとっても生徒にも愛されていました。だって私たちのこと、心から愛してくれていたから。あんな先生、今はいないよね。

中学3年間という人間形成でとても大切な時期に、素晴らしい先生に教わったこと。ほんとうに感謝しています。あの先生の熱い愛情は、わたしの人生にしっかりと生きています。

卒業してからお会いするたび、「長い学園生活でもお前らほどの馬鹿はいなかった」といつも笑って話していました。でもそんな馬鹿者に「社会人としての経験を生徒にしゃべって欲しい」と言われたこと、覚えていますか？わたしは先生にそんなことを頼まれて、とてもとても嬉しかった。実現はしなかったので天国で飲みながら語りましょう。

そして先日の送別会のあとの3次会の席で、クラスを超えた78年卒学年同窓会をやることになりました。先生のおかげで成城の仲間との楽しいひとときができそうです。先生も来てね。

ほんとうに長い間ご苦労様でした。どうか天国で安らかにお眠りください。

（77年度欅組卒業）

相川先生の〝音楽の授業〟

及川　道比古

私は成城学園中学校に、一九六三年四月から六六年三月まで通学した。クラスは梅組で、相川忠亮先生は担任ではなかったが、三年間英語を受け持っていただき、ほぼ毎日、顔を合わせていた。相川先生の思い出は、私にとっては英語よりも音楽に関することだ。

ある日の授業で先生が、「英語を覚えるのに音楽が役に立つ。英語のスペルを歌っているのもあるし」と言う。ちょうど、『ヴァケーション』という曲が流行っていた。コニー・フランシスの元歌で、日本では弘田三枝子のカバーが大ヒット。ちなみに作詞・作曲はコニー・フランシスとハンク・ハンター、日本語の詞は漣健児、一九六二年発売である。

「V・A・C・A・T・I・O・N　楽しいな！」が繰り返され、スペルを自然に覚えるようになっている。「ああ、『ヴァケーション』」「Kさんがうまいのよ」などと声が上がった。相川先生は、「じゃあ、K、歌ってみて」と指名した。先生は「K、うまいじゃないか。誰か他の曲、歌えないか」と促し、Yさんによるクリフ・リチャードの『ヤング・ワン』などが続き、どういうわけか私が『ホワイト・クリスマス』を歌うことになる（上手い下手は訊かないでほしい）。

相川先生は、「ちょっと待っていてくれ」と言って、職員室からアコーディオンを持って戻ってきた。「弾けるのはロシア民謡だけ」とのことで、『カチューシャ』の合唱になった。突然のアコーディオンでの大合唱に、隣の教室の先生が驚いて扉をあけたが、「ああ、相川先生か」と帰っていった。

授業はあっという間に終わり、「またやろう」と先生は約束したが、次回は普通の授業に戻った。音楽をやるなら音楽室でやってほしいと、職員室で言われたそうだ。

もう一つ、音楽がらみの記憶がある。卒業式後に各クラスでお別れ会を開いていたが、エレキブーム、フォークブームの波を受け、その会でのバンド演奏が慣わしになっていた。私はO君たちとハワイアンのバンドをやっていて（上手い下手は訊かないでほしい）、演奏しようということになったのだが、スチールギターなどはアンプがないと演奏ができない。当時、学校にアンプを持ち込んでエレキギターを弾くのは禁止されていたのだが、バンド仲間のS君が「杉組（相川先生と高橋先生の担任）は、アンプOKらしいよ」と聞きつけてきた。それで生活指導の先生に許可を求めたが、ダメだという。「じゃあ、相川先生と話をしてください」と私たちは食い下がった。相川先生は「卒業式のあとで、もう卒業しているのだからいいじゃないか」。その一言で生活指導の先生はあっさりと認めてくれたのだ。

これらのエピソードから、相川先生の音楽好きがよくわかるが、実は、〈主張することで枠組みを変えることができる〉ということを私たちに教えてくれたのだと、今強く感じている。

（65年度梅組卒業）

相川さんを想う

近藤　典彦

一九七四年は三月であったか、わたしは成城学園中学の教員採用試験を受けるために北海道余市から上京した。受験者は一〇名位いたであろうか。面接の前に作文が課された。題は「中学教育の抱負」。題を伝え、かつ作文を回収に来たのが新教務部長の相川さんだった（この作文今もわたしは保管している）。わたしはなにか相川さんに質問した。非常に慣れた手つきで集めた作文をさばきながら（これは「活動家」の技だ）、親切明快に答えてくれた。

面接は午後からで、前に七、八人がずらりと座っていた。石井宗吾校長と若い尾形生活部長がとても好意的に質問してくれたので、特に印象に残っている。

それより印象的なのが相川さんだった。面接が終わって出口に向かうわたしに声をかけてくれた。「今日東京に泊まるのなら、連絡先を教えてください」と。その夜、五日市に泊まっていたわたしに相川さんから採用決定の電話があった。

相当期間にわたって革命運動の闘士だった（?）相川さんは、別格にオルグ（組織）がうまかった。相川さんがオルグってくるとわたしはほとんど快感を覚えつつ、オルグられることにしていた。かくて成城学園教育研究所の所員にもなった。

相川さんは現場の現実を総体的に捉えようといつもかの頭脳をフルに動かしておられた。あの頭脳について行くのは大変で、わたしは敬遠気味だった。

しかしあの頭脳は他人とつき合う時にも惜しみなく働いた。同僚から人間全てにいたるまで対象を総体的に捉えようとした。その結果相川さんはいつも他人を深く了解していた。だから非常に人にやさしかった。青柳恵介さんがどなたかの相川評として教えてくださったが、まさに「情理兼ね備わった」希有の人だった。

あのような人と同僚として二一年間もお付き合いいただいたことは幸福だった。

相川さんを擁した成城学園は幸運だったし、成城学園のために生涯の主要部分を捧げた相川さんも幸福だったにちがいない、と思う。

「ありがとう」と「ごめんなさい」

山田（臼井）壽子

あの日……「お別れの会」から帰ってきて、もう一度相川先生に会いたくなって、「梅の三年間」という文集を改めて読み直しました。そこにはまぎれもなくあの頃の相先がいて、一方通行ではありますが、めでたく再会を果たすことが出来ました。

少しばかり色あせた文集はほぼあの頃のままなのに、読み返す私の方は文集の中の相先にとてつもなく近い年齢へと変化しておりました。

今回は追悼文ということで、面白がった相先が「ちょっくら遊びに行ってみるか～」ともし読んでくださるならば、私が一番お伝えしたいのは「ありがとう」と「ごめんなさい」です。先生への言葉としては「有難うございます」と「申し訳ございません」が適切ですが、それではもと梅組の生徒として伝わらないような気がいたしましてこの言葉を選ばせて頂きました。

中学生の私は、怒った相先が無駄にコワイなどと失礼なことを思っておりまして、その所々に散りばめられた深い愛情に気が付きませんでした。読み返してみれば、何とかしようと愛のムチを手にやきもきする相先の姿が浮かんでまいりました。

みんなのやる気を引き出すための挑発も、何度期待はずれに終わらせてしまったことでしょう。もったいない事です。うすっぺらな私は、その時々の楽しいことだけが全てだったような気がします。

今は、先生の言葉の一つ一つがドーンと押し寄せるまでに成長いたしました。いやむしろ老化したというべきかもしれませんが、とにかくしみます。
先生の文章を読んでいて何度かキュッと胸が締め付けられる感じがしたので、もしや……と思いましたが、これは恋ではなく深い尊敬の感情によるものでした。
最後になりました……
先生、ありがとう、
先生、ごめんなさい、
そしてまた逢う日まで、サヨウナラ。

（'83年度梅組卒業）

初めての出会い

井上　敦雄

雲一つ無い中二の夏。

アスファルトの照り返しで、真っすぐな道は永遠に続くかのように真っ白に見え、熱気に包まれて歩き続ける。

ピンク色の外壁の家に到着。

逃げようかなと思う気持ちに負けそうになりながら、仕方なく呼び鈴を押す。

ドンドンドンという階段を下りてくる音の後、既に目のつり上がった相川先生が、半分開いた扉の薄暗い奥から低い声で「上がりな」と。上目使いの私は「はい……」と言い、先生の後から階段を登っていく。

六畳くらいの本だらけの部屋に通されて、対面に正座して言葉を待つ。

「お前のお母さんに頼まれてな、余りに英語が駄目だからとな」

と、やる気のない口調で言い始めた。

「とりあえずだ、頼まれたからやるから、教科書出して」

本当にやる気のない私も、愛想笑いをしつつ頷く。

この夏は面倒くさい夏になりそうだと。多分相川先生もそう思っていたと思う。

記念講堂で入学式。誰も居ない静かな職員室。

余り目のつり上がっていない相川先生が講堂から戻って来て、私の前に座る。

「お母さんに頼まれたから、お前を杉に引き取った訳だ」

「英語で留年したことはクラスのみんなには話すからな」と、少し笑って言う。

「じゃ、行こうか」私は神妙な顔をして頷き、少し遅れて歩き出す。


（'71年度杉組卒業）

ちょっと寂しげな相川さん

上野　格

相川さんとは良く飲んだ。知り合ったのは教育研究所がまだ「梁山泊」と畏敬されていたころで、研究所からの帰りはいつも酒になった。会議と同じく、そうした席でも相川さんは談論風発だった。

彼に中学の山の学校に誘われ、ある夏生徒と一緒に白馬に登った。山小屋に落ち着いてから、外に出てみると花を付けた草が広々と続いていてこの世ならぬ美しさだった。誰もいない。ふらふらと花の中を歩いてゆくと、人が一人横たわっていた。花のついた草をくわえ何か低く呟いて（歌って？）いる。相川さんだった。訃報を聞いて、真っ先に浮かんだのは、あの静かな、というよりどこか寂しげな、花をめでる姿だった。

成城学園前駅南口に独木舟という名の店があった。何かの飲み会の後、相川さんがそこに連れて行ってくれた。ギターを借りて、彼は弾きながら歌いだした。「男と女の間には、深くて暗い川がある……」。それは、もう議論は沢山だ、と言いたげな、寂しそうでちょっと悲しげな相川さんだった。何故そうだったのか。今となっては知るすべもないが、何か理解されぬ部分、伝えきれぬ事柄を絶えず内に抱えていたのではあるまいか。

しかし、一般にはこれと逆の活発で勇往邁進の相川像が記憶されていることだろう。特に生徒にとって彼は頼りがいのある巨木だった。学園出身で私のセミナーに参加した学生たちの中には、中学時代相川さんのクラスであった事を誇りにする学生が何人もいた。彼等は「中学で相川、高校で工藤、そして大学で上野、これが成城の王道だ。我々はそれを歩んできた」と公言してはばからなかった。私のことは余計だが、中学・相川、高校・工藤、というのは確かに素晴らしく恵まれた学生時代であったと思う。学生たちは企業で役職についてからもなお、先生を慕い、読書会に参加している。

工藤さんは元気、私もどうやら永らえている。一番若い相川さんが何故早々と去らねばならなかったのか。もう一度彼の「ロウ・エンド・ロウ」をじっくり聞きたい、と恨みがましく思い返している。

相川先生の思い出

大野（鶴田）由美子

相川先生が突然逝ってしまわれてから、何ヶ月たったでしょうか。今でもパソコンのメールをチェックすると、相川先生からのメールが届いているような気がします。

　私は中学時代、相川先生が担任だったわけではありませんが、３年間英語を教えていただきました。自分では「出来のいい」生徒だと思っていましたが、母によると、先生に向かって「あー先生、二日酔いでしょ。目、赤いよ。飲みすぎには気をつけてください。」なんていう小生意気な生徒だったようです。それでも先生は「いやー、言われちゃったよ、参ったなあ。」と笑って、温かく見守ってくださいました。

　10年ほど前でしょうか。先生にメーリングリストに誘っていただきました。通称〝相川メール〟は、先生の様々な年次の教え子たちが登録しているメーリングリストです。先生はもちろん、教え子の皆様とのメールのやり取りやお会いしての交流は、毎回楽しみでした。

　相川先生を囲んでバーベキューをしたときだったでしょうか。私が「英語は好きだけど、モノにできない。」とこぼすと、先生は「君達の英語ができないというのは、３年間教えた俺の責任だ！」と叫ばれました。「そんなことないです。自己責任です。」と主張しても、「いやいや、そうじゃない。」と先生も譲ってくはくださらず、話しが思わぬ方向にいってしまいました。いつも先生には上手く気持ちを伝えられなかったように思います。

　最後の年賀状もそうでした。先の予定を考えることで、少しでも明るい気持ちになって欲しくて「暖かくなったら、センセと多摩川デートしたいなあ。」と書くと、先生の答えは「デートできないのが無念です。」逆に予定を立てられないという、辛い気持ちにさせてしまったのではないか。悔いが残ります。

　センセ、最後まで不出来な生徒でごめんなさい。次にセンセと会うときには、もう少しましな生徒になっています。どうか、温かく見守っていてください。

（82年度桐組卒業）

相川ＢＢＱ（バーベキュー）

松崎　雅伸

　相川先生を囲むＢＢＱは、二〇〇二年五月から私がタイへ赴任する直前の二〇〇七年四月末まで、ほぼ半年に一回のペースで行われた。

　メンバーは、相川先生を中心に、相川メーリングリスト（杉組卒井上氏発起人）に加入しメール交換をしている人・その家族・友人含め、少ない時で10名程度、多い時は20名以上が参加した。場所は、天気が不安定だった初回に成城のタケさん（杉組卒旧姓竹本氏）邸で行った以外は、和泉多摩川駅から歩いて10分くらいの「多摩川決壊の碑」がある広場で行った。私はその頃スポーツカイトに興味を持っていて、個人練習をしていた場所でもある。

皆が集まる1時間位前から準備開始。ＢＢＱコンロやタープ・イス・ハーフテント等のキャンプ用品を広げ、カイト用のウインドミル（風の方向や強さの目安とする道具・ＢＢＱ場所が近くであることを示す）を設置。皆さんは、和泉多摩川駅に何人かで集合したり、ケイタイで場所を確認しながら個々に集まる。が、健脚の先生は二子玉川近くの自宅から歩いて来て、いつも途中の酒屋で買ってきた一升瓶を持参している。

木炭に火がつき、肉の脂が滴り落ちて、ほんのり肉汁の香りがしてきた頃、缶ビールの栓が抜かれ乾杯が始まる。飲み物はビール・ワイン・日本酒・ウーロン茶や子供用のソフトドリンクと豊富だ。二〇〇三年五月に、酒造主が納得しないと販売しないという〆張鶴〝金ラベル〟をトン（菊組卒旧姓利根川氏）が持ってきた。それが大好評で、以来、先生が持参する一升瓶は〆張鶴ブランドになった。

食材は皆で持ち寄る。ＢＢＱというと網や鉄板を使った焼き物が主だが、肉・干物はもちろん、サラダ・チーズ・クラッカー・パエリア・タンドリーチキン・ぶっといい蛸の生足・最終回には私のタイ赴任にちなんで鯛焼き（お菓子ではなく魚のほうですよ）と、これまたバラエティーに富んでいる。

おなかがいっぱいになってくると相川節が始まる。話題は教育や世間情勢に関する場合が多い。そのあたりになると話し相手を本田さん（前述竹本氏の旦那様）や福山さん（菊組卒旧姓永井氏の旦那様）にお任せして、私は子供たちと一緒に凧揚げをして遊ぶ。毎回参加しているタカちゃん（当時小学生、本田氏のご長男）はカイトを〝フライトさせるまで上達した。

多摩川の向う岸から夕日が見えてくると片付けが始まる。それまでイスにどっかり座りあまり動かない先生も、この時だけはマメに動いてくれる。それというのも、一度だけ、時間を忘れてしゃべりこみ、真っ暗になって撤収作業に手間取ったことがあるからだ。

片付けが終わると、最後は先生と皆が再会の握手を笑顔で交わし、解散する。

このようにして、のんびりと一日が過ぎる。至極幸せな時間である。

こういう時間を相川先生・先生を恩師とする卒業生・その家族と共有できたことが、良き思い出として残っている。

（'74年度菊組卒業）

英語とお弁当屋さん

松平　光久

40年近く前の出来事を思い出してみるというのは、まとめて箱に入れられている写真を見て、少し思い出しては懐かしんだり、いったい何処で何をしていたのだろう……、と時系列がバラバラの事柄を繋いでみる行為に近いのではと感じます。

1年か2年の時にゆたかと九州電車旅行に行ったのは、『きまぐれ月報』にも載ったので覚えている方々もいるかと思いますが、強く記憶に残っているのはその前段階のアルバイトの事。

ゲルゲが、〝旅費はアルバイトで稼ぐんだよ〟（もっと丁寧な言葉だったかな）と、多分お知り合いだったであろう、桜木町のお弁当屋さん、ここで数週間の初体験アルバイトとなったわけです。（近隣の会社等から毎日オーダーされる従業員向けのお昼のお弁当の製作会社という、個人ほか弁みたいなところでしょう）

内容といえばおばちゃん達と一緒にウィンナ切ったり、その日スペシャルを見栄え良く並べたりとかで、おばちゃんに〝上手！〟と褒められたりもして妙に楽しかった事記憶しています。ひょっとすると僕の今の仕事の原点は此の時にすでにあったのかも……。であれば、ゲルゲがきっかけ？を与えてくれたのかもしれませんね。ありがと、ゲルゲ。

次に英語授業にまつわる二話。

ある時〝November〟という単語が出てきてゲルゲが僕に〝発音してみな〟（これももっと丁寧な言葉だったかな）と。〝ノンベンバー〟と答えたら〝マッピラ、飲み屋じゃないんだよ！〟とゲルゲ妙にウケちゃってましたね。それとなんだかコヌもあのノリでウケてましたよ。

次はきっこが覚えていた話です。

（　）に前置詞を入れる問題が挙手方式でありました。正解者は誰か！はもちろん覚えていないんですが、きっこと僕だけが何れかに挙手となり、教室中〝ひゅーーーーひゅーーーーー〟と冷やかされた訳で（該当者は覚えていますか‼）ゲルゲもにやにやとしていたそうで、何を思っていたのでしょうね？その時ゲルゲはお幾つだったのでしょう？

成城の歯医者で偶然ゲルゲと会ったのが昨年の事、これが最後となりました。立ち話程度だったので5分も話したかどうか……。仕事で使う機会も多く、友人の輪も広がるので英語はいいですよね、などの話を聞いてもらいました。そしたらやっぱりにやにやしながら、〝へー、マッピラがねー〟

ゲルゲらしいお返事ですよね。僕もそうですよ！としかお返事しなかったですけど。

　断片的な記憶でも思い出してみると妙に懐かしいものです。偶然なのでしょう、今に繋がっているのは、英語とお弁当屋さん。面白いものです。

（'74年度菊組卒業）

さよならなんて言わないよ

加藤　いづみ

　ゲルゲの訃報を知ったのは二月十日携帯メールからでした。そのとき思ったのは、「ゲルゲ、お誕生日を迎えられなかったんだな」ということ。なぜかゲルゲの誕生日が2月13日だということは記憶に刻み込まれているのです。

　中学校時代に担任だった先生や同級生といまだに交流がある、と言うと驚かれることがしばしばです。近年の交流の場は、杉組と菊組の一部が参加していた「相川メール」でした。このメーリングリストに参加するうち、わたしたちは担任だった頃のゲルゲの年齢を越え、やがてゲルゲが癌に罹ったことを知り、手術前後の様子や、検査や再手術など、経過を知ることができました。

　3月26日のお別れの会までの間に、東日本大震災が発生し、福島原発事故が起こりました。ゲルゲにはさぞかし言いたいことが沢山あるでしょうし、それを聞きたい、と心から思います。

　これからも、2月13日には「ゲルゲの誕生日だ」と思い出し、事あるごとにゲルゲの意見を求めるでしょう。答えは自分で見つけるとしても。だから、さよならなんて、言わないよ。

［追記］「さよならなんて言わないヨ」は、『きまぐれ月報』最終号の新居ピーちゃんの原稿の見出しです。

（'74年度菊組卒業）

大きな手、大きな背中

福山（永井）通子

　私たちの学年では、相川先生はゲルゲの愛称で呼んでいました。わたしにとってのゲルゲといったら　大きな手で帰り際に全員にしてくれる握手です。「またな」とか「がんばれよ」「元気でな」など一言ずつ、かけてくださりながら、大きな手で軽くぎゅっと　優しさとほっとする感じとゲルゲのあたたかさが伝わってくるような気がします。それにやはり、大きな身体、大きな背中。待ち合わせをすると、たいてい、早めに来ていてくださって、遠くから背の高いゲルゲがよく見えました。あとは、最大公約数、最小公倍数の話です。みんな違っているから価値がある、といってもらって、ずいぶんと気が楽になりました。

卒業して随分たってから、友だちの誘いで、三年上の杉の先輩が管理している相川メール（メーリングリスト）に参加させてもらいました。杉の先輩を中心にゲルゲと教え子達がメンバーでした。ゲルゲが発信する時事問題に関するつぶやきも楽しみに読ませてもらいました。メーリングリストで連絡が来て、オフ会、多摩川のバーベキュー、砧公園、野川、上野の美術館、鎌倉、横浜、新宿、銀座、津田園　etc.……。秋の季節なら砧公園の縞サルスベリの見事な紅葉、同じく砧公園の矢嶋さんとのとっておきの時間のための木陰にある屋外の椅子と机というふうに、茶目っけたっぷりに〝ぼくのとっておき〟を教えてくれました。

相川散歩に誘ってくれた友人が、ゲルゲと出かけるときは絶対にスニーカー！　というほどゲルゲは健脚でした。ゲルゲと出かけた紅葉した野川の堤は　普段の生活とは別の空間にあるかのように透き通っていて美しく、陽射しもたっぷりあって、日常とは別の世界でした。なんでもない散歩なのに何だか最高な気分になるのが不思議です。沢山（10㎞以上？）歩いたあとのビールの美味しさ、も教えていただきました。これは本当に美味しい。「だろっ」とゲルゲ。多摩川堤でみんなで食べるバーベキューは格別、みんなで呑むお酒ってこんなに美味しいのかと堪能しました。ゲルゲは教え子の夫や友人、子どもたちの遊ぶ姿にお酒を片手に持ちながら目を細めていらっしゃいました。杉の先輩の手料理はおいしく、毎回違う料理が出てくる至福の時を共に過ごせて本当に楽しかったです。

ゲルゲがたくさんの教え子に惜しみなく愛情を注いでくれたことに感謝しています。

自分もその内のひとりでいられたことを幸せに思っています。ずっと、成城から離れていて戻ってきても、菊の席の一つにちゃんと自分の居場所がある。それはきっと、どのクラスの誰にでもいえることで、ゲルゲの懐は深く広いのだなと思います。前にぼそっと、来るものは拒まず、去る者は追わず……などとつぶやいていましたっけ。

ゲルゲは多くのことを伝えてくださったのですが、その中でも、ぼくは沢山の生徒をみてきて言うのだからこれは本当の話、人の能力というのはほとんどがドングリの背比べ、能力の差はトータルで見れば、そんなにあるものではない。中には勉強向き・スポーツ向き・交渉向き・芸術向きetc.……と向き不向きはあるけれど。有能さで言ってみれば、みんなたいして、違わない。世の中には本当に優れた天才と馬鹿もごくごく稀にはいるけれど。それは例外的な人たちであって自分がそれに当てはまるなんて、思ってはいけない。本当に稀なんだから。それより、いかに自分の力を出すことができるか、いざというときに実力が出せれば御の字。凡人というのは自分の力の半分もなかなかタイミングよく発揮することはできないものなんだよと。そのためには努力を怠る事なかれと、卒業してから大分経ってから、そんな話をして下さりました。当時のわたしにとっては、目から鱗でした。また、逆境にあったとき、そういうときこそ、周りの人から、自分にないものをつかみ取るチャンスなんだから、しっかり学べよ。と自分にふりかかった事を経験として人生に生かせと　いっぱい失敗してもいいんだよ。それをどう生かすか。生かせるだけの力をつけろと。焦らず、諦めず、頑張り過ぎず、マイペースにこなせと。どんなときでも駄目な教え子をしっかり、あるがまま　黙って存在を受けとめていてくださったことに感謝しています。

大好きなゲルゲの横顔は、ご家族のことを話されるときのなんともいえないやさしい感じです。お孫さんのはなしになると、「爺ばか」きかせてやろうか　ととたんにニヤニヤ嬉しそうに笑っていました。奥様のことをぼくの同志みたいなもの、息子さん達のことをうちの長男と次男、と話される先生が素敵でした。

旅立たれるまで、自分の心に正直に生き、人生に最善を尽くされていたゲルゲを尊敬しています。雲の上から〆張鶴を片手に、みんなのことを見守っていて下さいね。心から　ご冥福をお祈りいたします。

（'74年度菊組卒業）

友だち

安房　文三（矢嶋　明）

古なじみのその友人とは、いまでもときどき逢って酒を酌む。たいていはなじみの場末の酒場で、わずかな肴をつつきながらぼんやりすごす。わたしは、それだとか、これだとか、ああとか、うんとか、間投詞めいた挨拶を返すだけで、あとは黙って相手の話を聞いている。つき合いといえばそんなふうなつき合い方だ。込み入った話題になると、ごくたまにそこらの紙切れに筆談まがいの単語を書きなぐる。それだけでわかってもわからなくても、お互いそんなものだと心得て、あっさりやりすごす。

だから話題も天下国家とは無縁な、淡々とした身辺雑記になる。入れ歯をうっかり呑み込んでレントゲンを撮られた話とか、飛び込んだ碁会所で、あなたと打てそうな客はいないと恐縮され、何か強そうに見えたらしいな、と頭をかいてみせるとか、さっき高架線から見た夕日がきれいだったとか、そんなたわいもない片言隻語を肴に、ぼんやり酒を酌む。うんうん、わかるね、慌てたね、きっと、などと相槌を打つ。そんなとき、友人にはわたしのむかしの声が聞こえているらしい。わたしが相槌を打つ、あはははと笑う、苦い顔をする。そこにむかしのわたしの声が重なる。そんなものさ、と友人は笑ってみせる。それだけで、ああ、いい酒だったなと思う。

友人とは月に一度か二度、手紙や葉書で近況をつたえ合う。入れ歯ががたがたしはじめて、菜っ葉も蒲鉾もビフテキもフランスパンも喰えない。タケノコもワカメもコンニャクもキノコもダメ。ウニを肴に熱燗、なんてのがせめてもの愉悦ですかねとか、歯医者に駆け込んだら、可愛い女医さんに、あたしには手にあまるわあ、と匙を投げられたとか、どうも年々歳々滅入るばかりで、いいことなんぞありませんねとか。

すると打てば響くように、間を置かずに返信がくる。歯はかったるいね、原初的な喜びを台無しにするからね。知り合いに歯医者がいて、小学校時代「悪がき」中高「ラグビー部」でゴツイ指でかなりいい仕事している。よかったら紹介するよ、などと言って寄越す。

そんなあげくに、三月に一度ぐらい、場末のなじみの飲み屋で落ち合っては、ぼんやり酒を酌む。

ふたりがはじめて出会ったとき、友人はせっせとガリ版を切る中学校の英語教師、わたしは教育雑誌の編集者だった。かれこれ三十年前の話になる。お互い三十代の油の乗り切ったころで、初対面からよほど気心があったのだろう、気がついたら三十年近くというもの、仕事そっちのけで、ひまを見つけては酒を酌むという、幼馴染みみたいな懐かしい間柄になっていた。

友人は安保闘争華やかなりしころ、青年教師集団のリーダーとして機動隊と渡り合った由緒正しい活動家だが、わたしにはむかしの話をしたことがない。活動家歴が災いして公立学校の教師になれず、紆余曲折があってS学園の英語教師に雇われ、そこでせっせとガリ切りに没頭したあげく、やがて中学校長となった。その校長を一昨年退職したあとは、本を読んだり、囲碁を打ったり、好きな映画を見たり、ぶらぶらあちこち散歩をしたりと、気ままに余生をすごしている。

十三年前、わたしがノドのがんを告知され、摘出手術で声を失うと知らされて、手術なんてしたくない、放射線なり化学療法でダメだったら、それでもかまわない、と細君を困らせていたとき、声なんてなくなったって、あなたは生きなければいけない、ぜったい手術すべきだよと、くどくどとわたしを説得したのは友人だった。細君が、あなたはいい友だちを持っているわね、とひっそりつぶやいたのはそのときだ。

結局、五十歳の冬に、わたしは声をなくし、仕事からもリタイアした。職場を離れ、応答もままならない男に、世間は見向きもしなくなっていたが、そんなときも、以前と変わらぬのんびりとした声で、どう、ひさしぶりに熱燗でも一献、と電話をかけてくるのが友人だった。

ふたりでぼんやり酒を酌んでいると、わたしは自分がコワレモノなんだと意識することがない。やわらかくこちらの不如意を包んでくれている、そんなふうに思える。いたわりとも違う、もっと意識せざる魂の共感とでもいったものだ。だから黙って耳を傾け、酒をすすっているだけで、ごく自然に心が和んでくる。

こんなことにならない前に、あなたと旅がしたかったねえ、とわたしが声をなくしてしばらくして、そう友人がつぶやいたことがあった。お互い気紛れだし、いざふたり旅となると気苦労で苦り切る、というのがオチだろうが、それもこれも承知で、あなたと旅がしたかった、と話してみせる心根が身に沁みた。

コワレモノをいたわるように、熱燗、もう一本呑むかね、と友人が笑いかける。ああ、そうしましょう、とこちらも微苦笑を返す。テーブルには空になった二合徳利が四、五本ころがっている。いつもそうなのだ。友人と呑みはじめると、いくらでも酒が入る。黙って話を聞いているだけなのだが、何かすっかり話し込んだ気持ちになる。悪酔いすることもない。それだけのことだが、ああ、うまい酒を飲んだと、ふつふつと人生の愉悦のごときものが湧き上がってくる。

郊外電車のプラットホームで上りと下りにわかれ、手をふって電車に乗り込む。さようなら、窓から顔を突き出し、伸びをして叫んでみる。いい酒をありがとう、と声を張り上げてみる。友人が片手をあげ、ああ、わかったと、笑顔を向けてみせる。そうだ、友人にはわたしの声が聞こえているのだ。そうさ、ちゃんと聞こえているのさと、遠くの声が応える。

（季刊『心』一九九八年冬季号）

破顔

やあ、そう声をかけて、軽く右手をあげ、初夏を思わせる陽射しのなかを、にこやかな笑みを満面に浮かべて友人が近づいてくる。ああ、なんて懐かしい笑顔なんだろう、そう思って、やあ、と手をあげ、われ知らずこぼれるような笑顔で迎えている。

友人と待ち合わせたときは、いつもそうなのだ。

七十をすぎた男ふたりが、出会い頭に、満面に笑みを浮かべて、やあ、やあ、とお互いに声ならぬ声をかけ合い、かるく手をあげ、屈託のない笑みを弾かせる。少年のような、何のたくらみもない、まっさらな笑顔だ。なんて懐かしい笑顔なんだろうと、われ知らずうれしさがこみ上げてくる。

五月のはじめに、友人と砧公園で落ち合う約束をした。陽気もいいし、いつもの野外テーブルで久々に一献酌みましょう、そんな葉書のやりとりがあって、雨上がりの平日の午後、むせ返るような一面の緑に浸る砧公園の一隅で再会したのだった。

友人とは三十数年来のつき合いになる。雑誌の仕事で出会って（そのころ友人は英語教師だった）、なぜか馬が合い、やがて仕事そっちのけで随意浅酌を交わす仲になった。わたしが大病で声をなくし、それまでの友人知人と交流が絶えたあとも、友人だけはわたしの声の不如意を意に介さず、なに、酒を呑むのに声なんぞいらぬさと、変わらぬつき合いをつづけてくれた。

かつて六〇年安保闘争当時にブント（共産主義者連盟）の論客として名を馳せた友人が、なぜ安保を横目に娼婦の部屋に入り浸っていたような懶惰《らんだ》な男と気心が合ったのか、そこらはわからない。

浅酌がしばらく間遠になると、きまってどちらともなく近況報知の葉書を送り、その返事を書き、あげくは近く一献やりましょう、となる。砧公園での緑陰浅酌、がふたりの慣用句になったのは、友人が中学校長を定年退職したころからだったろう。

現役のころは友人もわたしも、仕事とか自己自身にかかずらいすぎて、仕事を離れた四季の移ろいには無頓着だったし、公園に踏み込むことなどめったになかった。ましてベンチに身をゆだねて木々の移り変わりをしみじみと眺めるなど、思いも寄らなかったのだ。緑陰浅酌はそんなわたしたちの、遅れ馳せの自然讃仰といってもよかったかもしれない。

乾いた風が頬をなぶり、葉ずれの音がさわさわと耳朶を打つ。陽光を浴びた若葉が目も綾な陰翳を描き、湿った森の匂いが鼻腔をみたす。ひとり語りをしてくれる友人の声《こわ》音《ね》が、たからもののように胸に沁みわたってくる。


（『望星』二〇〇七年五月号「街の記憶」より）

緑陰浅酌

グラスの持ち方ねえ、と苦笑まじりに目の前の友人を眺める。

緑茶割りの芋焼酎から、芋の仄かな匂いが立ち上ぼってくる。

日盛りの午後、人影のまばらな砧公園で友人と落ち合い、林間に据えられた雨ざらしのテーブルに持参の酒肴をひろげて、鹿児島の素朴な芋焼酎をすすった。

なだらかなスロープを描く日盛りの芝生と樹林とのあわいで、若い母親が仰向けに寝そべっている。その母親の周りを、二、三歳ぐらいの女の子がキャッキャと笑いながら仔犬のように駆け回っている。母親は横たわったまま手を差し伸べ、幼子《おさなご》と戯れている。

ふと、むかしこんな光景を見たと思った。四十数年前のことだ。一人娘を連れて、今は廃園となった向ヶ丘遊園に親子三人でよく出かけた。バラ園が好きだった幼い娘と、わたしたちは芝生を仔犬のようにころげて戯れた。貧しかったが、あれは日だまりのような日々だったと思う。

そんな思いに耽りながら、ぽつりぽつりと芋焼酎をすすり、友人のひとり語りに耳を澄ませる。声を失ったわたしはただうなずき、耳をそばだてる。それがいつものならわしだった。

友人が、いや参ったよ、と苦笑いを浮かべる。教え子たちのメール仲間で多摩川の河原でバーベキューをやったんだけど、送られてきたスナップ写真を見てね、グラスの持ち方一つがどうにも年寄り臭いんだ。連中は四十代半ばで、オレひとりだけ浮いている。どう見たって爺さんなんだな。

グラスの持ち方ねえ、と目の前の友人を眺めやる。

偉丈夫である。胸板の厚い、堂々たる体躯の元中学校長である。六〇年安保闘争では機動隊と五分にわたりあったブントの猛者《もさ》である。そしていま、日に二〇キロは歩くという、徘徊老人ならぬ「アルクハイマー」である。

その友人が、われ老いたり、と愕然としているのである。

グラスの持ち方ねえ、そう鸚鵡返しにつぶやいて、緑色のグラスをまだ日が高い夕暮れの空に翳《かざ》してみる。友人の白髪まじりの薄い毛髪が風にそよいでいる。ウォーキングで灼けた柔和な顔が人懐かしそうに笑っている。

そんなに年寄り臭いかなあ、まあ、中年というわけにはいかないけどねえ、とわたし。

老いざれていくわが身と折り合いをつけるのは難しい。友人もいきなり「証拠写真」を突きつけられて動転したのだろう。それにしてもグラスの持ち方がねえ、と友人とふたり、おかしさをかみ殺して憮然とグラスをかさねたのだった。

（『望星』二〇〇三年八月号「街の記憶」より）

がん病棟から

がん病棟からハガキをもらった。

ハガキには、がん研有明病院に入院した、そう短く記してあった。

そうか、やっぱりただでは済まなかったか、と思った。初冬の陽射しがまぶしかった。

九月の末に、砧公園の木立のなかの野外テーブルで、屈託のあるらしい友人と浅酌した。

実は食道と胃にがんが見つかってね、とうとうあなたと同じ穴の狢《むじな》になった、そういって友人が虚ろに笑った。秋口からずっと喉に違和があった。唾《つば》を飲み込むとき、ツンと喉の奥が痛んでね、痛風の治療に通っているT病院で診てもらったら、初期のがんだとわかった。専門の病院を紹介するというんだ。そういって苦い顔をした。

友人から、がん研有明病院消化器外科に入院した、と第一信が届いたのはそれから十日ほど経った十月はじめだった。

しばらくして、残念ながら簡単には済まないようです、とトーンダウンした第二信が届いた。

検査で見つかった食道と胃のがん患部を「取っちゃう手術」と、ほぼ一ヶ月をおいて、代役を務める大腸で胃や食道を「作って入れる手術」の二度に分けてやるそうです、とあった。担当医いわく、がん消化器外科が扱う一番の大手術というから、それなりの覚悟が必要なんでしょうと。

がん病棟から届いた第三信には、がんの摘出手術に九時間かかったこと、輸血も点滴もなしに無事に済んだこと、脂だらけでメスが切れなくなったらしいこと、つぎの手術にそなえてチューブから解放される早朝だけ、病院内を三千歩ほど徘徊していること、目下一番つらいのは咳で、しゃべることもままならないことなど、腹を裂かれた男の苦労がるるつづられていた。

わたしには切り裂かれた友人の腹の傷痕が見える。喉から臍下にかけて真一文字に切り裂かれたわたしの傷のように。だが、友人はさらに一ヶ月あと、ふたたび腹を裂き、大腸を切り取って、食道と胃の再建手術をするのだ。

第四信では、点滴の孔が二日と保たず、新たな「ボーリング」場所に困るほどなのが難儀の一つとあり、「どうしようもない私が横たわっている」などと、山頭火をもじって自嘲まじりに書いて寄越した。

そのとき、そうだ、友人に、浅酌を酌み交わした砧公園の紅葉を届けてやろうと、ふと思いついたのだ。その押し葉に、くだんの木立ちの錦秋のかけらです、小枝から失敬してきた、ほやほやの葉っぱです、と添え書きをして封書で送った。細君とわたしの心尽くしの合作の押し葉だった。


（『望星』二〇〇八年二月号「街の記憶」より）

次は相川忠亮先生の成城学園中学校定年退職後に出版された『〈未知の旅〉への語りかけ』に、「あとがき」の題で所載されたものを、本著の「おわりに」としてその全文を転載するものである。

〈おわりに〉

とりあえず成城学園に勤めるようになってからの簡単な記録をまとめてみます。記憶だけに頼っているので、ひょっとしたら間違いがあるかもしれませんし、毎年毎年の校務分担の正確な年度は忘れて記載できませんが、やった記憶があるのは教務部で時間割係、図書館運営委員、職員図書係、生活部で団体指導、校外指導、自治会主任代行、文化部長代行、総務部で営繕係というところですか。

'61年度　英語科教諭として赴任。立嶋玲児さんと3年萩組担任。男子バスケット部

'62年度　太田茂照さんと1年桃組担任。柔道部。組合委員。（母死去。長男誕生）。

'63年度　同、2年桃組担任。柔道部。

'64年度　同、3年桃組担任。柔道部。組合委員。

'65年度　高橋寿子さんと3年杉組担任。テニス部。

'66年度　網干正裕さんと1年杉組担任。テニス部。組合委員長。

'67年度　同、2年杉組担任。野球部。（次男誕生）。

'68年度　同、3年杉組担任。野球部。組合委員。

'69年度　山内ルリ子さんと1年杉組担任。野球部。アメリカ合衆国に2か月研修

'70年度　同、2年杉組担任。スクールニュース部。中学内同人誌『いろはにほへ』発行（3号まで）。

'71年度　同、3年杉組担任。スクールニュース部。『望星』9月号に杉組生徒との修学旅行座談会「ヒロシマって、なんだ」掲載。

'72年度　中山繁男さんと1年菊組担任。教務主任。1年学年主任。ギター部。

'73年度　同、2年菊組担任。教務部長。ギター部。2月「合研」発足。

'74年度　同、3年菊組担任。教務部長。教育研究所設立準備委員。野球部。6月第2回合研、11月第3回合研。

'75年度　寺崎誠一さんと1年欅組担任。教務部長。教育研究所設立準備委員。野球部。菊組学級通信

'76年度	『きまぐれ月報』上・下出版（社会評論社）。同、2年欅組担任。野球部。
'77年度	同、3年欅組担任。教育研究所所員。野球部。
'78年度	尾形良悟さんと1年柏組担任。教育研究所所員。野球部。第6回合研。
'79年度	同、2年柏組担任。野球部。
'80年度	同、3年柏組担任。野球部。
'81年度	久保昌之さんと1年梅組担任。野球部。
'82年度	同、2年梅組担任。野球部。
'83年度	同、3年梅組担任。女子ソフトボール同好会。
'84年度	多田信司さんと1年柳組担任。女子ソフトボール同好会。
'85年度	同、2年柳組担任。女子ソフトボール同好会。組合委員長。
'86年度	同、3年柳組担任。将来計画委員。女子ソフトボール同好会。
'87年度	小林雅弘さんと2年檜組担任。『成城教育』編集委員長。女子ソフトボール同好会。
'88年度	同、3年檜組担任。『成城教育』編集委員長。女子ソフトボール同好会。
'89年度	教務部長。女子ソフトボール同好会。
'90年度	同、『中学生と共生のときを編む』出版（明治図書）。女子ソフトボール同好会。新ミュージックホール竣工。
'91年度	校長。
'92年度	同。「ヒマラヤスギ」移植。
'93年度	同。8月鈴木一博君（3年）死去。10月井上渚さん（2年）死去。11月安藤豊輔校医死去。2月伊藤孝教諭死去。杉の森館竣工。
'94年度	
'95年度	同。96・3月定年退職。

三十五年間の略年譜を載せたからといって、まさか、三十五年間のすべてを回顧しようとは思っていませんが、この際ですから、いくつかのことを正直に書いておきましょう。

（1）成城学園に来る前の簡単な履歴ですが、生まれは一九三四年二月一三日東京品川区。小学校一年で旧淀橋区に転居転校。五年生（この時は「国民学校」）で群馬県草津町に学童集団疎開。六年生の八月に杉並区の転居先に一時帰京中に敗戦を迎え、九月から杉並区に転校。麻布学園中高を出て東京学芸大学国語科乙に入学し、三か月で自主退学。翌年東京大学文科二類入学、ボート部に入部したが一か月で退部し、体操部に入部、まもなく学生運動に参加し、熱中する。文学部英文学科に進み、五七年卒業。卒論は、"Mark Twain as a pessimist."砂川の基地反対闘争に参加しながらの労作（?）。教員にしかなる気がなく、他の就職試験は何も受けず。東京都の教員検定試験は不合格、卒業後鎌倉学園高校に赴任。三年後、退職し反安保闘争に没頭。その年の秋、結婚。日大二高講師。翌年M校、G校に応募しましたが、不採用。成城学園が採ってくれた時、紹介してくれた尾崎盛光文学部学生課長に報告したら「成城もひどいのを採ったな」の一言。これ本当です。ぼくが文学部自治会の書記長をやった時に同期で学生課に赴任した若手の学生係で、妙に気が合った人（ずいぶん前に故人になりました）ですが、自分で紹介しておいてそれはない、と思いましたよ。

(2) 当時の成城学園中学校はずいぶん「おかしな」学校でした。男子生徒ばかりに接していたこともあって、しばらく女子の扱いに戸惑いました。男女とも生徒が妙に品が良くて、そのくせ小生意気、若い教師たちがやたらにのんきにしかもいきいきと遊んでいる感じ。三十歳前後の人がほとんど独身で、こちらは少し実際には年下だったのに前年にささやかな所帯を神田川のほとりの木造六畳一間に張り始めたところですから、少し年上の同僚がばかに若く見えたものです。でも、みんな好い人で、優しかったですね。もう一度「でも」ですが、世の中結構大変なのに、そんなに気楽でどうすんの?という違和感に近いものもありました。その分、斜に構えていた感じがあります。何しろ学生運動の延長で、のちに「過激派」になっていく政治運動の斜めのところで結構忙しかったのです。どこかの英語のパンフを翻訳して紹介したり、ラーヤ・ドナエフスカヤの読書会をやって日本に招く仲間に加わったり、デモや会議に出たり、雑誌を作ったり、トロツキー伝の一部を翻訳して仲間内で回覧したりしていましたが、60年代も末になると急速に過激化してきて肌が合わなくなりました。一緒にやっていた若い教員が六九年十月に何人も逮捕されて、ささやかな救援活動をしばらくやっていましたが、それが頓挫しているうちに内ゲバが始まり、その評価が決定的に食い違ったことから、ぐるっと回って猫の目か、とつぶやいて足を洗います。

(3) 何人かの同僚と語らって、中学内ガリ版同人雑誌『いろはにほへ』を作って、「反ナショナリズム論ノート」を連載してたんですが、アホみたいな原因で3号雑誌の運命で終焉。外の活動から足を洗った分、余ったエネルギーをひたすら担任クラスに注ぎ始めます。70年から文集作りに熱中。「職員室内印刷屋」と称されるほどガリを切っては手回しの輪転機を回していました。杉組の『やったぜ、文化祭』、『ヒロシマ訪問』などは自分でも少し「やった」感じがしていましたし、次の三年間の菊組『きまぐれ月報』発行につづきます。

(4) この頃からそれまで比較的楽をさせてもらっていた校務がやや忙しくなってきます。「学習評価論」を書いたり、教務部長をやったり、教育研究所設立にかかわったり、合研を始めたり、というのがこの時期です。一番元気だったころかもしれませんが、斜め気分はそのままでしたから、まさか自分が成城学園のオーソドキシーを張るはめになるとは夢にも思っていませんでした。

(5) もうひとつ正直に言いますと、この『語りかけ集』では「かけがえのない〈個〉」という言葉を連発し、生徒一人一人を尊重する態度を力説していて、今の気持ちでは決してウソをついているのではないのですが、若い頃はもっともっと乱暴でした。「ガキ」「若ガキ」「ヤツラ」「連中」などという言葉をやたらに連発し周囲の同僚に眉をひそめさせていたようです。実際、石井宗吾さんや赤司繁雄さんにたしなめられたこともあります。ただし、本人はあなたがたにはわからない独特の親愛感を込めて使っているのだからと、ほとんど反省ゼロでした。

でも、やはり良くないのでしょう。態度にも出てしまいます。生徒に暴力をふるったことも何回かあります。「ガキのくせになめやがって」という気持ちがどこかにあったんだと思います。決して教育的「体罰」などと呼べるものではありません。「お前さん、いいかげんにしなよ、ふざけんじゃねぇ」という感じの、アタマに来てのげんこつです。文句言われたら辞表を書くしかないと覚悟をしたり、後悔したりでしたが、弁解のしようのない悪いことです。結局は「未熟」としか言いようがありませんが、少しは熟してきたかと思うころには元気がなくなっている、困ったことです。
ついでに告白してしまいますと、やってられないな、辞めるっきゃないか、と本気に思ったことが二回あります。新聞の求人欄をいろいろ眺めて、中年教師っておよそツブシが利かないな、とつぶやきました。親と本気でぶつかったことも何度かあり、その後仲良くなって一緒に酒を飲みに出かけたなんてこともありましたが。

(6) ところで、成城に来たお陰で覚えたというかやったことというと、スキーと山登り、どちらも大して精進しなかった分、身についてません。海でのボート漕ぎ、ほんの少しでもボート部にいたとはいえ、海の学校のボート漕ぎはまた格別です。中野さんがていねいに手ほどきをしてくれた囲碁だけは多少身につきました。ここ数年ほとんどだめでしたが、碁友のみなさん、声をかけて下さい。それと一番身についたことといえば、飲むこと。若い同僚は信じないかもしれないけれど、四十近くなるまでは飲む習慣はなかったのです。それにしても、よくつき合ってくれました。うちのカミさんなどは、若い人が一緒に飲んでくれるうちは大丈夫でしょう、などと良くわからんことを言って、〈……ハイマー〉の進行は気にも留めていませんでした。そんなもんですかね。
ともかく、A先生、Bさん、C君、Dちゃん…(本当は実名を挙げ始めたのですが、止め処もなく、線の引きようもないので、こう呼びかけることにします。気が向いたところにご自分の名前を入れて読んで下さい)、今までのおつき合い、どうもありがとう。これからも、たまには声をかけて下さい。

うっかり一番大事なことを書いたら、もう書くこともなくなったようです。
皆さんも元気でお過ごし下さい。

一九九六年四月末の、例によって例のごとくの深夜

相川　忠亮

〈おわりに追記〉
相川忠亮先生の定年退職後、つまりご本人の書いた「おわりに」以降、亡くなった二〇一一年までの軌跡をたどる。「蛇足だ」と相川先生におこられないように。

(渡辺共成)

'95年度	校長。オウム真理教事件に想う。96・1月スキー学校、木戸池温泉ホテルで集団カゼ。3月定年退職。
'96年	肩書きなくなる。読書三昧の日々が始まる。6月『成城教育』第92号に「合研が生まれ、研究所が歩きはじめたころ」。同月『〈未知の旅〉への語りかけ』出版（「相川忠亮さんを囲む夕べ」発起人会）。
'97年	肩書きなし。「中学校決議」に想う。
'98年	同。6月『成城教育』第100号に「活かしてこその『ぜいたく』」。
'99年	同。
'00年	1月〜3月英語科非常勤講師、3年菊組担当。4月砧公園で花見の会。
'01年	再び肩書きなし。9・11同時多発テロに想う。
'02年	肩書なし。
'03年	同。
'04年	同。
'05年	同。中高一貫の動きに想う。
'06年	同。6月『成城教育』第132号に「『職員会議』異論」（最後の投稿）。
'07年	同。2月メールマガジン「漫亭妄語」1号発行。（〜9月34号で休止）3月「克さんで飲む会」発起人。8月咽喉に異和感を覚え玉川病院通院。9月食道と胃に癌ありと診断される。10月「あいせんをはげますかい」。11月癌研有明病院で手術。年越し入院。
'08年	同。1月退院。10月「中高対抗野球大会」出場、中学チーム監督。
'09年	同。癌研有明病院で抗癌治療を始める。同病院で入退院を繰り返す。
'10年	同。6月癌再発。抗癌治療をやめる。9月狛江・天六でさいごの「飲み会」。10月家族会議。
'11年	同。2月9日せんぽ東京高輪病院で逝去（享年76）。3月26日東京都青山葬儀所で「相川忠亮さん お別れの会」が開かれる。
'12年	一周忌。3月『考えぬくきみたちへ』出版（社会評論社）。

（番外その1）

今日は西暦では二〇一〇年度の中学校の終業の日です。終業式に当たって、この三学期、私が皆さんにいちばん話したい話をします。

　先月二月九日、私にとっての「成城の先生」がお亡くなりになりました。その先生は相川忠亮先生です。前田先生の、前の前の……四代前の中学校の校長先生でした。わたしはこの成城学園中学校、高等学校の卒業生ですが、ここにいる皆さんのお父さん、お母さんの中にも本校の卒業生が少なからずいらっしゃいますから、英語科の相川忠亮先生の名前は知っているご父母もいることかと思います。

　私は、先生の「教え子」の一人であるばかりか、この中学校に勤め始めてからは先生を先輩教師として、また先生の校長時代には、この学校の長として、敬愛してやみませんでした。校長時代のこの学校には大きな変化がありました。「学校案内」パンフレットを冊子にしてこの学校を写真付きで紹介するようになりました。放課後になる前の時間、つまり毎日終礼をするようになりました。入試科目を国算二科目から国算社理四科目にしました。毎学期末に面談日を設けることにしました。卒業生一人ひとりに壇上で校長から証書を手渡すことにしました。それまでの学校行事の一つひとつに意義を見出し、生徒だけでなく先生も一緒になって行事に取り組む姿勢をもつようになりました。今につながるカリキュラムの改定を始めました。どれもこれも今になっては当たり前のことばかりなのですが。

　また、先生が一九九〇年秋にお書きになったご本『中学生と共生のときを編む』には、この学校での先生と生徒の出会いや教職員、卒業生、保護者、学園関係者、そして教師としての仕事、中でもクラスの生徒たちとの交流を、「共生（共に生きる）」という人と人とのつながりについて数々のエピソードを交えて綴った話が多数収められています。図書室にもこの本がありますので、機会があれば、皆さんにぜひ読んでほしい、成城にはこんな先生がいたのだなぁ、と思ってほしいと思います。私からの話は以上です。

（二〇一一・三　渡辺共成「年度末のご挨拶（副校長より）」）


（番外その2）

「相川忠亮先生　お別れの会」

　相川忠亮先生。一九六一年より中学校英語科で長年教員をお勤めになり、一九九一年から一九九六年三月退職まで中学校校長でもありました相川先生が、あと四日で満七十七歳の誕生日という今年二月九日にお亡くなりになりました。食道・胃から肺に転移した癌によるものでした。故人の意志に従って、先生は近親者のみによる密葬で荼毘に付されましたので、先生の教え子である卒業生や元同僚とのお別れが出来ていないままでありました。

そこで、三月二十六日、東京都青山葬儀所で、先生の旧いご友人でいらっしゃる村田栄一氏が発起人代表になり、「相川忠亮さん　お別れの会」が催されたのです。先生の担任された、萩・桃・杉・杉・杉・菊・欅・柏・梅・柳・桧組の教え子たちをはじめ、中学校だけでなく、初等学校、高等学校の現職や元教職員など二七〇名余りが相川先生との別れを惜しみました。お酒をこよなく愛されました先生にふさわしく、参会者はそれぞれに好きな飲み物を手にして先生のお元気だったころの写真に向かって献杯し、心の中でお別れをするという会でした。献杯のご発声は、東京大学の学生時代からのお知り合いでもありました、兵藤釗学園長。大勢の卒業生を代表して、元杉組・相澤（旧姓・日置）千春さん、元菊組・吉本晶子さん、元梅組・三田（旧姓・山下）智子さんがお別れの言葉を述べられ、会の最後に、先生が中学校の校長先生だったときに同じく校長をされていました、元高等学校・鈴木宗明先生がさいごのお別れの挨拶をされました。参会者への御礼の言葉は、ご家族を代表して、ご長男の相川徹人さんから。会でスピーチされた方々は皆、成城学園の関係者という、同窓生の皆さんにとりましては、会場のあちこちでミニ同窓会が自然と出来上がるという、悲しい会であるのですが、相川先生が好きだった成城らしい会でありました。

相川先生、今までどうもありがとうございました。

さようなら。

「相川忠亮さん　お別れの会」発起人

渡辺共成（32新高C）

（二〇一一・九「成城学園同窓会だより」93号に投稿した原文）

あとがき

地震に、津波に、原発事故、この最悪の事態に立ち向かわなければならなくなった二〇一一年三月、テレビや新聞のそばで、誰に言うともなくつぶやくいつもの言葉が聞きたかった。

何を思えばいいのだろうか。

刻々と報道される映像にくぎ付けになっていた大混乱の三月の末、打ち合わせで出かけた葬儀場の大ホールは、近県から集められたた真新しい棺で埋まっていた。大型トラックがそれらを積んでひっきりなしに東北へ向かう。荒野と化した被災地の人々の深い喪失感に共感を覚えた瞬間だった。

セレモニーの当日、写真に向かって「ゲルゲだったら、いま、何を思いますか?」と語りかけていた教え子の姿があった。

物事を数字でくくる社会に異を唱え、しつっこく言葉として伝えようとしていたので、書き残したものがたくさんある。旧友の村田栄一さん、成城学園の渡辺共成さん、青柳恵介さん、吉本晶子さんらが発掘してくださった。

この社会の混沌はより深くなり、出口は見えそうにない。

そうした時だからこそ、書き残していた文章に目を凝らし、じっくりと考えることから始めたいと思う。

生身の人間が語りかける言葉が好きだった。

後半では、関わりのあった多くの方々の「語りかけ」が収録されている。標榜していた「公倍数的関係」という人の関係の素晴らしさを、改めて読み取りたいと思う。

この本は、残した言葉を伝えたいと思う友人がいて、語りかける人がいて、また、編集、装丁、データ打ちこみ等の地道な作業をする人がいて日の目を見ることができました。かかわってくださったすべての方々に、心から感謝申し上げます。

相川　良子

〈著者紹介〉

相川忠亮（あいかわただすけ）
1934 年　東京で生まれる
1957 年　東京大学文学部卒業
1961 年　成城学園中学校教諭就任

〈編集スタッフ〉

編集長　村田栄一
青柳恵介・井上敦雄・福山通子
松田尚子・吉本晶子・渡辺貴久子
渡辺共成

編集長・村田栄一氏は 2012 年 1 月 21 日亡くなられました。
ここに編集スタッフ一同心から哀悼の意を表します。

考えぬくきみたちへ

2012 年 3 月 26 日　初版第 1 刷発行
著　者　相川忠亮
装　丁　近藤一弥
発行人　松田健二
発行所　（株）社会評論社
東京都文京区本郷 2-3-10　TEL 03（3814）3861
印刷・製本所　倉敷印刷（株）